YVON DESCHAMPS

Un aventurier fragile

Du même auteur aux Éditions Québec/Amérique

Analyse de ses valeurs personnelles, 1982
La pédagogie ouverte en question ? (en collaboration), 1984
Intervenir avec cohérence, 1985
Les chemins de l'autodéveloppement, 1985
L'Effet caméléon, 1990
Éducation aux valeurs et projet éducatif (2 tomes), 1991
Des idées d'avenir pour un monde qui vacille, 1991
Une pédagogie ouverte et interactive (2 tomes) 1992

Du même auteur aux Éditions Interaction

Vers une pratique de la supervision interactionnelle, 1986
Implantation des programmes, 1987
Outils de gestion pour la direction générale, 1989
Outils de gestion pour la direction des services éducatifs, 1989
Outils de gestion pour la direction des écoles, 1990

Du même auteur aux Éditions NHP

Techniques sociométriques et pratique pédagogique, 1971
Vers une pratique de la pédagogie ouverte, 1976
Plan d'études et pédagogie ouverte, 1977
Le projet éducatif, 1979
Le projet éducatif et son contexte, 1980
Grille d'analyse réflexive pour cheminer en pédagogie ouverte
(en collaboration), 1980
Évaluation et pédagogie ouverte (en collaboration), 1981
Activités ouvertes d'apprentissage (en collaboration), 1982
Des pratiques évaluatives (en collaboration), 1984
Pédagogie ouverte et autodéveloppement, 1985
Réussir l'avenir (en collaboration), 1995
Demain, une caricature d'aujourd'hui, 1996

CLAUDE PAQUETTE

YVON DESCHAMPS

Un aventurier fragile

É D I T I O N S Q U É B E C / A M É R I Q U E

329, RUE DE LA COMMUNE OUEST, 3ᴱ ÉTAGE, MONTRÉAL (QUÉBEC) H2Y 2E1 (514) 499-3000

Données de catalogage avant publication (Canada)

Paquette, Claude, 1947-
  Yvon Deschamps : un aventurier fragile
  ISBN 2-89037-920-5
  1. Deschamps, Yvon, 1935-   . 2. Humoristes canadiens - Québec
(Province) - Biographies. 3. Artistes - Québec (Province) - Biographies. I. Titre.

PN2308.D4P36 1997   792.2'3'092   C97-941095-9

LE CONSEIL DES ARTS | THE CANADA COUNCIL
DU CANADA | FOR THE ARTS
DEPUIS 1957 | SINCE 1957

Les Éditions Québec/Amérique bénéficient du programme de subvention globale
du Conseil des Arts du Canada.

Elles tiennent également à remercier la SODEC
pour son appui financier.

Dépôt légal : 3e trimestre 1997
Bibliothèque nationale du Québec
Bibliothèque nationale du Canada
Imprimé au Canada

Révision linguistique : Diane Martin
Mise en pages : Julie Dubuc
Assistantes de l'auteur : Hélène Bouchard et Michelyne Lortie-Paquette

Table des matières

La folie, c'est de voir le monde tel qu'il est.

JACQUES BREL

AVANT-PROPOS

J'aime flairer l'air du temps. J'aime connaître ce qui inspire les gens, ce qui les anime. J'aime réfléchir sur l'évolution des valeurs passées, présentes et futures. J'aime saisir les grandes tendances qui influent sur la vie en société. J'aime comprendre ce qui est pour mieux dégager ce qui sera.

Mes livres antérieurs sont surtout des essais sur les valeurs, sur les tendances sociales et sur les approches d'éducation et de formation. Dans ces textes, j'analyse les questions d'incohérence et de cohérence tant dans la vie individuelle que dans la vie sociale. Mon intérêt pour l'observation des phénomènes sociaux, des paradoxes et des contradictions ressort dans la majeure partie de mes activités professionnelles.

En 1996, je terminais une étude sur les valeurs, les tendances et les avenirs en Occident, étude qui m'a tenu occupé durant plus de trois années. Quelques publications ont découlé de cette vaste recherche. Je venais de boucler plusieurs années de travail et j'étais en quête d'un projet inédit et mobilisateur. Mais, en même temps, j'avais le sentiment qu'il me fallait aborder un genre nouveau pour moi tout en utilisant l'expertise acquise au cours de plus de vingt-cinq années de recherche indépendante.

Un matin, une évidence m'est apparue. Je voulais entreprendre la rédaction d'une biographie, mais pas celle de n'importe qui. Rapidement, Yvon Deschamps s'est imposé à moi. À mon sens, c'était une personne qui avait de la valeur et surtout qui incarnait des valeurs fort différentes des valeurs dominantes de la société actuelle. De plus, il me semblait que Deschamps avait construit « sa carrière » sur une analyse intuitive des grands mouvements de la société québécoise, tout en ayant des propos souvent universels. Et j'ai du respect pour cet homme que je n'avais jamais personnellement rencontré. Pour moi, le biographe doit avoir une certaine estime pour son sujet tout en évitant de tomber dans l'hagiographie.

D'un jet, j'ai alors rédigé quelques pages pour présenter le projet de biographie et je l'ai l'expédié à Yvon Deschamps dans la même matinée.

Après quelques semaines de contact par personnes interposées, Yvon Deschamps m'a téléphoné. Au bout de quelques minutes, avec une certaine crainte, j'ai osé lui demander :

« Qu'est-ce que ça vous dit, ce projet de biographie ? »

Sa réponse a été spontanée et directe :

« Ça me dit rien. » Après une courte pause, il a ajouté :

« Mais si le projet vous intéresse, alors je vais collaborer. »

J'étais soulagé, mais une crainte persistait. Je voulais être clair.

« Vous savez, la démarche que je vous propose exigera passablement de temps de votre part. Elle est expliquée dans le projet écrit que vous avez reçu.

— Le temps, ça s'organise quand on le veut », m'a-t-il répondu.

Ce premier échange téléphonique s'est poursuivi durant une trentaine de minutes sur un ton suffisamment léger pour que je prenne conscience que la communication était déjà bien engagée. À la fin de la conversation, nous avons planifié une première rencontre informelle pour le lundi suivant au Manoir Rouville-Campbell.

Par la suite, les entrevues avec Yvon Deschamps se sont multipliées. Nous avons opté pour des rencontres de trois heures consécutives. De plus, j'avais proposé de travailler par tranches de décennie. Dès le début de la première entrevue, j'ai compris qu'il se confiait plus facilement si le ton était à la conversation plutôt qu'à l'entretien trop formel ou trop structuré.

Pour réaliser ce portrait, j'ai donc eu le privilège de converser de nombreuses heures avec Yvon Deschamps qui a été fort généreux de son temps, au-delà même de mes attentes. J'ai eu accès à ses archives personnelles. J'ai obtenu une collaboration soutenue de son entourage immédiat. De plus, afin de compléter mon information, j'ai rencontré plusieurs personnes qui l'ont côtoyé à différentes étapes de sa vie ; j'ai voulu ces rencontres non pas pour corroborer les faits déjà connus, mais pour avoir un angle différent de l'homme et de son itinéraire personnel et professionnel. Et j'ai relu ou réécouté la plupart de ses monologues et de ses chansons dans l'intention de cerner le sens de son œuvre et pour donner une dimension historiographique à cette biographie.

Évidemment, je me suis attardé aux différentes étapes de la vie et de la carrière d'Yvon Deschamps. Pourtant, ce portrait n'est pas une accumulation d'anecdotes. Certes elles sont importantes, mais je me suis surtout attaché aux grands événements qui ont marqué Yvon. De plus, j'ai tenté de tisser des liens entre ceux-ci. Cela permet de saisir d'une manière nouvelle et différente la personnalité fort complexe d'Yvon.

Je me suis refusé à écrire un portrait romancé, préférant m'en tenir aux faits, aux événements, aux rencontres et aux humeurs. C'est un choix d'auteur que j'assume totalement.

Cette biographie est-elle autorisée? Dans le sens habituel de cette expression, la réponse est non. Dès notre première conversation téléphonique, je souhaitais clarifier cette question avec Yvon Deschamps.

«Voulez-vous prendre connaissance du texte avant sa publication prévue pour le début de l'automne 1997?

— Non, je ne veux rien avoir à dire sur le contenu du livre. Je le lirai en même temps que tout le monde.»

Je n'ai pas argumenté. Tout était clair. J'étais totalement responsable de mon analyse et de mon propos. C'est le genre de liberté que j'affectionne, même si elle peut provoquer l'insécurité.

Cette biographie est-elle objective? Je ne crois pas. Un regard sur la vie d'une autre personne ne peut être que subjectif. Cependant, je pense qu'il faut développer une subjectivité disciplinée reposant avant tout sur les faits et les événements.

Mon premier souvenir d'Yvon Deschamps remonte à l'automne 1968 lors de la présentation de la deuxième version de *L'Osstidcho* à la Comédie canadienne. J'avais vingt et un ans. Quand je repense à ce spectacle provocant, délinquant et éclaté, j'ai souvenir d'un long frisson qui trouva son apothéose avec la chanson *La fin du monde*. Cinq ans plus tôt, j'avais vécu une émotion semblable à l'annonce de l'assassinat du président Kennedy. Des événements qui laissent des empreintes pour la vie…

Au moment de la parution de cet ouvrage, Yvon Deschamps aura soixante-deux ans. Il est clair que cette biographie n'est pas définitive. L'homme a de nombreux projets d'avenir qui éclaireront davantage son itinéraire d'artisan de la scène culturelle québécoise et de personnage complexe.

Mais l'homme a également ses angoisses et ses dérives qui peuvent le conduire vers un avenir totalement imprévisible.

PARTIE 1

Les années d'apprentissage
(1935 - 1968)

Les grandes étapes

Une enfance sans histoire à Saint-Henri

Une adolescence plus tumultueuse

La rupture avec l'école

Une vie entre Saint-Henri, Radio-Canada et Westmount

La découverte du théâtre

Des rencontres fondamentales

Un premier mariage

Des réussites et des échecs

L'année 68 : une année de transition

La naissance d'une philosophie de vie

1

Le trou noir

Yvon est né le 31 juillet 1935. C'est le jour même de l'anniversaire de naissance de sa mère, qui a alors trente-cinq ans. Anna Leduc et Avila Deschamps se sont mariés le 26 juin 1928. Denis, le premier fils, est né le 14 octobre 1932 et un troisième, Gilles, viendra au monde le 14 avril 1938.

Les Deschamps ne sont pas conformes à l'esprit de l'époque qui glorifie la famille nombreuse. Anna et Avila se sont mariés à un âge relativement avancé. Anna aura tout près de trente-huit ans lorsque naîtra Gilles, le cadet de la famille. Mais il y a aussi le fait que les trois enfants du couple naissent dans l'une des périodes économiques les plus difficiles de l'histoire du Québec et du Canada : la grande dépression des années 30, qui fait suite au jeudi noir du 24 octobre 1929, moment où la Bourse de New York s'est effondrée en entraînant toute l'économie nord-américaine. La misère est telle que, dès 1931, le gouvernement Tasche-reau adopte une législation prévoyant « l'octroi de secours directs pour l'alimentation, le combustible et le loyer des indigents ».

En 1935, Mackenzie King devient premier ministre du Canada. La Banque du Canada est fondée par le gouver-nement fédéral. Au Québec, le Parti libéral, sous la direction de Louis-Alexandre Taschereau, est reporté au pouvoir par une faible majorité. On crée la Ligue de la moralité publique pour assainir les mœurs électorales. Maurice Duplessis forme l'Union nationale. Le 17 août de l'année suivante, il prend le pouvoir alors aux mains des libéraux d'Adélard Godbout, qui remplace Taschereau dont le régime a été accusé de corruption par l'enquête du Comité des comptes publics. L'arrivée de Duplessis au pouvoir est perçue comme « une véritable libération pour un peuple exaspéré par la corruption du régime libéral ». Mais Duplessis est préoccupé par les ennemis potentiels des Canadiens français. En 1937, il fait voter la loi du cadenas, qui sanctionne « toute personne coupable d'utiliser sa maison pour propager le bolchevisme et le communisme ». On ignore alors que ce sont les fascismes hitlérien et mussolinien qui viendront perturber l'histoire occidentale.

Pendant ce temps, la crise économique provoque un taux de chômage de plus de vingt-cinq pour cent, taux officiel calculé uniquement à partir des travailleurs syndiqués. Dans les faits, le nombre de personnes à la recherche d'un emploi est beaucoup plus élevé.

Pour contrer le phénomène, le gouvernement libéral de Taschereau a fait adopter une loi afin de promouvoir la colonisation et le retour à la terre. La crise économique est moins pénible à vivre à la campagne qu'à la ville.

Même si la vie est difficile, les Deschamps ne songent pas à ce retour à la terre. Essentiellement, les Deschamps sont des citadins. Le premier Deschamps est arrivé en Nouvelle-France le 22 septembre 1653 sur le même bateau que Marguerite Bourgeoys et il s'est installé à Montréal. Les Deschamps n'ont aucune parenté vivant « à la campagne ou encore aux États ».

Les parents d'Yvon sont des personnes instruites. Sa mère

Anna a été secrétaire de notaire jusqu'à son mariage à l'âge de vingt-huit ans. Elle est parfaitement bilingue. Son père Avila est dessinateur industriel et il travaillera pour la firme Marion et Marion jusqu'à la fin des années 40. Il a une douzième année en plus d'avoir fait l'école de dessin en arts graphiques.

Yvon étudie à l'école supérieure Saint-Henri, qui dispense à la fois l'enseignement primaire et l'enseignement secondaire à plus de huit cents élèves. Les filles fréquentent l'école Sainte-Mélanie, tandis que l'école Saint-Henri est réservée aux garçons. Yvon est un premier de classe. Il a de bonnes notes scolaires et il se soumet assez facilement aux règles disciplinaires rigides de l'école, même si elles sont en contradiction avec celles de l'éducation familiale.

Yvon fréquente cette école depuis 1941, moment où la famille Deschamps est revenue à Saint-Henri après quelques années d'exil dans la rue Laurier. Ce déménagement marquait d'ailleurs un retour aux origines, car les six frères et les deux sœurs d'Avila habitaient Saint-Henri. Tous les membres du clan Deschamps se retrouvaient ainsi à quelques rues de distance.

Fréquentant les deux mêmes écoles, les cousins et les cousines se côtoient donc régulièrement. Saint-Henri est comme un énorme village à la ville.

Les Deschamps vivent rue Agnès, à proximité de tous les services. Toute la vie se passe dans cet environnement. Les Canadiens français y cohabitent avec des Irlandais, nombreux dans cette paroisse du quartier Saint-Henri. La famille quitte rarement son milieu. Une fois par année, Anna emmène les enfants chez Eaton à la période des fêtes pour voir le père Noël. Quelquefois, l'été est propice à une excursion de pêche sur le fleuve ou à une randonnée sur la montagne. Les sorties sont limitées et elles se font à l'intérieur du quartier. D'ailleurs, les Deschamps n'ont pas d'automobile.

Yvon connaît une enfance relativement paisible, sans aucun drame. Pas plus que les autres enfants de cet âge, il n'a vraiment conscience de la pauvreté de sa famille, à l'image de celle de son milieu. Pour lui, « cette vie-là est la vie normale ». Son père Avila est un patenteux. Il trouve toujours le moyen de fabriquer un jouet désiré par ses enfants, et ce, à peu de frais. De plus, son travail l'amène à dessiner des inventions. Il aime en parler à ses enfants. Sans vraiment les avoir vues, les jeunes Deschamps sont au fait des principales nouveautés qui surgissent un peu partout dans le monde.

À l'adolescence, Yvon mène une vie un peu plus mouvementée. La petite délinquance juvénile est très présente à Saint-Henri. Comme la plupart des adolescents de son âge, Yvon se laisse tenter par quelques mauvais coups et quelques fanfaronnades. À Saint-Henri, « l'emprunt sans autorisation d'une automobile et le vol de cigarettes sont des activités très populaires ».

Mais la période de l'adolescence est aussi une période de remise en question. Le jeune Yvon commence à s'interroger sur la dimension religieuse de sa vie. Dans la famille canadienne-française des années 40 et 50, on est catholique par définition et on pratique par conviction ou par obligation. Yvon doute de ce qu'on lui enseigne dans sa famille et à l'école. Il est avant tout un cérébral qui réfléchit tout le temps et il ne peut facilement adhérer à toutes « ces belles histoires décrites dans les Saintes Écritures ».

Comme c'est généralement le cas chez les adolescents, les relations entre les trois frères sont souvent tendues, les chicanes sont fréquentes, même si le plaisir l'emporte sur ces moments de tension. La vie familiale quotidienne n'arrange pas les choses. À l'adolescence, chacun veut avoir son territoire pour se distinguer et pour s'affirmer. Le logement familial est petit et les trois frères doivent partager la même chambre et le même lit. Cette situation, anodine pour l'époque, n'en crée pas moins des difficultés pour un adolescent qui, déjà, a des besoins de solitude et d'intimité.

Yvon a toujours eu de l'ambition. À cinq ou six ans, il veut être boulanger ou laitier. Au début de l'adolescence, il pense à la politique. Par la suite, il songera à la médecine. Rien n'est définitif. À ses yeux, il suffit de vouloir pour arriver à ce que l'on désire. Même pour un p'tit gars de Saint-Henri.

Au début de l'hiver 1952, Yvon quitte l'école durant quelques semaines, au grand désespoir de sa mère qui l'incite à y retourner pour au moins se rendre aux examens de fin d'année et obtenir son certificat de onzième année. À cette époque, les études secondaires se terminaient à la fin de la douzième année, mais un diplôme était attribué à différentes étapes du parcours scolaire. Yvon essaie deux fois de s'y remettre, mais l'intérêt n'y est pas. Il abandonne. Il ne terminera pas son année scolaire. L'école est devenue synonyme d'ennui tout en n'étant pas porteuse de sens. Yvon a seize ans.

À cette époque, plusieurs jeunes doivent quitter l'école à cause d'exigences économiques : il leur faut contribuer au revenu familial. Pour Yvon, ce n'est pas le cas. Même si sa famille vit très modestement, il ne subit aucune pression pour entrer immédiatement sur le marché du travail. D'ailleurs, il peut suivre les traces de son frère aîné, Denis, qui a terminé son secondaire et qui étudie en arts graphiques.

Toute la première moitié de l'année 1952 est pénible pour Yvon. Il n'a plus aucune motivation pour les études. Il n'en a d'ailleurs pas plus pour le travail. À seize ans, il n'a plus envie de rien. Il n'a plus de désir. Il ne voit pas l'utilité de ce qu'il a fait avant et il n'entrevoit rien pour l'avenir. C'est le vide total. Il n'éprouve ni détresse ni angoisse. C'est plutôt le vide, le trou noir. Il a l'impression d'errer.

Au cours des mois suivants, ses parents demeurent compréhensifs tout en étant peinés. Mais sa mère insiste : « Fais quelque chose. Si tu te tannes, tu lâcheras, mais fais quelque chose ! »

Puisqu'il faut bien faire quelque chose, Yvon devient commis dans une banque sans vraiment l'avoir voulu. Il n'a pas eu de difficulté à trouver cet emploi. Une neuvième année suffit et le fait qu'il se débrouille relativement bien en anglais est un atout supplémentaire.

Cette première expérience de travail dure moins d'une année. Il n'aime pas l'atmosphère à la banque, pas plus que le travail lui-même, qu'il trouve difficile et monotone.

Le Saint-Henri du début des années 50 n'est plus tout à fait celui de l'avant-guerre. La crise économique de 1929 avait eu des répercussions importantes durant plus d'une décennie. Les citadins vivaient alors dans une extrême pauvreté. C'est Gabrielle Roy, avec *Bonheur d'occasion* en 1945, qui a réussi le mieux à décrire ce milieu économique et social d'avant la guerre, milieu souvent laissé à lui-même, sans ressources. Il faut se rappeler que ce n'est qu'en 1940 qu'est apparue la première loi sur le salaire minimum, elle-même ayant remplacé la loi dite du salaire raisonnable adoptée en 1937. C'est également en 1940 qu'a été instaurée la loi de l'assurance-chômage. Mais la guerre avait permis un boum économique. En 1944, le taux de chômage n'était que de sept dixièmes pour cent ; il augmentera régulièrement par la suite.

En 1953, les emplois sont encore faciles à trouver. Le taux canadien de chômage est de trois et huit dixièmes pour cent. Fréquemment, les employeurs se présentent à l'école Saint-Henri pour offrir des emplois aux jeunes qui veulent quitter l'école ou qui terminent leurs études. Le quartier Saint-Henri constitue le pilier de la structure industrielle du

Canada, même si ses résidents sont toujours relativement pauvres. C'est un quartier ouvrier qui ne profite pas des effets d'une économie de plus en plus inflationniste. Depuis la grève d'Asbestos en 1949 et la grève nationale des chemins de fer en 1950, le mouvement ouvrier a durci ses positions. Les syndicats sont de plus en plus attentifs aux grands mouvements internationaux, sur lesquels ils moulent leurs propres revendications.

À la fin de l'hiver 1953, Yvon décide d'aller « se mettre en ligne comme tout le monde à l'assurance-chômage » en se disant que tout autre travail ne sera pas pire que celui de commis de banque.

2

De Saint-Henri
à Radio-Canada

Après les formalités d'usage, le préposé qui le reçoit lui demande : « Qu'est-ce que tu aimes dans la vie ? »

Yvon est surpris par la question. Il n'a aucun métier reconnu et aucune formation technique, sauf un cours de dactylographie et un autre de comptabilité qu'il a suivis l'année précédente. D'ailleurs, il conserve un mauvais souvenir de cette courte période qu'il considère comme inutile et ennuyante.

« Qu'est-ce que j'aime, qu'est-ce que j'aime, répète Yvon, un peu déstabilisé.

— Mais oui, tu dois bien avoir des intérêts.

— Moi, j'aime le jazz, j'aime la musique, j'aime ça lire.

— Hein ? T'aimes la musique ? Attends une minute, regarde ici, messager à la discothèque de Radio-Canada. Travailler dans les disques, tu vas être correct. Tiens, prends les informations. Tu demandes à rencontrer la personne responsable du service.

— C'est parfait », répond Yvon, un peu sceptique.

Au printemps 1953, sans jamais y avoir songé, Yvon devient ainsi messager à la discothèque de Radio-Canada. Il a dix-sept ans.

Sa mère éprouve quelques craintes à cette nouvelle. Elle met Yvon en garde parce qu'il y a beaucoup de libres penseurs dans ce milieu. Elle est déjà inquiète parce qu'Yvon remet de plus en plus en question sa pratique religieuse et qu'il influence ses deux frères dans ce sens. À Saint-Henri comme partout au Québec, la foi catholique domine et elle est le fondement même de la famille canadienne-française. Certes, elle est remise en question par certains intellectuels, mais rarement par le peuple lui-même, qui se soumet sans réelle discussion aux exigences de l'élite religieuse, elle-même largement cautionnée par le gouvernement provincial. Les élites religieuses et politiques se partagent généralement le pouvoir dans une belle harmonie qui résiste aux pressions extérieures. Même les principaux syndicats sont d'obédience catholique, tout en étant dirigés par des laïcs. Comme le signale l'historien Mason Wade, le Québec devient de plus en plus nord-américain, « mais il est clair qu'il restera français et catholique, toujours attaché à ses traditions, à l'avenir comme dans le passé ». Le Québec rêve encore, selon l'expression du cardinal Villeneuve, d'être « un petit Paris et une petite Rome ».

Pour Anna Deschamps, la religion n'est pas une parade mais une affaire de convictions. Sa pratique religieuse et son dévouement total à l'éducation de ses enfants en témoignent. Mais, paradoxalement, chez les Deschamps il n'est pas coutume d'interdire aux enfants. Alors, les parents d'Yvon ne s'opposent pas à son entrée à Radio-Canada malgré leur inquiétude, qui persistera longtemps d'ailleurs.

Dès les premières journées de travail, Yvon prend conscience qu'il vient de « débarquer sur une autre planète ». Plusieurs jeunes travaillent à la discothèque et dans les différents services connexes. Tous sont là en attendant autre chose : l'un veut devenir musicien, l'autre acteur ou romancier ou violoniste. Ils discutent du dernier Malraux ou du dernier Sartre. Ils échangent des livres. Ils débattent « des grandes affaires du monde ». Ils ont fait le cours classique ou des études universitaires. Yvon se rend compte que ces jeunes «parlent d'affaires qu'il ne comprend même pas».

Rapidement, il prend conscience qu'il ne peut même pas soutenir une conversation avec plusieurs de ses collègues de travail. C'est à ce moment qu'il saisit toute l'importance de la connaissance. Il se met à lire et à s'informer. Il est loin des lectures de son enfance et de son adolescence.

À la maison, sa mère était trop occupée par les tâches ménagères pour avoir du temps à consacrer à la lecture. Il en était de même pour son père, qui travaillait souvent le soir et même certaines fins de semaine. Yvon et ses deux frères n'étaient pas des sportifs. Ils préféraient le cinéma, les histoires inventées et la lecture.

Saint-Henri comptait de nombreux cinémas de quartier, dont le Corona. Ces cinémas changeaient leur programmation deux fois par semaine : quatre jours en anglais et trois jours en français. En multipliant par le nombre de cinémas, les frères Deschamps avaient de quoi satisfaire leur appétit pour cet art. Et ils aimaient raconter aux amis les films vus. Yvon ne se gênait pas pour en mettre, ce qui fait que le film relaté était souvent bien meilleur que le film visionné.

Pour les Deschamps, «parler c'est important». Ils passaient les soirées à se raconter des peurs de toutes sortes, notamment le mardi soir quand ils écoutaient *La main noire* à la radio. Quand les garçons étaient enfants, Avila aimait leur narrer des histoires qu'il inventait. Il y ajoutait des chansons. Il était un raconteur hors pair.

Il n'y avait pratiquement pas de livres dans la maison des Deschamps. Cependant, la bibliothèque de l'école Saint-Henri était bien garnie. Yvon aimait les livres d'aventure : les *Vaillant*, les *Guy Verchères*. Par la suite, il a eu un engouement pour les *Ixe-13* et les «comics» à dix sous. Il les dévorait et les échangeait avec des amis.

À Radio-Canada, Yvon ne peut partager ce bagage avec ses collègues. Mais il est attentif à tout ce qui se passe. Il s'ouvre l'esprit aux réalités du monde de la culture. Au cours des deux premières années, son emploi de messager consiste à livrer les disques pour chacune des émissions de radio et à ramasser le tout à la fin de l'émission. Par la suite, il faut les laver et les reclasser. Durant ces années, Yvon croise des réalisateurs importants et des vedettes, mais sans que jamais des contacts plus en profondeur soient établis.

Après la deuxième année, Yvon devient commis à la phonothèque, qui est un service de la discothèque. C'est Gilles Latulipe qui le remplace comme messager. Rapidement, il se lie à Gilles qui, lui aussi, vient d'un milieu ouvrier modeste.

Lors d'une réception de Noël pour les employés de la discothèque, Gilles et Yvon jouent dans un sketch comique sur Marie et Joseph. En fréquentant Yvon, Gilles se rend compte que celui-ci a un humour ironique. Ils le mettent à profit lors de cette présentation aux employés.

À la phonothèque, Yvon est préposé à la classification des enregistrements sur ruban des émissions d'information. Maintenant, il travaille le soir. La télévision se fait en direct. Cela lui donne la chance d'assister en studio à des concerts ou à des séries.

Au cours des cinq années passées à la discothèque de Radio-Canada, Yvon découvre, en plus de l'importance de la connaissance, celle du respect et de la tolérance. Ces deux valeurs teintent les relations de travail. Elles sont bien loin de la mentalité «de la shop» qui prévaut dans la majorité des usines de Saint-Henri, mentalité qui se traduit par un autoritarisme et un irrespect des employeurs, souvent canadiens-français, à l'égard des employés.

À Radio-Canada, Yvon se sent respecté, quoiqu'il occupe une bien modeste fonction dans ce vaste ensemble. Même sa patronne le vouvoie.

3

Comment devient-on acteur?

La patronne d'Yvon, mademoiselle Marie Bourbeau, lui donne un jour des billets de théâtre parce qu'elle ne peut pas assister au spectacle. Yvon accepte. C'est la première fois qu'il met les pieds dans un théâtre pour assister à une vraie pièce.

C'est l'Anjou, rue Drummond, petit théâtre de quatre-vingt-dix places. On y joue *Le printemps de la Saint-Martin*. Denise Pelletier et Georges Groulx y partagent la vedette. C'est la révélation. Maintenant, Yvon sait qu'il veut devenir acteur. Tout est étonnamment clair dans son esprit.

Dès le lendemain matin, il va voir sa patronne pour la remercier.

« Écoutez, mademoiselle Bourbeau, j'ai trouvé ça extraordinaire. J'aimerais ça être acteur. Qu'est-ce qu'on fait?

— Vous savez, monsieur Deschamps, il y a deux manières. Vous pouvez vous inscrire au Conservatoire, mais c'est long et les élus sont peu nombreux. Et il y a les cours privés donnés par des acteurs reconnus.

— Mais je ne connais personne, lui répond Yvon.

— Venez avec moi. Nous allons aller au Studio 13. Monsieur Rozet doit y être pour répéter *Jeunesse dorée*, l'émission qui est présentée à midi. C'est un grand acteur et il donne des cours. »

Ils descendent au studio et effectivement François Rozet est présent. Mademoiselle Bourbeau lui présente Yvon.

« Ce jeune homme aimerait apprendre le métier d'acteur, lui dit-elle.

— Très bien, pouvez-vous venir chez moi samedi matin ? dit-il en s'adressant à Yvon.

— Ah, certainement monsieur. »

Toute une semaine pour Yvon ! Le mercredi soir, il assiste à la pièce et c'est la révélation. Le jeudi matin, sa patronne le présente à François Rozet et le samedi matin, Yvon se rend chez celui-ci à Westmount pour son premier cours. Il a dix-neuf ans.

Westmount est une ville enclavée dans Montréal. Elle est majoritairement anglophone. Pour les gens de Saint-Henri, c'est « la ville en haut de la côte ». Une ville mythique, à la fois signe de la réussite sociale et signe de l'oppression économique et politique de la majorité francophone par la minorité anglophone. Pour plusieurs écrivains tant franco-phones qu'anglophones, Westmount et Saint-Henri sont l'expression même « des deux solitudes ».

Durant trois années consécutives, Yvon ira tous les samedis chez François Rozet. Quand il sonne pour la première fois à la porte de l'homme de théâtre, celui-ci l'accueille vêtu d'une robe de chambre en velours avec un grand foulard de soie et des bagues à chaque doigt. Yvon est très impressionné tout en éprouvant une certaine inquiétude.

La première année, les cours sont techniques : pause de la voix, lecture et compréhension. Yvon découvre les grands auteurs classiques. Mais il découvre surtout que son pro-fesseur possède une grande culture théâtrale. « En sortant de chez lui, j'étais gonflé à bloc et je croyais vraiment que le métier d'acteur était le plus beau métier du monde. Il n'y avait rien d'autre. » Durant la semaine, Yvon poursuit sa formation. Il dévore l'hebdomadaire *Paris-Théâtre* qui publie une pièce à l'affiche et qui donne accès à de nombreuses pièces contemporaines. Au cours de cette première année, Yvon amène Gilles Latulipe chez Rozet. Lui aussi y restera plusieurs années. Cependant, il ne suit pas ses cours en même temps qu'Yvon. Gilles se dirige vers la comédie, alors qu'Yvon veut devenir un acteur de tragédie. Gilles confirme la perception d'Yvon : « En sortant de chez Rozet après chaque cours, on se sentait intelligent. »

La deuxième année, Yvon arrive à dix heures pour son cours habituel, mais Rozet le garde avec lui toute la journée. En quelque sorte, Yvon devient son aide, par exemple en donnant la réplique aux autres élèves. Mais ce professeur ne se limite pas à donner des cours techniques. Il transmet à ses élèves sa passion pour le théâtre et la culture. Il les entretient de son séjour à Paris, de ses prestations à la Comédie française, de l'architecture de l'Odéon. Il leur parle des grands noms du théâtre français. Il leur explique le génie de Louis Jouvet. Il raconte l'histoire du dix-neuvième siècle. Tout cela dans un verbe flamboyant et généreux. Devant ses élèves, il joue sa passion du théâtre. Rozet est un maître pour eux. Progressivement, il les accompagne et les conduit vers sa propre vision de la culture et du théâtre.

La troisième année, Yvon devient un peu plus intime avec François Rozet. Celui-ci l'invite quelquefois à prendre le repas du soir avec lui. Il lui enseigne à créer un menu, à cuisiner, à bien manger et à bien boire. Rozet prépare le repas, explique à Yvon les fondements de la cuisine et lui fait apprécier les raffinements : les bons vins, l'armagnac, les cigares brésiliens… Rozet, c'est l'art de vivre. Yvon s'étonne de se retrouver dans ce salon de Westmount. « J'en revenais pas. J'avais vu ça dans les films mais maintenant j'étais là. »

Durant trois ans, Yvon partage sa vie entre Saint-Henri, Radio-Canada et Westmount. En 1957, François Rozet reçoit une demande du Théâtre universitaire canadien qui, pour sa fondation, monte *Andromaque*. On cherche un acteur pour le rôle de Pylade. Rozet propose Yvon, qui est accepté à la suite d'une audition. Avec Pylade, Yvon réalise son rêve : il devient acteur.

En 1952, dans un ouvrage sur la littérature française du dix-septième siècle, de Parvillez et Moncarey décrivaient ainsi Pylade : « Une figure d'ami placée au second plan et qui sait s'y tenir, mais nettement dessinée et qui ne nous laisse pas indifférent. On a de lui une image sympathique. » Un peu plus loin, les deux auteurs rappelaient une analyse du rôle faite par La Fontaine :

> « Un songe, un rien, tout lui fait peur
> Quand il s'agit de ce qu'il aime. »

C'est donc dans le rôle de l'ami fidèle et craintif qu'Yvon fait son entrée dans le monde du théâtre.

4

Le touche-à-tout

Au grand désespoir de sa mère, qui ne comprend pas qu'on puisse laisser un emploi stable dans le but d'aller faire le bouffon pour les enfants, Yvon quitte Radio-Canada afin de devenir acteur à plein temps. Sa participation à *Andromaque* lui donne des ailes. André de Bellefeuille, qui est l'assistant de Paul Buissonneau à La Roulotte de la ville de Montréal, lui demande s'il veut en faire partie. Yvon a connu André chez François Rozet. Il est bien d'accord, même s'il ne connaît pas beaucoup le genre de travail qu'on y accomplit.

La Roulotte est un théâtre mobile qui présente des spectacles dans les parcs montréalais pendant l'été. Pour deux mois, les acteurs sont engagés comme moniteurs de parc. Quant à Buissonneau, il est un permanent au service des loisirs de la Ville. Yvon accepte cet emploi en se disant que « ça fait deux mois de salaire et après on verra bien ».

Buissonneau recrute des jeunes et il les forme à sa manière. La Roulotte est un lieu d'effervescence et de création. Les délais sont serrés, les budgets sont restreints, mais les exigences de Paul Buissonneau sont souvent illimitées. C'est dans ce contexte que Buissonneau « démontre son talent exceptionnel et son génie créateur ». Yvon est fasciné par Buissonneau. « Je n'ai jamais vu une imagination comme ça de toute ma vie. »

Sans cesse, Paul Buissonneau dit à ses comédiens qu'on doit faire toutes sortes de choses pour réussir à gagner sa vie dans ce milieu. Dès la première année à La Roulotte, Yvon constate qu'il faut faire beaucoup de choses pour y arriver.

Dix-huit mois plus tôt, Yvon avait quitté la maison familiale. Par deux fois, il doit y revenir parce qu'il n'est pas capable de gagner suffisamment d'argent pour combler même ses besoins les plus élémentaires. « Et là, je suis revenu parce que j'avais trop faim. J'avais trop de misère, j'étais pas capable d'arriver. J'en pouvais plus. » Voilà une situation qui contribue à alimenter les doutes d'Anna sur la nouvelle vocation de son fils.

Yvon prend l'affirmation de Buissonneau au premier degré. De 1958 à 1964, il accepte tout ce qui passe. Tout n'est que du jeu. Et jouer, c'est apprendre.

En plus de travailler à La Roulotte, Yvon joue aussi pour Buissonneau, qui présente annuellement une pièce au Festival d'art dramatique. Mais Buissonneau est en outre actif comme metteur en scène pour diverses compagnies théâtrales. Yvon joue dans de nombreuses pièces montées par celui-ci. De plus, il joue à la Poudrière, à l'Orphéum, au Rideau Vert, au Gesù, à l'Égrégore ou à l'atelier de Georges Groulx. Il joue aussi bien du Dostoïevski que du Jasmin, du Obey ou du Molière. Le Théâtre universitaire canadien l'invite également à participer à ses tournées dans les collèges et les universités, notamment pour *Les femmes savantes* dans une mise en scène de Paul Hébert. À ce moment, Yvon prend contact avec différentes régions du Québec, qui constituent autant de découvertes pour le citadin qu'il est.

En 1959, Yvon fait sa première apparition à la télévision anglophone dans *The Big Search*. En 1960, pour quelque temps, il sera de l'émission *Piccolo* à la télévision de Radio-Canada. Plus tard, en 1963, il participera à *La boîte à surprises.* Il collabore à l'écriture de quelques textes pour des émissions jeunesse. Il se présente à plusieurs auditions, propose des projets ou des idées qui ne sont pas acceptées. Il consent même à être animateur de foule dans une émission pour enfants où on lui a refusé un rôle.

En 1963, il prend part à une première revue musicale : *Le kid s'en va-t-en guerre,* sous la direction de Gilles Richer et de Bernard Sicotte. En 1964, il obtient un rôle secondaire au cinéma dans *Délivrez-nous du mal,* un scénario de Jean-Claude Lord d'après un roman de Claude Jasmin.

De 1961 à 1963, Yvon est aussi le batteur officiel de Claude Léveillée, tout en jouant régulièrement pour Claude Gauthier et Jacques Blanchet. Il participe à l'enregistrement du premier disque de chacun de ces artistes.

En 1963, Yvon devient l'assistant de Paul Buissonneau à La Roulotte. Après cinq années d'apprentissage du métier, il revient à la case de départ.

5

Jouer à être musicien

À La Roulotte, Yvon rencontre Mirielle Lachance, qui est là depuis deux ans. Elle devient « sa blonde » à la fin de l'été 58. Dès ce moment, ils savent tous les deux qu'ils seront ensemble un bout de temps. Ils se marient religieusement le 8 octobre 1960. Aucun enfant ne naît de cette union, qui se terminera en 1967.

Leur relation débute tout simplement par le plaisir d'être ensemble, de discuter et de partager. À une semaine près, Mirielle et Yvon ont le même âge.

Tous deux veulent faire carrière dans le milieu culturel en sachant très bien que c'est un milieu difficile dans lequel il faut sans cesse accepter l'insécurité.

Mirielle ne souhaite pas d'enfant. Pour elle, le monde va tellement mal qu'il n'est pas acceptable de faire des enfants dans un tel contexte. Yvon n'argumente pas longtemps, car il a conscience qu'il ne possède pas la maturité suffisante pour avoir des enfants. De plus, l'instabilité de ses engagements le confirme dans sa décision. Il a du travail, mais rien d'assuré à long terme.

Au début des années 60, la carrière de Mirielle prend un bon essor. Elle a sa propre émission de télévision à Radio-Canada, *Cri-Cri*, grâce à laquelle elle gagne bien sa vie, et elle est une interprète fort recherchée. Pour Yvon, c'est un peu plus difficile, mais il finit toujours par boucler les fins de mois. «À deux, ça faisait finalement une vie très agréable», mentionne Yvon.

Mais la vie de Mirielle et d'Yvon est aussi faite de contacts privilégiés et de rencontres déterminantes. Les Gagnon, Léveillée et Vigneault deviennent importants dans leur vie professionnelle.

En 1961, Claude Léveillée revient de Paris. Yvon l'a connu à La Roulotte, mais aussi à la télévision de Radio-Canada. Léveillée est très en demande. Il arrive de Paris avec plusieurs nouvelles chansons et il se prépare à l'inauguration du Chat Noir, dans le hall d'un cinéma de la rue Milton, une boîte qui accueille, en vedette, un auteur-compositeur différent chaque semaine.

À quelques semaines de l'ouverture de cette boîte, Yvon se retrouve avec Léveillée. Il y a une batterie sur les lieux et Yvon s'y installe et commence à s'amuser, à improviser. Il a quelques notions de base en musique, car il a suivi des cours de piano dès l'âge de sept ans. Mais il n'a pas joué depuis longtemps.

Claude est surpris et il s'installe au piano pour jouer l'une de ses musiques. Yvon l'accompagne. C'est alors que Léveillée lui fait une proposition.

«Tu sais que j'ouvre le Chat Noir dans quelques semaines. Je me sentirais moins seul et moins nerveux si on était deux sur la scène. Alors, j'aimerais ça que tu m'accompagnes à la batterie et à l'accordéon-piano.»

Yvon n'hésite pas. «Tout peut s'apprendre, même en quelques semaines.» Il achète une batterie tandis que Léveillée lui prête un accordéon-piano. Il pratique quelques semaines avec Claude et il est de l'ouverture du Chat Noir. L'aventure avec Léveillée dure près de trois années. Au cours de cette période, ils font le tour des boîtes à chansons de la province. Simultanément, Yvon continue de jouer au théâtre et à la télévision.

Grâce à ces expériences, Yvon prend conscience qu'il peut faire « des choses sur scène qu'il ne pourrait pas faire dans la vraie vie ». Pour lui, être acteur, c'est aussi pouvoir jouer à être batteur ou accordéoniste.

Dans le Québec du début des années 60, on découvre un nouvel intérêt pour la chanson d'ici. Félix Leclerc et les membres des Bozos ont été des pionniers au cours des années 50. Léveillée est une énorme vedette et Vigneault a du succès à Québec. Ferland, Gauthier, Blanchet, Lévesque, Létourneau, Desrochers, Lecor, Dugas, Gélinas et les autres prennent de plus en plus d'importance dans la culture québécoise. Des interprètes comme Monique Leyrac, Pauline Julien, Renée Claude et Daniel Guérard trouvent leur place dans ce nouveau monde culturel.

La chanson d'ici se développe souvent en complémentarité avec la chanson dite française et en concurrence avec la chanson yé-yé d'origine américaine et anglo-saxonne. Le phénomène des boîtes à chansons contribue au développement de cette chanson à texte. En effet, partout au Québec, les boîtes à chansons poussent comme des champignons, quelquefois bien organisées, mais « généralement cela faisait très amateur », comme le dira plus tard Robert Charlebois.

Elles contribuent aussi à une certaine frénésie collective alimentée par le changement de pouvoir à Québec. On découvre, pendant cette période, qu'on peut être « maîtres chez nous ». C'est une époque d'effervescence culturelle et d'initiative politique.

Au cours de cette phase, les changements politiques, sociaux et culturels sont tangibles : les structures et les mentalités se transforment. Bob Dylan chante *The Times are*

changing, signe que les changements ne sont pas uniquement québécois.

Mais ici, les retards historiques font que l'effervescence
est encore plus marquée. En 1960, Jean Lesage prend le
pouvoir avec son équipe du tonnerre. Le Rassemblement
pour l'indépendance nationale (RIN) est fondé et Jean
Drapeau remporte la victoire avec le Parti civique de
Montréal. Jean-Paul Desbiens publie *Les insolences du frère
Untel* et Gérard Bessette *Le libraire*. Plusieurs nouvelles
maisons d'édition voient le jour. Dès 1961, c'est la fondation
de Télé-Métropole, de l'École nationale de théâtre, de l'Office
de la langue française et du Conseil des Arts du Québec.

Sur le plan politique, on instaure l'assurance-hospitali-
sation et on crée la commission Parent sur l'éducation. En
1962, Jean Lesage est de nouveau élu, et débute alors le
processus de nationalisation des compagnies d'électricité
par René Lévesque. En 1963, c'est la création de la Société
générale de financement et la nationalisation de l'électricité.
La même année, le Front de libération du Québec (FLQ) se
manifeste pour la première fois. C'est aussi le début des
travaux de la Commission royale d'enquête sur le bilin-
guisme et le biculturalisme présidée par Laurendeau et
Dunton. Mais c'est également l'ouverture controversée de
la Place des Arts (« la Place des autres »), la fondation de la
revue *Parti pris* et la présentation de l'œuvre *Pour la suite
du monde*, du cinéaste Pierre Perrault.

Pour Yvon cependant, c'est surtout une époque de
poésie. La sensibilité est présente partout et on a le sentiment de construire quelque chose de nouveau, de participer
à l'émergence d'une société différente « de celle de nos
parents ». Yvon se sent à l'aise dans le milieu de la chanson,
de la musique et du théâtre, milieu qui est au confluent de
toutes les nouvelles tendances.

Entre autres par la chanson, la société québécoise découvre le droit à la parole, qui constitue probablement le plus grand changement des années 50 et du début des années 60. Par leur effervescence créatrice et leur engagement social, les gens de théâtre, les dramaturges, les cinéastes, écrivains, poètes, éditeurs, les auteurs-compositeurs et les interpètes contribuent largement à cette libération de la parole individuelle et collective. Ce bouillonnement, associé à la popularité grandissante de la télévision, ouvre les portes du monde aux Canadiens français longtemps repliés sur eux-mêmes.

6

L ' i m p o r t a n c e
d e s   r e n c o n t r e s

En 1962, Claude Léveillée invite Gilles Vigneault au Chat Noir pour présenter son spectacle. Mirielle Lachance doit faire la première partie du spectacle de Vigneault avec son répertoire de chansons françaises du début du siècle. En plus d'animer *Cri-Cri* à Radio-Canada et d'être très en demande au théâtre, Mirielle est aussi connue pour ses talents d'interprète. Pour Christian Larsen, Mirielle Lachance est « une interprète d'une vitalité à toute épreuve, un physique et une voix qui la servent surtout dans les chansons fantaisistes, légères ».

André Gagnon est le pianiste de Mirielle à l'émission *Cri-Cri*. Elle fera la première partie du spectacle de Gilles Vigneault pour son entrée à Montréal. Et Yvon est batteur pour Léveillée. Ce dernier a connu Gagnon dès l'ouverture de Chez Bozo en mai 1959.

Mirielle et Yvon invitent Gilles Vigneault à souper. Il y aura également André Gagnon et Claude Léveillée. Vigneault accepte l'invitation. Yvon se rappelle cette soirée :

> « Tu sens qu'il se passe quelque chose. Ce soir-là, j'ai vécu des choses extraordinaires. Un peu comme quand je suis arrivé chez monsieur Rozet. Claude s'installe au piano pour jouer une nouvelle musique. C'était *L'hiver*. Il se plaint qu'il n'y a pas de pianiste

45

qui joue dans son style. Il aimerait être accompagné par un pianiste dans ses spectacles, mais il ne trouve personne. André s'installe à son tour au piano et rejoue *L'hiver*, au grand étonnement de Claude. Celui-ci est tellement impressionné que ce sera le début d'une longue et fructueuse collaboration. Pour sa part, Vigneault composait sans arrêt. Il avait des paroles plein les poches. Et Claude, lui, avait plusieurs musiques déjà composées mais sans paroles. Le contact s'est fait entre Vigneault et Léveillée. Une autre collaboration importante. »

Quelques mois plus tard, dans un spectacle au Palais Montcalm, Léveillée a douze nouvelles chansons sur des paroles de Vigneault. Il est accompagné d'André Gagnon au piano, de Pierre Desjardins à la contrebasse et d'Yvon à la batterie. Un disque est enregistré et, un peu plus tard, Monique Leyrac chantera Léveillée et Vigneault.

Trente-cinq ans après, Yvon conserve un souvenir ému de cette soirée. « Évidemment, même s'ils n'étaient pas tous venus souper, tout cela serait finalement arrivé pareil un jour ou l'autre. Je ne veux pas dire que c'est à cause de Mirielle et de moi… Mais j'ai compris que la création, c'est aussi une affaire d'association et de contact entre les personnes. Ça prend souvent un réseau. »

Dix années se sont alors écoulées depuis l'entrée d'Yvon à Radio-Canada. Trois personnes majeures ont marqué sa vie professionnelle au cours de cette période : François Rozet, Paul Buissonneau et Claude Léveillée.

En 1964, sur l'initiative de Guy Latraverse, Léveillée est le premier chansonnier à faire la Place des Arts. Yvon ne sera pas du spectacle.

Léveillée et Gagnon ont bien tenté de convaincre Yvon de prendre des cours pour se perfectionner comme batteur.

Pour la Place des Arts, Léveillée voulait un orchestre de quinze musiciens. Yvon a vite compris qu'il n'était plus à la hauteur.

« C'était clair, voyons donc. Moi, je pouvais bien faire bedoum-bedoum et na-na-na. Mais me mettre à lire la musique et devenir un vrai batteur, un professionnel, ce n'était plus dans mes compétences, ni dans mes intérêts. »

Léveillée est déçu, un peu étonné, mais il sait bien qu'Yvon ne reviendra pas sur sa décision.

« Qu'est-ce que tu veux faire dans la vie? lui demande-t-il.

— Je ne sais pas ce que je veux faire, lui réplique Yvon, mais je sais que je veux rester dans le milieu. Pour le moment, je pense que je vais me contenter d'être l'assistant de Buissonneau pour un bout de temps. »

Et c'est ce qu'il fait. Comme assistant de Buissonneau, Yvon touche encore une fois à tout : il s'occupe de la publicité, de l'administration, de la vente de billets. Il fait tout ce qu'il faut pour que les projets de Paul se réalisent.

« Avec Paul, j'aimais ça être le deuxième. J'adorais ça. Je faisais ce qu'il me disait : nettoyer le théâtre, prendre les tickets… Moi, j'étais heureux, très à l'aise et je n'avais pas d'autre ambition que d'être avec Paul. »

Au cours de cette période, Yvon délaisse progressivement le métier d'acteur. Il joue dans quelques pièces présentées notamment au Rideau Vert et au Théâtre de Repentigny, mais il veut de moins en moins être acteur.

Pendant cet épisode de transition, Yvon remet en question son métier : « J'aimais ça jouer, mais j'avais beaucoup de difficulté. J'adorais ça si on jouait juste une fois. Mais moins quand il fallait jouer plusieurs jours ou plusieurs semaines. De plus, j'avais des fous rires. C'était pas vivable. Mais je jouais pareil. »

Dans ce contexte, il est intéressé quand Buissonneau veut trouver un édifice pour loger le Théâtre de Quat'Sous en 1964. Avec Louise Latraverse, Jean-Louis Millette, Claude Léveillée et Paul Buissonneau, Yvon participe à l'achat d'une ancienne synagogue sur l'avenue des Pins. Quelques mois plus tard, le théâtre ouvre ses portes.

Yvon se rend compte qu'il a touché à plusieurs choses au cours des dernières années, mais qu'il n'a rien approfondi. Il met cela sur le compte de ses propres limites personnelles.

«Les petits gars, si vous voulez passer au travers, il faut tout faire», répétait sans cesse Buissonneau. Mais Yvon a des doutes sur les propos de Buissonneau quand il voit certains de ses camarades qui font des carrières fort intéressantes soit comme acteur, soit comme chanteur ou comme musicien.

La rupture avec Claude Léveillée, en 1964, était par conséquent inévitable. Elle était logique et nécessaire. Mais Yvon prend rapidement conscience qu'elle provoque chez lui un autre trou noir, un vide comme celui qu'il a vécu dix ans plus tôt en quittant l'école. Dans ce vide, l'expérience antérieure n'est plus porteuse d'avenir.

7

L'entrepreneur

« J'ai loué un sous-sol cet après-midi rue Saint-Paul dans le Vieux-Montréal, annonce Yvon à Mirielle.

— Qu'est-ce que tu vas faire avec ce local ? lui demande-t-elle, fort intriguée et surprise.

— Je ne sais pas, mais je vais y penser. Je vais me trouver un projet. »

Le lendemain matin, il décide d'ouvrir un restaurant dans le local loué la veille en visitant le Vieux-Montréal avec François Barbeau. Et ce sera un restaurant spécifiquement québécois tant dans sa décoration que pour sa cuisine.

Avec ses amis Gilles Robinson et André Leblanc, dit Toulouse, Yvon parcourt le Québec à la recherche de meubles typiquement québécois pour aménager le restaurant. Ils décapent les meubles, restaurent ceux qui sont détériorés et tressent des fonds de chaises.

Avec Bernard Assiniwi, Yvon élabore une carte basée sur la cuisine québécoise, laquelle est peu connue à Montréal. Cela va du phoque au chevreuil en passant par la tourtière du Lac-Saint-Jean. Ils trouvent beaucoup de plaisir à créer ce menu. Yvon considère Bernard comme son jumeau puisqu'il est né lui aussi le 31 juillet 1935 et que lui aussi veut percer dans le monde du théâtre.

Quelques mois plus tard, Le Fournil ouvrira ses portes. Ainsi, menant deux projets de front, Yvon contribue simultanément à l'ouverture du Quat'Sous et de son restaurant dans le Vieux-Montréal.

Plusieurs des amis d'Yvon trouvent ce projet complètement farfelu. Le quartier est peu fréquenté et le commerce n'y est pas très florissant. Mais Yvon a été marqué par sa première visite dans le Vieux-Montréal avec François Barbeau. Celui-ci lui a présenté Éric Mclean et madame Nolin, qui ont tous deux le souci de conserver et de développer le patrimoine, le premier ayant rénové la maison Papineau tandis que la seconde a installé une boutique de haute couture dans le quartier.

« C'est comme si j'avais été investi d'une mission. Il fallait que je fasse ma part pour développer le patrimoine », précise Yvon.

C'est donc dans cet état d'esprit et sur une impulsion qu'il ouvre Le Fournil en 1964. Le restaurant se trouve à proximité du Palais de justice. Les avocats et les employés du Palais commencent à fréquenter Le Fournil. Finalement, le lieu acquiert une clientèle suffisamment assidue pour assurer, quelquefois péniblement, les fins de mois. De plus, le secteur commence à se développer. Par exemple, au-dessus du restaurant d'Yvon, madame Reine Johnson tient une galerie d'art qui attire une nouvelle clientèle. C'est là qu'Yvon croise le jeune Pierre-Marc qui vient visiter sa mère.

Malgré tout, les affaires ne sont pas si mauvaises puisqu'en 1966 Yvon ouvre un deuxième restaurant sur la place Jacques-Cartier : le Saint-Amable. Avec le chef Delanoy, Yvon concocte un menu inventif et intéressant. L'endroit est beau et la clientèle répond bien. Au cours de l'année, Yvon joue dans une seule pièce au Théâtre du Nouveau Monde et il a de moins en moins de temps pour le Quat'Sous.

Cependant, il accompagne Buissonneau dans un voyage à Paris. Et là, il découvre concrètement tout ce que François Rozet lui a expliqué dix ans plus tôt.

En 1966, Yvon ferme Le Fournil de la rue Saint-Paul et le déménage dans un local plus vaste de la place Jacques-Cartier, à proximité du Saint-Amable. Il y installe une boîte à chansons animée par Clémence Desrochers. Yvon et Clémence ne se connaissent pas vraiment, mais ils décident de s'associer pour ouvrir cette boîte. Ils engagent un architecte afin de concevoir la boîte «pour en faire une belle place». Yvon se retrouve avec deux restaurants et une petite boîte à chansons de cent vingt places.

Les spectacles et les revues se multiplient à la Boîte à Clémence. Les établissements d'Yvon doivent tourner à plein régime pour faire leurs frais. Les restaurants fonctionnent bien, surtout le Saint-Amable, mais la marge bénéficiaire est mince dans ce type de commerce. Yvon est un entrepreneur, mais il joue plus difficilement le rôle d'administrateur. Le quotidien n'est pas toujours facile, mais Yvon réussit à convaincre quelques amis de le soutenir financièrement. De son côté, Clémence hypothèque son chalet pour financer la boîte et elle y investit une bourse de neuf mille dollars qu'elle vient tout juste de recevoir.

Yvon est un homme nerveux qui garde ses problèmes pour lui-même. Son entourage constate cependant que tout ne va pas pour le mieux. Il suffit d'observer Yvon pour le savoir : souvent il a le regard absent et sans cesse il balance sa jambe lorsqu'il est assis, signe d'une grande anxiété chez lui. Clémence note qu'«il est à la fois présent et absent». Chaque jour, il passe de longues heures au téléphone pour régler les problèmes organisationnels et financiers. De plus, il ne compte pas ses heures : il joue dans les revues, fait souvent le service au bar et supervise les employés. Clémence découvre « un homme intense, nerveux, angoissé, qui refait son plein d'énergie quand il est sur scène ». Là, il est un autre homme.

Dans les situations difficiles, Yvon a tendance à fuir en avant. Il trouve là une façon de se convaincre que tout ne va pas si mal. Par exemple, contre toute logique d'affaires, il s'achète une Austin Morris en pleine tempête financière.

Vers la fin de cette même année, la relation entre Mirielle et Yvon se détériore progressivement jusqu'à un point de non-retour. Pour lui, c'est la catastrophe, d'autant plus qu'il se sent totalement responsable de ce qui arrive. À la suite d'une rencontre d'un soir, Yvon trompe Mirielle avec une inconnue. « Donc, si j'avais trompé ma femme, il y avait un problème. Il y avait un problème grave. Tu ne peux pas faire ça. Et, comme ça arrive souvent, elle me l'a progressivement pardonné, mais moi j'étais pas capable de passer par-dessus ça. Et c'est ça qui a tout défait. C'est ça qui a commencé à tout défaire… »

Pour Yvon, cette situation découle de son immaturité émotive. À trente-deux ans, il a une idée de l'amour proche de celle de Roméo et Juliette. Il a de la difficulté à accepter non pas la rupture comme telle mais le fait que l'amour finit par se détériorer et surtout il se sent coupable d'avoir provoqué cette séparation par son aventure d'un soir. Concrètement, Yvon a de la difficulté à assumer le geste qu'il a fait. Il est tiraillé entre le vague désir de poursuivre sa route avec Mirielle et « une espèce de fuite en avant pour recommencer avec une autre ».

Mirielle part pour Paris. Elle y va pour jouer dans une pièce québécoise et elle ne sera de retour à Montréal qu'à la fin des années 60. Elle sera de la distribution de la deuxième reprise de la pièce de Michel Tremblay, *Les belles-sœurs*, en 1971.

En mars 1967, Yvon rencontre Judi Richards, une Torontoise de dix-sept ans qui deviendra sa seconde épouse en novembre 1971.

L'année 1967, c'est l'année de l'Exposition universelle de Montréal. Comme plusieurs commerçants de son secteur, Yvon tente de profiter de cette manne touristique en développant simultanément plusieurs projets au Fournil, au Saint-Amable et à la Boîte à Clémence. Il multiplie les revues et les spectacles.

À la fin d'Expo 67, les affaires sont de plus en plus difficiles. Les Montréalais désertent les restaurants et les touristes ne répondent plus à l'appel. Le 15 février 1968, Yvon fait une faillite personnelle et commerciale. Au cours de cette année, plus de quatre cents restaurants ferment uniquement à Montréal. Yvon n'a pas les ressources financières nécessaires pour attendre une éventuelle reprise de l'activité économique. Il ne peut pas soutenir soixante employés avec toutes les autres charges administratives afférentes.

Yvon perd tout dans cette faillite. Il n'a plus de biens, plus d'appartement et aucun travail. Il doit se résigner à coucher dans un corridor chez l'un de ses amis. Quelques jours avant que le syndic n'intervienne, Yvon récupère, avec l'aide d'un ami, de la nourriture dans le congélateur du Saint-Amable. Cela lui permet de bien manger durant quelques semaines.

L'aventure dans la restauration aura duré un peu moins de quatre ans. Yvon admet avoir fait des erreurs, mais il considère aussi que ces années ont été riches en création et en apprentissage. Elles portaient les germes de son avenir.

Quelque trente ans plus tard, Yvon parle de cette faillite sans amertume, mais avec une certaine tristesse. Il y a encore une blessure. Pendant longtemps, il s'est senti mal à l'aise à l'égard de ceux qui avaient investi dans son entreprise : les Lise Lasalle, Jean Besré, Clémence Desrochers, Jacques Languirand, Ronald France… Plusieurs d'entre eux lui ont heureusement fait comprendre qu'ils ne lui en voulaient pas, qu'ils considéraient que cela faisait partie du jeu des affaires. « Investir comporte toujours un risque », se dit Yvon.

Au moment de la faillite, Mirielle est déjà à Paris. Elle n'a pas à vivre cette situation difficile. De plus, elle n'a pas d'engagement financier dans les affaires d'Yvon, étant mariée sous le régime de la séparation de biens.

8

L'année de transition

Les mois de février à mai 1968 sont pénibles pour Yvon. Il n'arrive pas à s'entendre avec le syndic pour avoir un revenu de subsistance. Il est laissé à lui-même.

« Ça été une période difficile. Moi, je me replie facilement, dans le sens que je fais le vide et que je ne m'attends à rien, puis je ne regrette rien. Là il y a un trou dans ma vie. Je ne sais plus où je m'en vais. Ça m'est arrivé à seize ans, ça m'est aussi arrivé un peu plus tard quand Léveillée et moi nous nous sommes quittés. Mais les circonstances vont faire que si je suis disponible, il va arriver quelque chose. »

Seul son amour pour Judi le réconforte. Elle vient à Montréal aussi souvent que possible, mais elle est très occupée par son travail au Ballet national. Pour Yvon, chaque visite de Judi le confirme dans son amour. Elle a cette fraîcheur de la jeunesse qui permet de bien tolérer l'insécurité « pour pouvoir passer à travers les moments où rien ne semble vouloir arriver ».

Yvon passe ses journées à lire et à faire le vide. Quelques semaines après la faillite, Paul Buissonneau lui téléphone. Il lui propose de venir vendre des billets au Quat'Sous, de s'occuper du ménage et de répondre au téléphone. C'est tout ce qu'il peut lui offrir pour le moment, et ce, avec un salaire de cinquante dollars par semaine. Yvon accepte. Il est de retour dans le réseau.

Au Quat'Sous, Yvon n'a pas tellement de travail. Pour sa part, Buissonneau est occupé à toutes sortes d'activités. Un jour, il soumet un projet à Yvon.

« Écoute, Yvon, monte au moins la dernière pièce de l'année, lui propose-t-il en soulignant qu'il a monté, lui, les cinq autres.

— Non, je n'en fais plus de théâtre. C'est définitif. Si tu veux, je peux essayer d'organiser une revue.

— Fais ce que tu veux, mais il doit y avoir un spectacle en mai », lui répond un Buissonneau qui venait de régler l'un de ses problèmes.

Yvon contacte Clémence Desrochers, qui n'est pas intéressée. On lui a offert la direction du Patriote, qui deviendra le Patriote à Clémence, où elle compte créer des revues. En même temps, Michel Tremblay se cherche une salle pour monter *Les belles-sœurs*. Il se présente au Quat'Sous, mais il n'est pas possible d'y monter cette pièce à cause des quinze comédiennes requises et de la petitesse de la salle du théâtre. Finalement, Tremblay crée sa pièce au Rideau Vert le 28 août 1968.

L'année précédente, Yvon avait produit à la Boîte à Clémence la reprise de *Terre des bums*, une revue animée par Robert Charlebois, Mouffe et Jean-Guy Moreau. Quelques années plus tôt, Yvon a connu Robert à La Roulotte. En avril, il propose à Robert de monter une nouvelle revue. Charlebois n'est pas tellement intéressé. Il rentre d'un voyage en Californie, voyage qui l'a profondément marqué sur le plan musical. Sa seule préoccupation est de chanter ses nouvelles chansons. Il vient de faire un spectacle d'un soir au Café Campus avec Louise Forestier. Il veut continuer dans cette direction. Mouffe et Louise se montrent réceptives au projet. Robert accepte finalement de bonne grâce de participer à la revue, mais il chantera et il veut les musiciens du Quatuor de

Jazz libre du Québec (Guy Thouin, Yves Charbonneau, Jean Préfontaine et Maurice Richard) pour l'accompagner. Michel Robidoux et Jacques Perron se joignent aux musiciens.

La revue doit être montée en moins d'un mois. Mouffe consacre beaucoup d'énergie à lier tous ces ingrédients fort disparates et à écrire la plupart des textes. Le spectacle se construit dans une grande tension. En plus de la tension propre au processus de la création, une tension intergénérationnelle est palpable. À presque trente-trois ans, Yvon est le vieux du quatuor. Il est déjà d'une autre génération. Ses partenaires sont dans le début de la vingtaine : Charlebois a vingt-trois ans, tandis que Louise et Mouffe ont vingt et un ans. En 1968, « avoir trente-cinq ans, c'est être très vieux pour la jeune génération ». De plus, Paul Buissonneau veut monter la revue à sa manière en respectant certaines règles de mise en scène que le quatuor et les musiciens remettent constamment en question ou ignorent tout simplement.

Même le titre du spectacle est trouvé à cause de ces tensions entre les partenaires du projet. Buissonneau en a assez des problèmes engendrés par ce spectable et un jour il lance : « Mettez-vous-le dans le cul, votre hostie de show. » Dans cette réplique de Buissonneau, Robert Charlebois vient de trouver le titre du spectacle.

En mai 1968, le Quat'Sous présente la première version de *L'Osstidcho*. Quelques jours avant la première représentation, « tout semble aller tout croche ». Yvon invite les autres membres du groupe à avoir une certaine humilité parce que les réactions du public seront peut-être difficiles à prendre devant tant d'improvisation.

Yvon y présente son premier monologue, *Les Unions, qu'ossa donne?*. L'idée de base est un sketch à quatre personnages, mais comme Robert ne veut pas jouer, le tout se transforme en un monologue dans lequel s'intègre une ritournelle : «Dans toutes les manufactures…». Robert et les musiciens créent une ambiance musicale autour du monologue.

Tout vêtu de blanc, Yvon arrive devant le micro et commence son monologue. Dans la salle, l'étonnement et l'amusement sont perceptibles. Étonnement à cause du ton utilisé, du langage du personnage, de la présence de l'interprète et du thème abordé. Amusement à cause de l'humour nouveau et du caractère du personnage conçu par l'auteur. Sans le savoir, Yvon vient d'inventer un nouvel art du monologue qui deviendra sa marque de commerce.

Pour écrire ce premier monologue, Yvon s'inspire du personnage d'un sketch qu'il a joué lors d'une revue présentée l'hiver précédent à sa boîte du Vieux-Montréal, sketch écrit par Clémence Desrochers mais interprété par Gilbert Chénier et lui-même : *J'peux-tu avoir mon Noël?* À cette époque, Yvon a pris conscience qu'il peut faire rire, qu'il peut improviser, et surtout il découvre qu'il a plein d'idées.

Ce n'est pas avec la présentation de *L'Osstidcho* qu'Yvon se refait financièrement. Le spectacle démarre lentement au Quat'Sous, même s'il suscite déjà une certaine controverse. Pour Yvon, tout est clair. À la fin de la revue, il redevient l'homme à tout faire de Buissonneau. Il croit que ce spectacle n'est qu'une parenthèse dans sa nouvelle vie.

Mais en septembre, *L'Osstidcho* est présenté durant une semaine à la Comédie canadienne, dans une nouvelle version : *L'Osstidcho king size*. Yvon y improvise un monologue, *La Saint-Jean*. Pour la période des fêtes, Yvon monte une nouvelle revue au Quat'Sous avec Robert, Louise et Mouffe : *Peuple à genoux*. Mais dès la fin de l'automne, Guy Latraverse leur annonce qu'il veut produire *L'Osstidcho* à la Place des Arts au mois de janvier. Cela deviendra la troisième version : *L'Osstidcho meurt*. Par la suite, il y a aura une tournée dans toute la province. Le spectacle sera propulsé par la montée fulgurante du succès des nouvelles chansons de Robert Charlebois enregistrées à la fin de l'année 1968. C'est ce disque qui déclenchera le phénomène Charlebois.

Pour Yvon, il est clair que l'immense popularité de Robert est un facteur déterminant dans la réussite de l'aventure de *L'Osstidcho*, surtout pour la dernière version, celle de la tournée. Mais les différentes versions de ce spectacle donnent l'occasion à Yvon d'écrire et de présenter de nouveaux monologues. Pour lui, c'est le début d'une nouvelle aventure qui aura des effets insoupçonnés.

Si Yvon n'avait pas fait faillite en février 1968 et si Michel Tremblay avait pu produire *Les belles-sœurs* au Quat'Sous, *L'Osstidcho*, spectacle-culte dans l'histoire du Québec, n'aurait probablement jamais été créé.

Si l'année 68 constitue une période de transition pour Yvon, elle est une année de turbulence et d'effervescence pour l'ensemble de la société québécoise. Pierre Elliott Trudeau devient premier ministre du Canada. Daniel Johnson meurt prématurément. René Lévesque fonde le Parti québécois. Le mariage civil est institué. L'Assemblée législative du Québec devient l'Assemblée nationale. On crée la Bibliothèque nationale du Québec et Radio-Québec. C'est la mise en place des premiers cégeps et la fondation de l'Université du Québec avec un projet de quatre constituantes. La fête de la Saint-Jean-Baptiste dégénère en une manifestation violente : cent trente-cinq blessés et trois cents arrestations, dont celles de Paul Rose, Jacques Lanctôt, Pierre Bourgault et Richard Bizier. Hubert Aquin publie *Trou de mémoire* tandis que Denis Héroux réalise *Valérie*. Pierre

Vallières publie son essai *Nègres blancs d'Amérique*. Michel Tremblay fait jouer *Les belles-sœurs*, une pièce fort controversée. Et *L'Osstidcho* est créé.

Mais l'année 68 est encore plus : c'est le « Printemps de Prague » en Tchécoslovaquie, une tentative de libéralisation qui avorte à cause de l'intervention musclée des forces du pacte de Varsovie. Ce sont les mouvements étudiants de mai 68 en France. C'est la lutte des activistes contre la guerre du Vietnam. Pour la première fois, la télévision présente une famine en direct, celle du Biafra. Et le 25 décembre, la mission spatiale Apollo 8 rend possible la diffusion des premières images prises autour de la Lune.

En octobre, les étudiants québécois manifestent dans la foulée des revendications du mouvement de mai 68 en France. Des grèves étudiantes s'organisent un peu partout au Québec. Comme dans tous les mouvements de ce genre, il y a ceux qui veulent changer le monde et il y a les autres pour qui ce n'est qu'une partie de plaisir, une période de vacances prolongées. Il y a ceux qui pensent changer le monde en modifiant les symboles et il y a ceux qui croient que le changement passe par une rupture dans les mentalités et les styles de vie.

Parallèlement à l'effervescence du mouvement étudiant, le syndicalisme se radicalise par un discours de plus en plus idéologique, voire révolutionnaire dans certains cas. Les uns et les autres adoptent un slogan sans équivoque : « Négocier, c'est se faire fourrer ! » Ce slogan demeurera dans l'inconscient collectif québécois durant plusieurs décennies.

Mais tous les syndicalistes n'apprécient pas la rébellion de ces jeunes. Louis Laberge, président de la FTQ, « peu sensible à toute cette agitation, dira d'eux qu'ils régurgitent comme des enfants gâtés qui ont trop bouffé ».

En cette année 1968, le Québec est marqué par deux

spectacles qui semblent n'avoir aucun lien entre eux. Alors que la pièce *Les belles-sœurs* est une œuvre réaliste qui dépeint sans retenue une couche de la population québécoise mue par la force de son impuissance et de sa morosité, *L'Osstidcho* est un spectacle de libération et de « création totale », selon l'expression même de Robert Charlebois.

Et les deux spectacles font couler beaucoup d'encre en cette année 1968. Le premier, surtout à cause de la prétendue vulgarité de la langue utilisée par l'auteur, et le second par l'irrévérence, la délinquance et la folie de ses concepteurs. Et sans aucune préméditation de la part de ses créateurs, *L'Osstidcho* devient rapidement dans l'imagerie populaire un spectacle anti-*establishment*.

9

La vie selon Yvon
(I)

Yvon a souvent pensé que son père se faisait exploiter par son employeur, notamment à cause de son handicap physique. À sa naissance, Avila a eu le bras gauche brisé. Il ne pouvait pas s'en servir. Yvon a longtemps eu l'impression que ses patrons le gardaient par charité. Son père était peu porté à la confidence. Il ne s'est jamais ouvert de cette situation à ses enfants. Mais à l'adolescence, Yvon constate que les pères de ses amis gagnent beaucoup plus que le sien, qui est pourtant un homme instruit travaillant à dessiner des inventions.

Dans les faits, Avila n'a jamais profité financièrement des avantages de son instruction et de son poste de dessinateur industriel. Pour boucler les fins de mois, il doit souvent travailler le soir et les fins de semaine, notamment en se développant une clientèle personnelle. À la maison, il s'est patenté différents outils nécessaires à son travail.

À la fin des années 40, Avila fait un test auprès de ses patrons. Il leur demande une hausse salariale de cinquante pour cent. Au grand étonnement d'Avila, son patron accepte de l'augmenter sans aucune véritable discussion. En revenant à la maison, il annonce à Anna qu'il a maintenant la confirmation qu'il se fait exploiter depuis longtemps et qu'il quitte son travail pour se mettre à son compte. Il ouvre un bureau rue Bishop. Les deux frères d'Yvon y travailleront et

Denis, l'aîné, prendra la relève d'Avila au moment de la retraite de ce dernier.

La vie à Saint-Henri n'est pas toujours facile. Certes, la proximité de toute la famille Deschamps agrémente le quotidien, mais ce quartier n'offre pas un environnement des plus sains.

Yvon se souvient :

« À cette époque-là, tout marchait au charbon. Nous autres, on était entourés de cours de triage, donc des locomotives qui opéraient vingt-quatre heures par jour. On était entourés d'usines qui fonctionnaient également au charbon. Alors des fois, ma mère étendait son linge dehors. Alors là, à cause de l'humidité, elle regardait dehors et il y avait des milliers de petits points noirs sur tout son linge. Patiemment, elle recommençait tout...

« Nous, on vivait dans un logement correct dans Saint-Henri, mais il n'y avait pas de cave... C'était tellement froid l'hiver que ma mère mettait le jello à côté de notre lit pour qu'il prenne. C'était pas chauffable. L'air froid arrivait par en dessous...

« Je n'aimais pas avoir la corvée du charbon. Il fallait aller le chercher dans le hangar avec une chaudière. Tu sais que c'est rempli de rats, alors tu fais du bruit pour les éloigner...

« Ce sont des affaires comme ça qu'il me reste. Des odeurs qui n'existent plus aujourd'hui. Des fois l'été, on était dans la ruelle et il y avait des odeurs de vidanges et de rats morts. Tout ça mélangé. Ça sentait chez nous. C'était quelque chose. »

Contrairement à la tradition de l'époque, c'est Avila plutôt qu'Anna qui gère le budget familial. Pour la mère d'Yvon, cette situation est frustrante. Elle doit demander chaque soir à Avila l'argent nécessaire aux achats du lendemain. Pour une femme qui avait connu une certaine autonomie financière avant son mariage, cela était une situation difficile.

« Mon père était très fin pour ma mère, mais il avait un gros problème, c'est qu'il contrôlait toujours le portefeuille. Et il n'était pas gros, le portefeuille. »

Yvon se souvient d'une mère relativement soumise « qui chicanait son plaisir tout le temps ». La tâche quotidienne était lourde. Elle devait tout faire pour arriver à boucler le budget. Il ne cache cependant pas son admiration pour cette femme qui déployait tant d'énergie à assurer l'entretien de son mari et de ses enfants. Il se souvient d'une mère disponible pour jouer avec ses enfants même si cela retardait son travail quotidien.

Anna est toujours craintive en ce qui concerne « la carrière » d'Yvon. Elle est même très critique face aux premiers monologues d'Yvon qu'elle trouve audacieux, voire irrespectueux. Elle lui fait souvent des commentaires négatifs. Il est possible qu'elle perçoive certains propos d'Yvon comme des attaques à sa propre condition. Quant à son père, Yvon ne reçoit jamais de lui aucun commentaire ni aucune critique. « Même s'il était fier, il ne l'aurait pas dit, estime encore aujourd'hui Yvon. Ce n'était pas dans sa nature. Tout en étant affable, il était aussi très distant pour les choses intimes et les relations interpersonnelles. »

La soumission de la femme, le manque de sensibilité des hommes, les relations familiales, la recherche du bonheur et l'exploitation des travailleurs par des patrons sans compassion sont des thèmes qui reviendront souvent dans les premiers monologues d'Yvon.

À cette époque, Yvon a une vision fataliste de la vie. Il ne croit pas qu'on ait des choix à faire dans la vie.

Habituellement, le fataliste invoque une loi surnaturelle ou divine pour expliquer sa prise de position. Une forte conviction religieuse aide souvent à accepter le fatalisme de la vie. Mais Yvon ne croit pas en Dieu. D'où un fatalisme nihiliste qui se traduit par une acceptation de ses origines et de ses racines et par la conviction que les choix sont impossibles dans l'existence. Ici, il faut comprendre le sens que donne Yvon au mot « choix ». C'est vrai qu'il est possible de faire un choix en exprimant sa préférence pour tel auteur plutôt que pour tel autre. C'est vrai qu'il est possible de ne plus vouloir pratiquer telle activité sportive. On peut choisir de ne plus travailler avec tel collaborateur. Yvon admet que ce sont là effectivement des choix, mais ils sont finalement fort limités et ils ont une influence mineure sur les grandes étapes de la vie.

Cependant, Yvon croit aux accidents de parcours qui peuvent changer l'existence, accidents totalement imprévisibles et sur lesquels on n'a effectivement pas d'emprise. C'est ainsi qu'Yvon explique qu'aujourd'hui il ne travaille pas dans une *shop* de Saint-Henri ou qu'il n'est pas devenu un délinquant. Par accident, il s'est retrouvé dans des situations qui l'ont conduit à ce qu'il est maintenant : sa rencontre avec le fonctionnaire qui lui a proposé un travail à Radio-Canada, sa première pièce de théâtre, sa rencontre avec Rozet, celle avec Buissonneau ainsi que celles avec Léveillée et Clémence Desrochers.

Imaginons le scénario suivant pour illustrer cette conception de la vie chez Yvon. En 1953, il se présente au bureau de l'assurance-chômage. Reprenons le dialogue présenté plus haut au début du chapitre deux et inventons un accident de parcours différent.

Après les formalités d'usage, le préposé qui le reçoit lui demande : « Qu'est-ce que tu aimes dans la vie ? »

Yvon est surpris par la question. Il n'a aucun métier reconnu et aucune formation technique, sauf un cours de dactylographie et un autre de comptabilité qu'il a suivis l'année précédente. D'ailleurs, il conserve un mauvais souvenir de cette courte période qu'il considère comme inutile et ennuyante.

« Qu'est-ce que j'aime, qu'est-ce que j'aime, répète Yvon, un peu déstabilisé.

— Mais oui, tu dois bien avoir des intérêts.

— Moi, j'aime le jazz, j'aime la musique, j'aime ça lire.

— Hein ? T'aimes la musique ? Attends une minute, regarde ici, homme d'entretien au Club Chez Lizette. Travailler dans un club, tu vas être correct. Il y a des spectacles, de la danse, de la musique. Tu commences à l'entretien et tu peux monter par la suite. Tout est possible. Tiens, prends les informations. Tu demandes à rencontrer le propriétaire.

— C'est parfait », répond Yvon, un peu sceptique.

Au printemps 1953, sans jamais y avoir songé, Yvon devient ainsi préposé à l'entretien dans un club de nuit de troisième ordre « sur la Main ».

Que serait-il devenu si ce scénario inventé avait été la réalité ? Nul ne peut y répondre. Mais pour Yvon, c'est ce type d'accident de parcours qui détermine la vie. Autrement dit, c'est l'imprévisible qui domine l'existence. Dans cette perspective, il ne peut pas croire au destin.

En 1968, Yvon est sur le marché du travail depuis quinze ans. Il demeure relativement peu connu du grand public jusqu'à *L'Osstidcho*. Il s'est aventuré impulsivement dans plusieurs secteurs d'activité sans vraiment réfléchir aux conséquences possibles sur sa vie professionnelle.

À cette époque, Yvon n'est certainement pas carriériste. Il n'a aucun plan de cheminement professionnel et il ne veut pas en avoir, même si plusieurs de ses amis lui disent souvent qu'il ne sait pas où il s'en va.

Pour lui, l'important, c'est d'être bien dans ce qu'il fait, sinon il décroche.

« Je ne veux pas savoir où ça mène. Je suis bien et j'ai du plaisir à faire ce que je fais. Ça mène nulle part. Ça entretient la vie. Comme dirait l'autre, le but ce n'est pas la destination. L'important, c'est le voyage pour se rendre, c'est l'itinéraire… Tout ce que je faisais, c'était jamais pour aller quelque part. C'était pour le plaisir de le faire… On attend rien de rien. On attend rien, ça mène nulle part. »

Yvon ne tient pas à persévérer quand il n'a plus de plaisir à faire les choses ou quand il sent qu'il a atteint ses propres limites.

« Et mes limites viennent pas mal plus vite que pour les autres », dira-t-il souvent tout au long de sa vie.

PARTIE 2

*Les années de consécration
(1968 - 1976)*

Les grandes étapes

À trente-trois ans,
Yvon Deschamps trouve sans préméditation sa voie

La frénésie du travail et de la création

Les réussites et les échecs

Le second mariage, la rupture et la réconciliation

La découverte de l'engagement social

Les rendez-vous avec Oxfam et Le Chaînon

Des rencontres pour la vie

Un premier bilan de création

La question nationale

1

La frénésie
du travail

Yvon ne retourne pas jouer à l'homme à tout faire du Quat'Sous. Dès l'automne 1968, il reçoit une proposition totalement imprévisible. En effet, la compagnie de distribution Polydor veut s'installer au Québec et elle est à la recherche d'artistes d'ici. La compagnie lui offre d'enregistrer sur disque le monologue *Les Unions, qu'ossa donne?*, mais il est trop long pour un 45 tours et trop court pour un 33 tours. Yvon décide de mettre sur papier les autres monologues qu'il a présentés dans différents spectacles, notamment pour la nouvelle version de *L'Osstidcho*.

Ainsi, Yvon lance son premier disque produit par Michel Conte avec des titres comme *Le monde sont malades*, *La Saint-Jean*, *C'est extraordinaire* (Tesstrardinaire), *Pépére* et *Nigger Black*. Polydor prévoit mille ventes. Dans les faits, le microsillon se vend à plus de trente mille exemplaires. Yvon commence à pressentir que son avenir réside dans l'humour. Ayant déjà joué à être acteur, batteur ou accordéoniste, il peut aussi jouer à être monologuiste.

Entre mai 1968, moment de la création de *L'Osstidcho*, et octobre 1970, Yvon participe à la production de sept spectacles. Il écrit tous les matins, de six heures à neuf heures. Le reste de la journée est entièrement occupé par les répétitions, les déplacements et la présentation du spectacle en cours.

Il n'est pas rare qu'Yvon travaille simultanément à la préparation de plusieurs productions.

« Le soir, on jouait le show courant, tandis que le matin j'écrivais des textes de monologues ou de sketchs pour la prochaine production et l'après-midi on répétait pour le prochain spectacle déjà planifié… On ne fournissait pas. Mais c'était merveilleux. On dira ce qu'on voudra, mais le succès, c'est ben le fun. Je ne parle pas d'un immense succès, mais juste le fait de dire qu'il y a une demande. Tu fais quelque chose et la réponse est bonne. Tu peux pas en demander plus. C'est très, très satisfaisant. »

En 1969, Yvon monte trois cent dix fois sur scène. Dès janvier, c'est la reprise de *L'Osstidcho* à la Place des Arts et ensuite la tournée en province. Au moment où cette tournée prend fin, Guy Latraverse produit Marie Laforest, « l'actrice avec les plus beaux yeux du monde ». Elle a un bon succès sur disque, mais le spectacle se vend mal. Guy demande à Louise Forestier et à Yvon de présenter une première partie au tour de chant de Marie Laforest, question de mousser les ventes. Louise et Yvon acceptent et ils préparent une heure de spectacle. Yvon écrit le monologue *L'argent*. Par la suite, Guy leur propose de faire une petite tournée avec leur propre spectacle. Ils ajoutent une autre heure et ils partent en province. Latraverse devient alors l'agent et le producteur d'Yvon. Cela se présente comme une évidence tant pour l'un que pour l'autre.

Guy Latraverse est un joueur. Il loue des salles ou il en obtient la gérance et, après, il cherche ce qu'il peut bien y produire. C'est ainsi qu'il doit occuper le Théâtre du Canada, sur l'ancien site de l'Exposition universelle de 1967. « Faut que vous me fassiez quelque chose », leur dit-il. Deux productions se concrétisent : *L'odeur de la foule* et *Moi, ma môman m'aime* avec Louise Forestier, Pauline Julien, Gilbert

Chénier et Yvon, sur une musique de Jacques Perron. Ce spectacle sera repris par la suite au Quat'Sous. Entre-temps, Yvon accepte de faire le mois de septembre au Patriote. Rien n'est prévu au programme, alors Yvon dépanne les propriétaires en présentant un premier spectacle solo. Mais cet engagement ne met pas fin à ses autres activités simultanées, notamment au Théâtre de l'Expo. Durant les trois semaines de spectacles au Patriote, il jouera soixante-trois fois en vingt et un jours. Certains samedis, il présente cinq spectacles entre deux heures de l'après-midi et trois heures du matin. En même temps, son deuxième disque sort sous le titre *L'argent ou le bonheur*. Il se vend à plus de quarante mille exemplaires. Et pour terminer l'année, un spectacle de Noël est monté à la Comédie canadienne : *Attends ta délivrance*.

C'est dans cette effervescence que Judi Richards s'installe définitivement à Montréal le premier novembre 1969.

L'installation de Judi ne met pas fin à la frénésie du travail pour Yvon. De 1969 à 1976, il sera sur une scène plus de mille fois. De plus, il jouera dans quatre films et dans une pièce au Théâtre du Nouveau Monde. C'est sans compter les publicités, les événements spéciaux et les galas pour la télévision. Et il ne faut pas oublier ses engagements pour Oxfam et pour Le Chaînon. Il participera aussi aux Nuits de la poésie et aux Poèmes et Chants de la résistance. En outre, il enregistre six autres disques. Ses albums atteindront des ventes moyennes de quarante-cinq mille exemplaires avec une pointe de soixante-quinze mille pour l'album incluant *Dans ma cour* et *Cable TV*, qui paraît en 1971.

Partout, Yvon joue à guichets fermés. Les billets s'envolent rapidement. À Montréal, des supplémentaires sont généralement ajoutées. Certaines années, il pourrait faire l'année complète dans la même salle si elle était disponible.

En moins de huit ans, il devient « l'une des plus grandes stars que le Québec ait jamais connue ».

Plusieurs fois au cours de cette période intense de création et de travail, Yvon remettra en question la manière d'exercer son métier. Quelquefois, il veut innover sur le fond, tandis que, dans d'autres occasions, il veut renouveler la forme du spectacle. Les critiques sont souvent partagés à l'égard du travail d'Yvon, même s'il a ses inconditionnels. On l'invite à éviter de chanter lors de ses spectacles et à se contenter de faire rire. On lui reproche certaines facilités, certaines vulgarités, voire des obscénités. On est sévère quand il s'aventure dans le genre « revue des années 60 ». On lui reproche sa dispersion.

De plus, des universitaires commencent à étudier son œuvre. Ils y trouvent des sens et des messages qui dépassent les intentions réelles d'Yvon. Il est étonné, voire ébranlé par toutes les interprétations que l'on fait de son œuvre. Lui, il veut faire rire, et réfléchir si possible, mais ce n'est pas sa priorité.

À la manière de Buissonneau, il veut créer des émotions et des événements. Tout simplement.

2

Le climat du début de la décennie 70

Les premières années de la décennie 60 ont été des années de prise de parole et de rattrapage. La fin de la décennie est caractérisée par le choc de la modernité. Les jeunes, de plus en plus scolarisés, cherchent à s'affranchir des valeurs dites conservatrices, tandis qu'une couche de la population a déjà la nostalgie des années 40 et 50.

En 1969, dans la foulée de l'idée selon laquelle on doit refuser de collaborer à un système que l'on rejette, l'Association générale des étudiants de l'Université de Montréal et l'Union générale des étudiants du Québec se sabordent, laissant l'État sans aucun interlocuteur organisé pour répondre au nom de la communauté étudiante. Et c'est à l'Université du Québec à Montréal, institution naissante, que se concrétise progressivement cette nouvelle attitude de la grève et de la revendication quasi permanente.

Le 24 juillet 1967, avec son «Vive le Québec libre», le général de Gaulle avait fouetté les troupes nationalistes. Pour certains intellectuels nationalistes, la ferveur des manifestations de 68 et 69 est le signe évident que l'indépendance du Québec se fera à court terme. Dans ce contexte, l'essentiel est de construire la nouvelle société qui découlera logiquement de cette indépendance. Les États généraux du Canada français réclament une nouvelle constitution pour le Québec et un système présidentiel.

En 1969, Jacques Ferron publie son roman *Le ciel de Québec*, tandis que Marcel Rioux fait paraître *La question du Québec*. Arthur Lamothe réalise *Le mépris n'aura qu'un temps* et Pierre Perrault *Les voitures d'eau*. Le Festival de la chanson de Granby en est à sa première année et les Expos jouent leur premier match local au parc Jarry. Et Loto-Québec voit le jour.

La même année, la fête de la Saint-Jean-Baptiste est l'occasion d'une nouvelle flambée de violence, pendant laquelle une statue de saint Jean-Baptiste est décapitée sur la place publique. Et plusieurs manifestations en faveur des droits linguistiques des francophones ont lieu. Celles de Saint-Léonard et de McGill sont particulièrment marquantes dans la lutte contre le « bill 63 » sur l'enseignement du français, qui est adopté à Québec par le gouvernement de l'Union nationale sous la direction de Jean-Jacques Bertrand. Pendant ce temps à Ottawa, Pierre Elliot Trudeau fait adopter la loi sur les langues officielles. De plus, son gouvernement choisit Sainte-Scholastique pour assurer le développement aéroportuaire de la région de Montréal. C'est également la remise du rapport de la Commission royale d'enquête sur la condition de la femme.

Ailleurs, c'est la tenue du Festival pop de Woodstock, petit village du nord-est des États-Unis où « quatre cent mille jeunes assistent à une grand-messe psychédélique et fraternelle ». Le 20 juillet, l'homme marche sur la Lune pour la première fois. Une foire internationale du sexe a lieu au Danemark, tandis qu'aux États-Unis les manifestations contre la présence américaine au Vietnam se multiplent.

En 1970, les libéraux de Robert Bourassa remportent à Québec la victoire sur le Parti québécois. Celui-ci obtient vingt-trois pour cent des votes exprimés, mais seulement sept sièges à l'Assemblée nationale. Les indépendantistes affirment que vingt-trois pour cent de la population est favorable à la souveraineté du Québec. Bourassa a gagné l'élection en promettant de créer cent mille emplois au Québec. On dit alors qu'un taux de chômage de huit pour cent est totalement inacceptable dans une société aussi riche. Au cours de l'année, le gouvernement adopte la loi sur le régime universel d'assurance-maladie à la suite des recommandations de la commission Castonguay-Neveu sur la santé et le bien-être social. Jean Drapeau gagne l'élection à la mairie de Montréal. Il annonce que les Jeux olympiques se tiendront dans la métropole en 1976 et qu'ils s'autofinanceront.

Le poète Gaston Miron publie *L'homme rapaillé*, Anne Hébert *Kamouraska* et Pierre Vadeboncœur *La dernière heure et la première*. Claude Jutra réalise *Mon oncle Antoine* et Claude Fournier tourne *Deux femmes en or*. Le premier film sera plus tard considéré comme le meilleur de toute l'histoire du Canada, tandis que le second obtiendra le plus grand succès commercial de l'histoire du cinéma québécois. C'est aussi l'année de la première Nuit de la poésie au Gesù.

Les médias sont de plus en plus obnubilés par les nouvelles tendances, souvent marginales, de l'époque. Les reportages sur la multiplication des communes et sur l'amour libre ou la libération sexuelle laissent croire qu'il s'agit de deux phénomènes qui transforment radicalement la société québécoise. Le phénomène des communes est présenté comme un mouvement de fond qui bouleverse les rapports sociaux. Cependant, les faits démontrent qu'il touche moins de cinq mille personnes dans l'ensemble du Québec. Les Québécois sont obsédés par la prétendue liberté sexuelle généralisée des Scandinaves, notamment des blondes Suédoises. Les médias diffusent de plus en plus l'idée selon laquelle les Québécoises et les Québécois « s'envoient en l'air partout et avec tout le monde ».

Et l'année 1970 se termine par la crise d'Octobre : enlèvement de James Cross et de Pierre Laporte par deux cellules différentes du Front de libération du Québec, meurtre de Laporte et suspension de certaines libertés civiles par l'adoption de la Loi sur les mesures de guerre, qui permet l'arrestation préventive de plusieurs centaines de citoyens.

Le 13 octobre 1970, en pleine crise politique, Yvon Deschamps présente un nouveau spectacle solo au Théâtre Maisonneuve de la Place des Arts. C'est l'aboutissement des deux dernières années de travail et c'est pour lui une certaine forme de consécration.

Les événements politiques rendent Yvon nerveux. Il a prévu de commencer son spectacle en se basant sur l'actualité quotidienne. Mais il se rend bien compte qu'il joue ainsi avec le feu. À la dernière minute, il décide donc remanier le début et la finale du spectacle ; celui-ci se déroule bien et il est assez bien accueilli par la critique.

Comme une majorité de Québécois, Yvon vit des sentiments contradictoires au fur et à mesure de l'évolution des événements d'octobre 1970. Au début, il a la conviction que les membres du FLQ sont victimes d'un complot organisé par les forces policières, lesquelles les ont suffisamment provoqués pour qu'ils commettent l'enlèvement du diplomate britannique. Cette situation n'est pas sans lui rappeler certains faits qu'il a vécus ou observés dans son quartier au moment de son adolescence quand, selon lui, des policiers infiltraient les gangs du coin pour les inciter à commettre des délits et les arrêter par la suite.

Mais la mort du ministre Pierre Laporte le trouble davantage. « Là, je suis devenu tout mélangé, tout devenait inacceptable et je craignais que la suite des événements soit incontrôlable… une espèce de réaction en chaîne. »

Dès lors, il lui est plus difficile de demeurer sympathique aux revendications des felquistes, même s'il persiste à croire qu'ils ont été manipulés par des forces extérieures à leur mouvement.

Contrairement à plusieurs personnalités des milieux culturels et artistiques, Yvon n'est pas interpellé par les forces policières lors des perquisitions sans mandat et des arrestations massives.

3

La vie avec Judi
(I)

Au début de l'automne 1971, Yvon se présente chez ses parents pour leur annoncer la nouvelle de son mariage avec Judi. Pour la première fois, son père Avila se mêle à la conversation et il manifeste une certaine crainte.

« Mes parents n'aimaient pas que je dise que j'étais un Québécois. Pour eux, les Deschamps sont des Canadiens. Mais pour moi, Judi était une vraie Canadienne puisqu'elle venait de Toronto. »

Il y avait là une confusion entre la perception d'Yvon et celle de ses parents.

« Tu ne trouves pas ça dangereux de marier une étrangère ? lui demande Avila sous le regard approbateur d'Anna.

— C'est pas une étrangère, c'est une Canadienne, leur répond Yvon.

— C'est pas une Canadienne, c'est une Anglaise », lui rétorque sa mère.

Dans les souvenirs d'Yvon, c'est la seule fois que son père s'est mêlé de sa vie personnelle. Il ne s'oppose pas au mariage de Judi et d'Yvon. Il a seulement la crainte que cela ne soit plus difficile pour son fils parce qu'il épouse une étrangère.

Le 6 novembre 1971, Judi et Yvon s'épousent à l'Église-Unie du Canada, chemin Queen-Mary à Montréal. Yvon ne peut pas se marier dans une église catholique à cause de son premier mariage. C'est un cousin d'Yvon, Guy Deschamps, qui fait office de pasteur. Anna et Avila acceptent de participer au mariage pourvu qu'un prêtre catholique soit également présent. Quelques années auparavant, le cousin Guy avait provoqué un scandale en devenant ministre protestant pour épouser celle qu'il aimait.

Comme le rapporte la semaine suivante le journaliste Pierre Brousseau, c'est dans le plus grand secret et loin de la colonie artistique que le mariage se déroule. Louise Forestier, Catherine et Guy Latraverse y assistent avec dix-neuf membres des deux familles. Avila Deschamps et Williams Richards sont les témoins. Dans cette courte entrevue, Judi déclare au journaliste qu'elle aimerait bien devenir chanteuse solo. « Cela me suffirait », dit-elle.

Il n'est pas question de partir en voyage de noces. Dans les jours qui suivent, Yvon commence à faire la promotion de *Tiens-toi bien après les oreilles à papa*, film de Gilles Richer qu'il vient de tourner avec Dominique Michel. Également, il termine l'écriture de son prochain spectacle, *On va s'en sortir*, qui prend l'affiche à raison de six soirs par semaine immédiatement après Noël. En six mois, cent quatre-vingt spectacles sont planifiés.

Yvon avait connu Judi le 11 mars 1967. Elle avait dix-sept ans et elle venait à Montréal pour montrer aux artistes locaux la chorégraphie d'un gros spectacle industriel monté par Esso Impérial et qui tournait partout au Canada. Yvon avait été invité à jouer dans ce spectacle de deux heures, une véritable revue musicale qui comprenait de la danse, des chansons originales et des sketchs. L'année précédente, il avait fait pour cette compagnie une publicité qui avait remporté un Coq d'or.

« Cette fille-là est entrée dans la pièce et je suis tombé en bas de ma chaise. Le vrai coup de foudre. Effrayant. Tout m'attirait chez elle. Elle avait un magnétisme étonnant et un talent extraordinaire. Imaginez, elle a dix-sept ans et elle a la responsabilité d'expliquer la chorégraphie à des plus vieux comme Jacques Godin, Yvon Dufour ou moi. Ça prend du leadership. »

Mais Judi n'était que de passage à Montréal. Elle habitait toujours Toronto, et elle parcourait le Canada pour faire le même travail dans toutes les autres régions où était présenté le spectacle. De plus, elle devait faire une tournée canadienne dès l'automne suivant avec le Ballet national. Elle était revenue à Montréal quelques mois plus tard afin de préparer un autre spectacle du même genre pour la compagnie Molson.

C'est par téléphone et par courrier qu'Yvon a fréquenté Judi jusqu'à son déménagement définitif à Montréal en novembre 1969. Elle venait à Montréal le plus souvent possible, mais c'était trop peu pour Yvon. Elle s'était faite plus présente lorsqu'il vivait les moments difficiles de sa faillite, en 1968, mais l'année suivante, elle était pratiquement toujours absente.

Judi était impressionnée par la vie culturelle montréalaise, qu'elle pouvait explorer grâce à Yvon. Celui-ci semblait « avoir des antennes et il observe le monde tout le temps ». Venant de Toronto, elle était étonnée de l'ouverture des gens d'ici. Yvon lui faisait découvrir sa ville, surtout dans son côté « populaire ». Pour Judi, c'était la simplicité de cet homme issu d'un milieu ouvrier et pauvre qui lui plaisait. Judi constatait que « tout est spécial » pour Yvon, qu'il accomplissait les choses avec soin. Le simple fait d'essuyer la vaisselle était un geste particulier qu'il fallait effectuer correctement, remarquait Judi quand elle l'observait. « Il ne fait rien comme les autres », se disait-t-elle souvent.

Yvon ne ménageait pas ses efforts pour solidifier cette passion naissante. Un jour, il a même fait un aller-retour à

Charlottetown, à l'Île-du-Prince-Édouard, pour lui livrer lui-même un bouquet de fleurs et pour lui signifier son amour.

Au moment de leur mariage, Judi et Yvon se connaissent depuis un peu moins de cinq ans. Un an et quelques mois plus tard, ils se séparent. Que s'est-il donc passé?

En venant s'établir à Montréal, Judi prend le risque de devoir tout recommencer à zéro. Ses contacts sont ailleurs et elle parle très peu le français. Les Grands Ballets canadiens ne peuvent pas l'accueillir. Elle fait un peu de danse pour la télévision. Elle fait des voix pour les disques de certains artistes comme Jean-Pierre Ferland et Donald Lautrec. À la fin de 1969, elle s'implique un peu dans le spectacle *Attends ta délivrance*. Elle fait des voix dans un des spectacles d'Yvon. Mais ce sont toutes des activités éphémères.

Pourtant dès l'âge de quatorze ans, Judi était autonome. Elle gagnait de l'argent et elle organisait sa vie autour de sa carrière naissante. Ses deux parents appartenaient au milieu artistique. Son père était violoniste tandis que sa mère était comédienne. Alors Judi connaît bien l'insécurité d'un tel milieu. Mais il y a une différence entre l'insécurité matérielle et l'absence de travail.

À Montréal, Judi vit dans l'ombre d'Yvon. Pour le milieu, elle est « sa blonde » et elle n'accepte pas qu'on dise qu'elle vit dans son sillage pour profiter de sa notoriété. Même si elle rappelle sans cesse qu'elle a connu Yvon au moment où il avait d'énormes problèmes et qu'il n'était absolument pas connu, le milieu voit la situation d'une manière différente.

En outre, Yvon n'est pas nécessairement facile à comprendre. Il est toujours en tournée et, quand il ne l'est pas, il éprouve des angoisses profondes avant chacun de ses nouveaux spectacles. Il a peur de décevoir, de ne plus étonner, de ne plus rien avoir à dire. Pour durer, il a la certitude que « ça va [lui] prendre du nouveau matériel tout le temps ».

Certains jours, le succès est pour lui « comme une chape de plomb ». De plus, Yvon a habituellement de la difficulté à dire non aux nombreuses offres qu'on lui fait. Et comme sa participation à ces différents projets ne se traduit pas toujours en succès, cela contribue à augmenter ses angoisses.

Judi est bien consciente de l'insécurité et de l'indécision d'Yvon, mais peut-elle vraiment l'aider quand elle ne sait même pas ce qu'elle va faire de son propre avenir ?

À vingt-deux ans, Judi est à la recherche de sa propre voie. Pour tout le monde, Yvon a trouvé la sienne, mais, tout en aimant le métier, il doute de pouvoir répondre tout le temps aux attentes qu'il suscite. « Ça déstabilise un couple, ce genre d'affaires-là. »

Pour Judi, il devient de plus en plus important de se faire un nom par ses propres moyens. Elle a la conviction qu'elle doit quitter Yvon pour y arriver. C'est ce qu'elle fait, non sans déchirement.

Cette séparation dure un peu moins de quatre ans. Mais il ne s'agit pas d'une rupture totale. Régulièrement, Judi et Yvon se téléphonent ou partagent un repas. Ils gardent le contact.

Pour Yvon, les causes de cette séparation demeureront troubles tout au long de ces années. Ses deux mariages se sont terminés par une rupture. Il s'est toujours culpabilisé d'avoir brisé le premier avec Mirelle à cause de son immaturité émotive. Aujourd'hui, il sait bien qu'il n'a pas toujours compris les angoisses de Judi et qu'il a sûrement minimisé son désir de faire carrière. Et il admet que, comme la plupart des hommes de sa génération, il était souvent tiraillé entre deux schèmes de référence différents à l'égard de la vie de couple, tiraillé entre le modèle dans lequel il avait été éduqué et celui qui reposait sur de nouveaux rapports entre l'homme et la femme.

Les proches d'Yvon notent pendant cette période qu'il est d'une infinie tristesse. Guy Latraverse le visite dans ce petit appartement semi-meublé de Forest Hill dans lequel Yvon semble être à la fois comme un lion en cage et complètement dévasté. Avec leur nouvelle compagnie Kébec Disc, Yvon et Guy produisent un microsillon pour Clémence Desrochers. Cette production donne l'occasion à Yvon et à Clémence de se retrouver. Elle constate la douleur d'Yvon, mais elle se rend vite compte qu'elle ne peut pas l'aider. Cette situation aura des effets sur l'écriture du spectacle de l'automne 73, qui sera l'un des plus difficiles de sa carrière.

Malgré tout, Yvon maintient le contact avec quelques personnes, notamment avec Guy Brissette et sa conjointe Pierrette. L'année précédente, Yvon avait suivi un cours d'équitation avec lui pour apprendre à monter dans le style western. Claude Fournier avait un projet de film qui se passait dans l'Ouest canadien. Il avait proposé un rôle à Yvon. Pour s'y préparer, même s'il avait déjà monté à cheval, Yvon décidait de suivre des cours «pour apprendre à être un vrai cowboy». C'est ainsi qu'il s'était retrouvé chez Brissette à la suite d'une recommandation de Jean-Guy Morel, un ami qu'il avait connu quand il travaillait à Radio-Canada. Jean-Guy avait un cheval et il connaissait Guy Brissette. À ce moment, Guy était un des champions canadiens de *sliding*. Aussi, chaque année, il achetait une quinzaine de poulains et il les domptait pour différents spectacles.

De cette rencontre est née une rare amitié entre les deux couples. Après sa séparation avec Judi, Yvon continue de fréquenter Guy et Judi fait de même avec Pierrette. Pour Yvon, cette rencontre avec Guy sera déterminante. Au cours des vingt-cinq années suivantes, leur amitié sera indéfectible.

Tout au long de la période de séparation, Yvon vit des

hauts et des bas. Dans une entrevue accordée à Marie-Odile Vézina et publiée le 18 octobre 1975, Yvon revient sur sa vie amoureuse :

« Depuis très longtemps, je suis vraiment seul. J'ai pas de femme, j'suis pas en amour avec personne, j'ai pas de vie sentimentale, donc c'est une vie de travail que je mène et c'est *l'fun* que ça arrive comme ça. C'est sûr que le jour où j'vas tomber en amour avec quelqu'un, j'vas *slaquer* l'ouvrage un peu et ça va être *l'fun* de vivre autre chose. »

Quelques jours plus tard, le 16 novembre 1975, il continue sa réflexion avec Mireille Lemelin :

« On ne décroche pas, Judi et moi. Ça n'a pas d'allure. Là, on s'est dit qu'on ne se verrait plus pour trois mois. Je ne sais pas ce qu'il lui arrive… Elle est jeune, entière, idéaliste, elle est persuadée qu'on a une accalmie et que l'on revivra ensemble pour toujours. Moi, je ne sais plus. »

Quelques mois plus tard, dans une entrevue publiée en mars 1976 dans le *Maclean*, Yvon poursuit :

« C'est difficile de rencontrer des gens à cause de mon personnage… Il y a le fait aussi que Judi, ma deuxième femme, je l'aime encore. On s'est séparés parce que c'était absolument nécessaire mais on a jamais été capable – et ça fait trois ans – de vivre l'un sans l'autre. Alors, c'est compliqué, pendant un bout de temps ça a fait mal. Puis à un moment donné, c'est devenu normal. Puis c'est calme… T'as la paix… T'es ben… Moi, ma femme m'appelle et je suis content. Si j'ai une soirée *off*, c'est elle que je vais appeler avant n'importe qui. Si elle est libre, on va sortir. Mais je ne m'en ennuie pas dans le sens où j'aimerais revenir avec elle, c'est parce qu'il n'y a personne d'autre qui a pris sa place. Mais des fois, je me dis : Est-ce parce qu'on est trop liés que personne ne prend sa place ou on est liés parce que personne…? Depuis un an, j'ai laissé aller les affaires. Je rencontre du monde, je les aime, envoye donc. Ça dure trois jours, c'est correct. Une semaine, c'est parfait! J'ai envie de voir ma femme, je l'appelle, et elle aussi… Un bout à passer comme ça. C'est plus calme. Mais je prendrais pas ça des années… des années. »

Ici, Yvon décrit bien l'inconfort et le malaise qui minent sa quiétude. Il ne sait plus s'il doit encore croire en cet amour qui n'en finit plus de se faire et de se défaire.

Et puis, progressivement, la situation se transforme. Quelquefois, Judi passe une journée ou deux chez Yvon. Et puis à un moment donné, cela fait plus d'un mois qu'ils cohabitent. « Tiens, on dirait qu'on est revenus ensemble, et ça va bien », se dit Yvon. Les discussions sur l'avenir de leur couple sont de plus en plus fréquentes et profondes. Tout devient évidence. Tout devient simple.

Tous les deux admettent qu'ils se sentent maintenant assez matures pour fonder une famille et pour avoir des enfants. Cela devient même une priorité. Par la suite, tout se déroule très vite. « Nous avons compris que nous pouvions vivre l'un sans l'autre, mais que nous préférions vivre l'un avec l'autre », déclare Yvon. Pour lui, c'est la fin d'une longue période de solitude.

Au cours de ces années de séparation, Judi a trouvé sa voie. Avec le groupe Toulouse, elle connaît un grand succès au Québec et à l'étranger. Maintenant, elle sait qu'elle peut poursuivre une carrière indépendamment d'Yvon. Elle en a fait la preuve. On ne doute plus de son talent.

Dans un texte publié en octobre 1977 dans le magazine *Nous*, René Homier-Roy décrit bien la situation qui résulte du cheminement fait par Judi.

> « Leur chance, c'est qu'elle ait réussi… Autre chance :
> ni l'un ni l'autre, entre-temps, n'a trouvé une autre
> âme sœur. Conclusion logique et heureuse : ils se sont
> retrouvés. Morale : vive la libération de la femme. »

Dans le même texte, Homier-Roy cerne la transformation qui s'est opérée chez Yvon.

> « Depuis des années, lui qui fait tant rire, il était dans
> la vie d'une infinie tristesse. Pas cette tristesse collante,
> qui se répand sur les autres, qui s'explique et cherche
> à se faire consoler : il riait fort, de ce rire étonnant,
> qui jaillit de lui un peu à la façon d'un cri, il plaisantait
> abondamment, mais dans son œil, toujours, quelque
> chose niait le plaisir, la joie, le bonheur… Quand je
> l'ai revu, récemment, je n'ai pas retrouvé le même
> homme : d'une foule de manières, par des détails qui
> ne mentent pas, il affichait qu'il était heureux. »

Judi et Yvon emménagent dans une luxueuse résidence achetée à Westmount, « une maison juste assez grande pour qu'elle ou moi on puisse la conserver si jamais on se sépare encore », dit-il sur un ton humoristique.

En planifiant ses représentations à la Place des Arts pour l'automne 77, Yvon prend la décision d'interrompre ses activités professionnelles pendant trois mois « pour apprendre à vivre [sa] nouvelle vie de papa ». Effectivement, il y consacrera du temps, mais le spectacle a un tel succès que les représentations se poursuivent tard en janvier. Le jour de la naissance d'Annie, il y a une tempête de neige et Yvon fait la navette entre l'hôpital et la Place des Arts. Une des deux représentations prévues ce soir-là est annulée.

Annie arrive dans ce monde le 14 janvier 1978. Judi a alors vingt-sept ans et Yvon en a quarante-deux.

Tout au long de ces années de mariage, de séparation et de réconciliation, la vie d'Yvon a été riche d'événements qui auront laissé des empreintes pour le reste de sa vie.

4

Le rendez-vous
avec Oxfam

Le 21 février 1969, trois jeunes de Saint-Jean-sur-Richelieu viennent d'avoir la confirmation qu'ils ont les autorisations nécessaires pour aller à la rencontre de l'horreur au Biafra, république sécessionniste du Nigéria. Pierre Rivard, l'instigateur du projet, a convaincu madame Mac Auley, porte-parole de l'agence de secours Canairelief, de le soutenir dans son projet de reportage. Au cours de l'après-midi, lui et ses deux amis, Jean Perrault et Jacques Chabot, se retrouvent avec une bande de copains à l'hôtel National, propriété des parents de Lydia Tessier, compagne de Pierre. L'atmosphère est à la fête. Et, de surcroît, l'un des membres de la bande annonce que tout le groupe va assister en soirée à *L'Osstidcho* au cégep de Saint-Jean. Pierre et ses amis sont survoltés à la sortie de cette représentation :

> « Le plafond s'ouvre et l'écho de *L'Osstidcho* se sauve dans les veines de la rivière Richelieu. Le rideau s'effondre comme un géant. Le délire du public est mystérieusement étouffé par tous les nœuds de son habituel silence, quand soudain comme un seul homme, une seule femme les spectateurs grimpent sur toutes les hauteurs en hurlant de joie. L'enfant est né. »
>
> *(Tiré d'un récit de Pierre Rivard rédigé par François Depatie.)*

Dès le lendemain soir, Pierre, Jean et Jacques quittent le pays pour passer quelques jours au Biafra. Ils obtiennent une entrevue exclusive avec le chef révolutionnaire du Biafra, le colonel Emeka Ojukwu. Le 13 mars, les trois jeunes sont de retour au pays et ils donnent une seule et unique conférence de presse pour dénoncer un rapport d'observateurs internationaux de l'ONU.

Depuis leur retour du Biafra, Pierre Rivard et Jean Perrault travaillent pour Oxfam-Canada, dont le siège social est à Toronto. Entre autres, ils doivent organiser une levée de fonds. Ils veulent que la campagne soit originale et qu'elle soit portée par une personnalité connue. Pour les deux amis, Yvon Deschamps est de toute une évidence celui dont ils ont besoin. Il est une étoile montante et ils se souviennent du mémorable spectacle *L'Osstidcho*. Ils ne connaissent rien au milieu artistique et ils croient qu'il doit être difficile d'entrer en contact avec cet artiste. « On ne connaît même pas son adresse, mais si on est allés au Biafra, on doit bien être capables de trouver Yvon Deschamps », dit naïvement Rivard à Perrault.

À la fin de 1969, Yvon est sollicité pour devenir le porte-parole d'Oxfam. C'est Pierre Rivard qui se présente chez lui. Yvon répond à la porte et Pierre lui explique qu'il est d'Oxfam-Canada et qu'il veut lui faire une proposition. Yvon est en train de jouer une partie de *snooker* avec Gilbert Chénier au sous-sol. Il invite Pierre à le suivre et il termine sa partie. Ensuite, Pierre explique le sens de sa démarche et il raconte son séjour au Biafra.

Yvon est étonné de cette demande. Il est débordé de travail. De plus, une nouvelle vie s'annonce depuis que Judi a décidé de s'intaller définitivement à Montréal. Mais Pierre réussit à le convaincre. « Je crois qu'il a été plus impressionné par mon voyage au Biafra que par Oxfam même », se dit Pierre à sa sortie. Mais le contact est établi et c'est l'essentiel.

Au début, la participation d'Yvon à Oxfam se limite à produire quelques messages publicitaires et à être le porte-parole pour la campagne de financement, mais graduelle-ment son engagement devient de plus en plus important, surtout à la suite de la séparation avec Judi.

En 1972, il est nommé au conseil d'administration de la section Québec d'Oxfam-Canada. Plus tard, Jean O'Keefe devient vice-président d'Oxfam-Canada. Pierre Rivard et Yvon deviennent également membres du conseil d'adminis-tration à Toronto. En moins d'une année, le trio, sous l'impul-sion de Jean, aura une influence déterminante sur l'avenir d'Oxfam, tant au Québec et au Canada qu'à l'étranger.

Premièrement, Jean O'Keefe publie un livre blanc sur l'avenir d'Oxfam. Essentiellement, il s'agit de reconnaître qu'Oxfam est une organisation qui privilégie la libération et la prise en charge par elles-mêmes des personnes que' l'on aide. Oxfam s'oriente vers une philosophie qui favorise une indépendance progressive des collectivités aidées par l'organisme. Oui, il faut aider dans les situations d'urgence. Oui, il faut nourrir les personnes, mais il faut également les aider à s'en sortir à plus long terme. Ici, les projets de déve-loppement sont distincts des projets dits d'urgence. En 1973, la position d'Oxfam-Canada est adoptée par Oxfam internationnal, qui regroupe les six pays participants.

Deuxièmement, et en même temps, Oxfam se restructure. Au lieu d'avoir un siège social à Toronto et des succursales dans les provinces participantes, le Canada est divisé en régions autonomes regroupées sous le nom général d'Oxfam-Canada. Maintenant, chaque région fait ce qu'elle veut des sommes amassées et elle développe ses propres priorités et ses propres programmes d'intervention. Cette autonomie régionale n'empêche pas la possibilité que plusieurs centres autonomes unissent leurs ressources le temps d'un projet spécifique, comme ce sera le cas lors du tremblement de terre en Turquie en 1974. Dans des circonstances semblables, il est nécessaire d'unifier les ressources à cause de la situation d'urgence.

C'est dans ce contexte que Oxfam international accepte la création d'Oxfam-Québec, qui devient un participant à part entière. Comme le dit Yvon, « on a eu notre indépendance en 1973 ». Le Québec est devenu membre d'Oxfam international au même titre que l'Angleterre, les États-Unis, la Belgique, l'Australie, la France et le Canada.

En 73 et 74, Yvon consacre beaucoup de temps à Oxfam. En plus de participer au conseil d'administration, il se fait un plaisir de rencontrer des groupes pour leur exposer la philosophie d'Oxfam, mais surtout pour discuter des problèmes actuels de la société et pour susciter leur engagement dans différents projets.

Sa crédibilité et sa notoriété font que les campagnes de financement connaissent de plus en plus de succès. À son arrivée à Oxfam en 1970, la campagne de financement rapporte quelque soixante-quinze mille dollars. Trois ans plus tard, la somme amassée frise le million de dollars.

Mais Yvon retire un grand bénéfice personnel de son engagement dans Oxfam. Il découvre le monde dans ses drames et dans ses richesses. Avec Jean Foisy Marquis, il fait une visite déterminante à Haïti. Par ses propres observations, Yvon comprend le principe universel du « tout est dans tout ». C'est une nouvelle prise de conscience pour lui, une ouverture à la compréhension des grands phénomènes mondiaux. Jusqu'à ce jour, Yvon avait surtout été préoccupé par les problèmes du Québec, mais rarement par ceux d'ailleurs. Il raconte :

> « Le voyage à Haïti a été très éclairant pour moi. Sur le même petit territoire, tu pouvais observer toutes les causes du sous-développement. Elles étaient

réunies dans un seul et même endroit : la dictature, la suprématie des forces armées, la sécheresse, l'érosion, le manque d'instruction et d'éducation de la population, une certaine élite y exploitant les plus pauvres… Et de plus, tu y vis une certaine crainte, une peur que tu ne connais pas quand tu rencontres des tontons-macoutes dressant des barrages pour contrôler les déplacements de chacun. »

Chez Oxfam, Yvon se considère comme l'animateur et le promoteur d'une cause. Il n'a rien d'un organisateur ni d'un administrateur. Finalement, il aime être de la *gang*, il aime croire que l'engagement de chacun peut provoquer un accident de vie, un accident de parcours qui aidera les plus démunis de ce monde. Pour Yvon, la solidarité peut contrer le fatalisme.

> « C'est pas vrai, oui ça peut changer
> T'es pas t'seul, même si t'es pogné
> Y en a une maudite gang comme toé
> Qui t'cherchent, qui t'veulent pour les aider
> À deux, ça peut déjà être mieux
> À dix, on est ben moins peureux
> Si c'est vrai qu'deux têtes valent mieux qu'une,
> À dix mille, on décroche la lune. »

(Extrait de C'est ben normal, *paroles d'Yvon Deschamps sur une musique de Jacques Perron, 1969.)*

En mars 76, Yvon déclare à un journaliste du *Maclean* qu'il songe à se retirer :

> « Après cinq ans, je laisse Oxfam. Je ne ferai plus de show à la télévision, je ne serai plus membre du conseil d'administration… Après cinq ans, on est trop pogné juste par ça. À un moment donné, Oxfam prenait toutes mes énergies intellectuelles à part mes shows. Les problèmes sont tellement grands quand on est dans un organisme comme ça. Tu te réveilles à toutes les nuits.

Tu viens que ça n'a pas de bon sens, tu voudrais changer le monde dans une journée, ça n'a pas d'allure… Je trouve que quatre, cinq ans, c'est un mandat normal. La plupart des gens avec qui je travaillais sont partis graduellement. Puis, il faut du sang nouveau aussi. Moi, je voudrais bien m'occuper d'autres choses. »

Dans cette déclaration publique, Yvon est fidèle à son habitude qui consiste à prendre sur lui toutes les raisons provoquant son désengagement progressif. Yvon n'aime pas jeter le blâme sur les autres. Il préfère assumer lui-même ses décisions, quitte à embellir un peu la réalité sans pour autant la déformer. Mais ici la réalité est plus complexe. Oxfam-Québec est secoué par une grave crise interne.

Oxfam n'échappe pas aux mouvements idéologiques des années 70, qui se traduisent souvent par des jeux de pouvoir frisant la manipulation. Yvon s'explique les raisons réelles qui l'ont poussé à se désengager :

« Premièrement, Oxfam-Québec a connu une crise de croissance. Il fallait faire des choix. Et là, il y avait vraiment deux clans qui s'opposaient souvent radicalement : un clan plus politique et un autre qui voulait rester dans l'aide, dans le secours direct. Et il y avait une grosse bataille parce que les politiques à ce moment-là prenaient beaucoup de place. Ils voulaient supporter toutes les causes reliées à la libération des peuples : les journaux clandestins, les radios clandestines, des groupes révolutionnaires. Et même, certains voulaient fournir des armes à des groupes en Amérique latine et en Afrique… La libération des peuples, c'est important… Est-ce que nous, de l'extérieur, c'était notre affaire? Je vais te dire que j'ai jamais pu me retrancher dans un camp ou dans l'autre. J'étais partagé entre les deux. Oui, il faut aider les groupes qui font de l'action politique, mais la personne qui meurt de faim, si on ne lui donne pas à manger tout de suite, elle ne sera pas là quand les changements vont arriver.

« Deuxièmement, l'administration a été secouée par cette crise interne. Il y a un groupe qui a voulu en faire sauter un autre. Moi, je n'étais pas d'accord pour qu'on mette la gang des fondateurs dehors pour la remplacer par une nouvelle. À ce moment, j'ai utilisé ma notoriété pour tenter de renverser la décision, mais certains ont changé d'idée et nous nous sommes retrouvés dans une situation intenable… alors, je me suis posé la question de savoir où je serais le plus utile. »

Pierre Rivard complète cette version des faits :

« Nous avons voulu qu'Oxfam devienne une institution démocratique. Mais nous nous sommes fait prendre à notre propre jeu, peut-être un peu par naïveté. Au milieu des années 70, tout était politique et des groupes s'organisaient pour prendre le contrôle de certains organismes à partir d'un jeu d'influences pas toujours démocratique. Il n'était pas rare de voir arriver des autobus complets de membres d'une organisation lors de la tenue de certains votes. Quand un organisme est moribond, personne ne s'y intéresse vraiment. Mais quand des millions sont en jeu, il y a beaucoup de monde qui se pointe. »

Quelques années plus tard, Yvon composera une chanson qui exprime bien son attitude à l'égard des gens qui cherchent à prendre le contrôle de certaines organisations.

« Jour après jour sans exception
Nous viennent des vendeurs d'illusions
Ils brassent nos cœurs et nos raisons
On les écoute avec passion
Tout à coup ils auraient raison

« On nous bouscule à qui mieux mieux
C'est à qui nous rendrait heureux
Ils ont des recettes infaillibles
L'un, c'est Karl Marx, l'autre la Bible

« On nous vend du rêve
On nous vend de l'amour
On nous vend de la joie
Suffit de suivre et de marquer le pas
De marquer le pas…

« Si par malheur on s'est trompés
Si tout s'écroule sous nos pieds
Il ne nous reste qu'à trouver
Un prophète aux accents nouveaux
Par qui tout redeviendra beau. »

(Extrait de Vendeurs d'illusions, *paroles d'Yvon Deschamps sur une musique d'Yvan Ouellet, 1978.)*

Cette chanson complète le monologue *La manipulation.* Ici, Yvon nous livre un message important sur ceux qui se prennent pour le Messie ou pour le prophète tant attendu et qui cherchent à utiliser leurs forces de persuasion afin de modifier le cours des choses, et ce, sans vraiment tenir compte de l'opinion des personnes concernées.

« Bon, ben là, y faut faire attention, les trois fous y s'en viennent là ! Alors là, j'vous avertis d'avance : le premier gars, c'est un gars d'extrême droite ; le deuxième gars, c'est un gars flyé et le troisième, c'est un gars d'extrême gauche ; pis y vont vous dire des bêtises, mais accueillez-les chaleureusement. »

Yvon quitte Oxfam-Québec, mais accepte de participer à quelques activités de promotion au cours des années suivantes. Il n'est pas l'homme des ruptures abruptes et tumultueuses.

Pierre Rivard quitte aussi l'organisation. Depuis leur première rencontre à la fin de 69, il s'est développé une profonde et durable amitié entre les deux hommes. Quelques mois plus tard, Yvon offrira à Pierre Rivard de venir travailler avec lui à un projet de développement de sa carrière aux États-Unis. Avec les années, Rivard deviendra l'un de ses principaux collaborateurs. Mais Yvon n'oublie pas qu'il a fait des rencontres heureuses chez Oxfam. Il pense souvent à tous ces bénévoles qui épousent les causes, ainsi qu'à Jean O'Keefe, Pierre-Marc Johnson, Raymond Bachand et Jacques Ménard.

Yvon ne remet pas pour autant en question ses autres engagements sociaux. Il ne peut pas faire une seule chose à la fois. Déjà, depuis quelques mois, il participe à certaines activités d'Amnistie internationale, qui se consacre au soutien des prisonniers politiques partout dans le monde. Depuis 1972, parallèlement à ses activités à Oxfam, il collabore avec le Foyer Notre-Dame-de-la-Protection, qui deviendra Le Chaînon.

Le rendez-vous
avec Le Chaînon

À la fin de l'année 1971, un certain monsieur Lorange, du marketing de la Banque canadienne nationale, demande à Yvon d'enregistrer quelques messages publicitaires pour son institution. Celui-ci refuse parce qu'il ne veut pas faire de publicité. Lorange insiste et il propose à Yvon de faire de petits monologues sur l'économie, sans parler de la banque. À la fin de chacun des monologues, il sera indiqué : « Ceci est une présentation de la Banque… » Dans ces conditions, Yvon accepte le contrat.

Mais ce monsieur Lorange est aussi membre du conseil d'administration du Foyer Notre-Dame-de-la-Protection. Il invite Yvon au Foyer pour un petit spectacle dans l'après-midi du jour de l'An.

« Et j'y suis allé et c'est là que je me suis accroché les pieds. Je ne connaissais pas ça du tout. Et c'est sûr que c'était bizarre. Le Foyer était sur la rue de la Gauchetière, dans une petite maison pleine de femmes, tassées, embarquées les unes sur les autres. On était dans un petit local au sous-sol, aménagé à côté de la chambre à fournaise. C'était leur cafétéria. Et là, je vois ça, cette *gang* de femmes, de tous les âges et une fille qui jouait de l'accordéon et tout le monde chantait. Je leur ai fait un monologue ou deux, et je suis reparti. »

Quelques mois plus tard, Yvon reçoit une nouvelle demande de Lorange. Pour la campagne de levée de fonds du mois de septembre, il souhaite l'avoir comme porte-parole. Yvon accepte de parler de la campagne de financement lors de ses apparitions à la télévision ou lors d'entrevues à la radio ou dans les journaux. Déjà, il est porte-parole pour Oxfam, mais la campagne d'Oxfam a lieu au mois de décembre. Donc, il n'y a aucun risque « de mêler la population ».

Par la suite, les événements s'enchaînent. Yvon s'intègre au Foyer à son rythme et selon ses disponibilités. Le jour de l'An suivant, il y présente encore une fois un petit spectacle. Un peu plus tard, il devient membre du conseil d'administration.

Yvon a bien connu ce qu'est la pauvreté puisqu'il vient lui-même de Saint-Henri. Mais il n'a pas encore vraiment conscience des problèmes qu'affrontent certaines femmes victimes de violence physique ou psychologique et qui s'accentuent fréquemment à cause de l'alcoolisme ou de la toxicomanie. En somme, une roue infernale souvent sans issue. Et, surtout, il n'imagine pas l'ampleur de cette réalité.

Yvon a la conviction que c'est la responsabilité des gouvernements de s'occuper de ces problèmes. « Parce que moi j'étais de ceux qui disaient que nos responsabilités sont sociales, c'est la société qui a des responsabilités, et donc on paie des taxes, le gouvernement prend soin du monde et... c'est ça, on prend soin du monde à travers nos institutions, tout ça. »

Mais le quotidien du Foyer Notre-Dame-de-la-Protection est tout autre. « Et eux autres, ils riaient de ça quand je disais que c'est l'État qui doit aider. Nous autres, on est là... Il faut manger demain. Il y a cent filles à nourrir. Demain, il n'y en a pas de nourriture. Qu'est-ce qu'on fait ?

On demande-tu une subvention? Non, non. Ça donnerait rien. On part le matin, on fait toutes les épiceries du coin. En fait, on demande la charité.»

Tous les jours, le Foyer compte sur le bénévolat pour organiser les services offerts et sur la charité pour remplir la cuisine. Yvon découvre une nouvelle forme d'engagement : «Avec Oxfam, on peut partir sur des grandes causes très longtemps sans jamais même voir le monde qu'on aide. Ici, c'est le contact direct avec des personnes qui sont là temporairement, qui ne sont que de passage. C'est une personne qui aide une personne. C'est une autre affaire. C'est toi en tant que toi qui aides dans le quotidien…»

Ici, l'engagement est beaucoup plus intime parce qu'il n'y a pas d'intermédiaires, il n'y a pas de distance entre «l'aidant et l'aidé». Chacun fait face à la douleur de l'autre. Et chacun y teste ses limites, ses angoisses et ses colères. C'est un humanisme de terrain qui ne peut que transformer les personnes en relation. Tout comme pour Oxfam, sa participation aux activités du Foyer confirme Yvon dans sa philosophie encore floue de l'accident de parcours comme source de transformation personnelle.

Yvon s'est-il inspiré de ses rencontres avec ces femmes pour certains de ses monologues? À cette question, sa réponse est claire et sans détour : «Oui, c'est ça. Ce qu'elles me racontaient ces filles-là ou ces femmes-là, ce qui leur est arrivé, je peux dire que c'est loin d'être banal… D'ailleurs, c'est pour ça que j'en ai mis dans mes monologues, c'est ça qui a fait mon personnage de macho. Ce que je raconte dans certains monologues, c'est épouvantable. Et je me suis retenu. Je n'ai pas mis toute la réalité. Elle aurait été insoutenable.»

Yvon a toujours puisé dans son expérience personnelle ou dans son observation de la société pour écrire ses monologues. Il constate un fait, un problème ou une situation.

Il y réfléchit en l'examinant sous tous les angles. À un moment donné, il arrive à une évidence : il a trouvé son angle, la manière dont il rédigera son monologue. Et là, « tout déboule rapidement ».

Avec les années, Yvon devient totalement associé à l'œuvre du Chaînon. Après la reprise de leur vie commune et la naissance d'Annie, Judi commence également à fréquenter Le Chaînon. Elle aussi, « elle s'y accrochera les pieds pour longtemps ».

Au jour de l'An de 1979, Annie, Judi et Yvon sont présents. Pour de nombreuses années, cela deviendra une tradition chez les Deschamps.

6

Le cinéma, le théâtre et autres projets

Guy Latraverse planifie la carrière d'Yvon de la manière suivante : un nouveau spectacle est présenté chaque automne d'une année impaire. Puis, une tournée est organisée pour l'hiver et le printemps suivants. Quelquefois, elle se prolonge un peu à l'automne. Après quoi, c'est la période d'écriture pour le nouveau spectacle de l'automne suivant. Généralement, un disque est produit entre chacun des spectacles.

Cet ordonnancement plaît à Yvon, mais il ne diminue pas son insécurité ni son angoisse. Latraverse est aussi un téméraire. Quand il annonce à Yvon qu'il veut louer une salle pour deux ou trois mois consécutifs, celui-ci panique, trouve que cela n'a pas de sens. Mais, finalement, il se rallie aux arguments de Guy. Effectivement, Yvon remplit ses salles. Latraverse croit au talent immense d'Yvon et, en bon promoteur, il sait que le public le suivra pendant fort longtemps : « J'avais beaucoup d'ambition. Et Yvon, je lui faisais peur au début, dans le sens qu'il me trouvait trop ambitieux. Quelquefois, je devais me battre contre lui pour lui faire accepter qu'il avait du talent, qu'il était le meilleur vendeur de billets. »

Chez Latraverse, une équipe compétente et dédiée entoure Yvon. Celui-ci est le maillon le plus important de

« la machine Latraverse », qui produit des spectacles et des disques. Yvon génère des revenus comme aucune autre vedette de cette époque.

En plus de ses engagements artistiques et sociaux, Yvon réussit à trouver le temps pour quelques autres projets. Entre 1970 et 1975, il participe à trois films comme interprète et en scénarise un tout en y tenant le rôle principal : en 1970, il a un rôle très secondaire dans *Deux femmes en or* de Claude Fournier. L'année suivante, avec Dominique Michel, il a le rôle principal dans *Tiens-toi bien après les oreilles à papa*, comédie légère qui obtient un bon succès. Et à la fin de 1975, il tourne dans *Le soleil se lève en retard* d'André Brassard à partir d'un scénario de Michel Tremblay. Il joue aux côtés de Denise Filiatrault et de Rita Lafontaine. Yvon a toujours considéré que c'est un excellent film et il est fier d'y avoir participé.

En 1972, Yvon reçoit le titre de personnalité artistique de l'année. De plus, il scénarise *Le p'tit vient vite*, film qui doit être produit pour la télévision. Il y tiendra le rôle principal avec Denise Filiatrault, qui jouera son épouse. Denis Drouin participera également au tournage sous la direction de Gérard Chapdeleine. Yvon décrit le propos de ce film de la manière suivante : « C'est une comédie avec des situations des plus comiques. J'épouse la fille du patron et elle accouche d'un enfant après sept mois de mariage. C'est le scandale. Sa mère qui fait partie de l'Association de la Protection de la Morale des Jeunes fait une crise. De plus, le film traite des rapports hiérarchiques entre les personnes dans une compagnie. »

Mais Yvon n'est pas satisfait du produit final. Le film passe difficilement au grand écran puisqu'il a d'abord été pensé pour la télévision et par des gens de celle-ci. C'est à cause de la grève des réalisateurs à Radio-Canada que les producteurs se sont tournés vers les salles de cinéma. Au grand désespoir et étonnement de ses producteurs, Yvon se présente à la télévision pour dire au public de ne pas aller voir ce film en salle puisque de toute façon « il finira par être présenté à la télévision ». Évidemment s'ensuivent des pertes financières même si le film n'a pas coûté cher.

Yvon s'intéresse au cinéma depuis le début des années 60. À cette époque, il a joué dans des séries télévisées réalisées sur film. De plus, il a joué dans quelques films destinés au circuit des salles de cinéma. Son attrait pour le cinéma, il le doit à la fougue de Pierre Patry, qui a été à l'origine des premiers films québécois du début des années 60. À cette époque, Mirielle Lachance et Yvon avaient obtenu chacun un petit rôle dans son film *Trouble-fête*.

En 1973 et 1974, Yvon investit de l'argent dans *Les ordres* de Michel Brault et dans *Les vautours* de Jean-Claude Labrecque. Il n'obtiendra jamais de bénéfices sur ses investissements, mais cela n'a aucune importance. Pour lui, ce sont deux films importants et « c'est normal que je fasse ma part ». Pour Yvon, le film de Brault est particulièrement significatif puisqu'il éclaire les événements ayant entouré le recours à la Loi sur les mesures de guerre durant la crise d'Octobre 70.

Yvon avait décidé, au milieu des années 60, de ne plus faire de théâtre. Cela semblait un choix définitif. Son dernier rôle remontait à l'année 65, lorsqu'il avait joué dans la pièce américaine *Les fantastiks*, inspirée des *Romanesques* de Rostand et traduite pour le TNM par Éloi de Grandmont. Il a fallu la perspicacité d'un Jean-Louis Roux pour le faire changer d'idée.

Pendant l'été 73, Roux lui fait lire *L'ouvre-boîte* de Victor Lanoux. En mai, il l'a vu à Paris sous le titre *Le tourniquet*. À son retour, Roux décide de monter une adaptation québécoise de cette pièce à deux personnages, pièce qui est une confrontation entre un intellectuel (Jean) joué par lui-même et un manuel (Jacques) interprété par Yvon Deschamps.

Dans le périodique *L'envers du décor* publié par le TNM, Jean-Louis Roux décrit ainsi cette pièce :

> « L'affrontement qui est décrit ici n'est pas celui des possédants et des possédés du point de vue économique, comme le montrent d'habitude les récits s'inspirant de la lutte des classes. Non, il s'agit plutôt des rapports conflictuels et complémentaires à la fois qu'entretiennent les biens nantis et les pauvres en ce qui a trait à la culture. Jean domine Jacques parce qu'il est celui qui donne leur sens aux mots, parce qu'il maîtrise le langage. »

Jean se présente comme un intellectuel de gauche qui, malgré ses apparences progressistes, « dissimule mal un immense mépris pour la classe prolétarienne dont il prétend vouloir défendre les intérêts ». Ici, l'intellectuel n'a pas conscience de ses contradictions tout en étant enfermé dans un certain snobisme. La culture devient alors un instrument de domination. Dans son abri de fortune, Jean utilise sa connaissance pour monopoliser la nourriture et pour tyranniser Jacques.

Le rôle de Jacques est taillé sur mesure pour Yvon. Quand Jean-Louis Roux lui propose le texte, Yvon comprend immédiatement qu'il vient de trouver ce qu'il cherche vainement depuis quelque temps. De plus, Jean-Louis accepte de lui laisser une grande marge de manœuvre dans le langage même du personnage.

Lanoux maîtrise l'art du divertissement tout en poussant au maximum une certaine logique de l'absurdité et du désespoir. Il a longtemps fait du cabaret et, en cela, il rejoint les préoccupations d'Yvon. Le style de la pièce séduit ce dernier parce qu'il reconnaît dans le personnage de Jacques

« la même naïveté, la même innocence » que chez le personnage qu'il a créé dans ses monologues.

La pièce est un succès au TNM, et une tournée étalée sur pratiquement deux années est entreprise. Évidemment, Yvon ne peut pas se consacrer uniquement à cette pièce puisqu'il prépare son prochain spectacle pour l'automne suivant.

De cette pièce, on retient surtout l'interprétation remarquable des deux acteurs qui, à première vue, n'ont rien en commun pour jouer ensemble. Alain Pontaut, dans *Le Jour* du 9 novembre 1974, décrit ce spectacle attachant et sans facilités :

> « Ce tour de force tient probablement moins au texte même qu'à ses deux interprètes, qui réinventent le spectacle, Jean-Louis Roux en l'intellectualisant de façon caricaturale et efficace, Yvon Deschamps non seulement en habitant intensément le personnage de Jacques mais en l'identifiant et en le récrivant, en le faisant sien par une performance saisissante. Ces deux interprètes, on eût pu craindre qu'ils se nuisent, que l'un éclipse l'autre ou qu'ils accordent mal leur interprétation. Tout au contraire, en s'opposant, ils éclairent leur contraste d'un mouvement dynamique qui entraîne l'ensemble, le rendant symbolique et proche, tragique et drôle, cascadant et méditatif, insolite et concret. »

Dans *La Presse* du 10 novembre 1974, malgré quelques réserves sur le fond de la pièce, Martial Dassylva écrit ce qui suit à propos de la prestation d'Yvon :

> « Mais, n'empêche que Deschamps est en soi un phénomène comique, une bête de théâtre, comme il s'en fait peu et qu'on a plaisir à voir évoluer, en dépit de la charge et de l'outrance. »

À une question de Pierre Turgeon qui lui demande quel est le sens de la pièce de Lanoux, Yvon fait une réponse caractérisant fort bien une certaine élite intellectuelle du milieu des années 70 qui a besoin de retrouver une forme d'humilité : « Je ne l'ai pas encore saisi. Peut-être que Lanoux veut nous montrer que les intellectuels pensent beaucoup, mais qu'ils pensent pas autant qu'ils pensent. »

Cette expérience avec le TNM confirme Yvon dans sa volonté d'écrire ses propres spectacles d'une manière plus théâtrale. Yvon est reconnaissant envers Jean-Louis de lui avoir donné la chance de jouer dans cette pièce qui lui a permis d'être lui-même, de jouer avec le public, et non pas uniquement devant celui-ci.

Mais il y a davantage. Yvon a découvert Jean-Louis Roux, l'homme. Avant de jouer avec ce dernier, il ne le connaissait pas personnellement. Évidemment, il l'avait vu dans des rôles au théâtre et ils s'étaient croisés quelquefois à la télévision ou ailleurs.

En préparant la pièce et pendant la tournée, Yvon découvre un homme vulnérable, chaleureux et généreux. Tout le contraire de l'homme très froid et très distant qu'on lui avait décrit. Depuis, il s'est toujours senti proche de Jean-Louis. Il affirme que Roux est un ami, même s'ils ne se fréquentent pas.

Pour Yvon, l'amitié profonde n'est certainement pas qu'une affaire de fréquentation. C'est surtout de la connivence qui repose sur une mémoire commune de l'expérience vécue.

7

Bilan de création
de 1968 à 1976
(I)

À la suite de l'Exposition universelle de 1967 et du célèbre discours du président de Gaulle à l'hôtel de ville de Montréal, les Québécois vivent une période intense de remise en question personnelle et collective. Cette ouverture sur le monde est l'aboutissement d'un long processus entrepris au début des années 50, processus qui trouve son point de rupture à la fin des années 60.

À la fin de cette décennie, en effet, les Québécois sont envahis et interpellés par des philosophies, des idées et des valeurs venues d'ici ou d'ailleurs. Elles ébranlent les certitudes, elles provoquent des débats, elles bouleversent les idées reçues et elles désacralisent les institutions.

Progressivement, le « je » devient aussi important que le « nous ». Les aspirations individuelles deviennent au moins aussi importantes que les aspirations collectives. Ceux qui se rapprochent de ces nouvelles idées et de ces nouvelles valeurs s'engagent dans un processus d'affranchissement du passé, que l'on dit oppressant et aliénant. Ce sont les deux mots clés de cette fin de décennie, mots qui se retrouvent dans le discours sous-jacent aux revendications et aux contestations de l'époque.

Mais il y a plus en cette période. La recherche du bonheur passe par le plaisir, l'insouciance et une certaine forme de délinquance à l'égard des normes et des traditions. Graduellement, le culte du je-me-moi prend le dessus sur les solidarités collectives. Les discours revendicateurs demeurent teintés de collectivisme, mais l'individualisme gagne de plus en plus de terrain. L'*ego trip* devient une nouvelle tendance que certains nommeront le nombrilisme.

À la fin des années 60 et au début des années 70, les revendications syndicales, notamment dans la fonction publique, sont inspirées par un souci d'équité et de justice. Pour satisfaire ces deux valeurs, les conventions collectives deviennent de plus en plus normatives en ce qu'elles précisent les moindres détails de l'organisation du travail. Curieusement, on remplace les normes sociales, si décriées en tant que facteur d'aliénation, par de nouvelles normes qui régissent tous les gestes posés dans la fonction publique.

À cette époque, le concept de l'acquis devient la base des négociations ultérieures. On a la certitude que la croissance économique est garante de la protection des acquis et de la bonification des conditions de travail. Dès 1972, les deux cent mille employés du gouvernement forment un front commun pour réclamer, notamment, un salaire de base de cent dollars par semaine. En même temps, des employés de certains de ces mêmes syndicats doivent faire la grève parce qu'on leur refuse la même revendication. L'affrontement entre le gouvernement et les syndicats dégénère et les employés défient les injonctions. Les chefs syndicaux sont emprisonnés. Dans la même foulée, par dissidence, cent cinquante syndicats affiliés à la CSN s'en dissocient pour fonder la CSD.

Malgré ces affrontements majeurs, le gouvernement de Robert Bourassa est reporté au pouvoir en 1973. À cette élection, le Parti québécois enlève six sièges avec trente pour cent des votes. En 1974, malgré une vive opposition, la loi 22 sur la langue officielle est adoptée par le gouvernement du

Québec. Elle modifie la loi 63 adoptée en 1969 également dans la controverse.

C'est dans ce contexte social et politique que Deschamps crée ses premiers monologues. Entre mai 68 et la fin de l'année 76, Yvon a écrit trente monologues et composé les paroles d'une quinzaine de chansons intégrées à l'un ou l'autre de ses spectacles solos. Trop souvent, on oublie que l'œuvre de Deschamps est aussi faite de poèmes, de chansons, de scénarios de films et de contes. Nous y reviendrons. Ici, cette compilation ne tient pas compte des textes écrits pour les différentes revues jouées au cours de la même période. Seuls ceux qui sont repris dans les spectacles solos sont retenus dans ce premier bilan de création. Il importe de signaler qu'au cours de ces sept premières années de création, Deschamps aura écrit plus de trente pour cent de son œuvre de monologuiste.

De 1968 à 1973, les monologues de Deschamps gravitent autour d'un personnage sans nom, personnage qu'il tuera dans le monologue *La mort du boss*. Deschamps boucle un cycle de création entrepris avec *Les Unions, qu'ossa donne?*. Des vingt-trois monologues de cette période, *La mort du boss* est son seul texte vraiment délibéré. À la fin de 1973, les textes des monologues et des chansons de ce premier cycle de création sont publiés par Leméac. Alain Pontaut signe l'avant-propos. L'année suivante, l'Office national du film produit un documentaire d'une heure sur « le phénomène Deschamps ».

À cette époque, on a beaucoup dit et écrit que l'œuvre de Deschamps a comme principale caractéristique de se mouler à l'âme québécoise, c'est-à-dire que ses monologues en sont le miroir.

Mais qu'en est-il de l'âme québécoise en ce début de la décennie 70? Essentiellement, elle est tiraillée entre la sécurité de la tradition et l'aventure de la modernité. En 1974, le sociologue Marcel Rioux publie *Les Québécois* aux Éditions du Seuil à Paris, essai qui tente de répondre à la question suivante : quelle sorte de spécimen d'humanité les Québécois forment-ils ? C'est un Québécois qui brosse un portrait de l'*homo quebecensis*. Il veut montrer « d'où il vient et non où il va, non ce qu'il sera mais ce qu'il a été et ce qu'il est aujourd'hui ».

> « Au Québec, il n'y a que deux saisons, l'été et l'hiver, qui se caractérisent par des chaleurs et des froids extrêmes. Il fait ou trop chaud ou trop froid. Ces dernières années, c'est dans les brefs entre-saisons, en mai ou en octobre, que les choses importantes se sont passées : grève générale, crise du Front de libération du Québec, contestations étudiantes. Aussi les Québécois ont-ils tendance à manifester un certain fatalisme. Il fait trop chaud ! Bah ! L'hiver sera là bientôt. On ne cesse d'attendre soit l'été, soit l'hiver, qui reviennent à point nommé. Dans les questions politiques, même fatalisme, mêlé de cynisme ; celui qui veut changer la société est un peu considéré comme quelqu'un qui voudrait abolir les saisons. Ça existe, donc il faut s'y résoudre... Ça existe, donc il faut l'endurer. »

(Marcel Rioux, Les Québécois, *pages 84 et 85.)*

Pour Alain Pontaut, les monologues de Deschamps « appartiennent de toute évidence, à l'art du conte et de l'oral ». Selon Rioux, le Québécois est avant tout un raconteur.

> « Si le Français est discoureur et palabreur, le Québécois, lui, est raconteur... Le Québécois, lui, a toujours quelque chose à raconter à d'autres, non pour lui enseigner quoi que ce soit, mais pour faire rire, pour confirmer les solidarités de groupe... Qui

dit sociabilité, dit communication. Cette communication des Québécois a traditionnellement eu tendance à s'établir non pas sur le mode discursif qui menacerait de faire apparaître des divergences, des failles et des ruptures, mais au contraire, par des anecdotes, par l'humour qui permet à chacun de continuer à vivre. »

(Marcel Rioux, Les Québécois, *pages 55 et 63.)*

Avec son premier monologue, Deschamps crée un personnage qui n'est pas lui, mais qui, en même temps, ne peut être indépendant de lui-même. Dans une analyse assez juste, Alain Pontaut affirme qu'il n'y a pas *un* Yvon Deschamps mais qu'il y en a *quatre*, d'où la complexité de toute analyse de l'œuvre. Reprenons l'essentiel de son propos.

«[…] lui, l'homme, au naturel, le vrai, qui nous parle parfois à la première personne en son nom, avant ou après les monologues, dans un engagement personnel, des chansons, dans de brefs commentaires ;

« le personnage, anonyme mais omniprésent des monologues ;

« l'auteur du personnage, Deschamps individu encore mais individu créateur, pensant, dessinant, inventant, alimentant ce personnage aussi hallucinant d'identité que sans identité (*il ne s'appelle pas*, dit son auteur, *on ne l'appelle pas non plus*) ;

« et enfin et aussi important que l'auteur, l'interprète du personnage. »

(Alain Pontaut, « Pour un portrait d'Yvon Deschamps », avant-propos publié dans Monologues, *1974, pages 12 et 13.)*

Le personnage sans nom inventé par Deschamps au printemps 68 est présent dans la presque totalité de ses monologues de cette première période de création. C'est le fil conducteur initial.

On a tout dit de ce personnage sans identité qui prend des teintes différentes selon les monologues. On le qualifie de multiples façons : il est niais, fataliste, défaitiste, opprimé, exploité, aliéné, domestiqué, prétentieux, machiste, intolérant, béat, naïf, malheureux, pessimiste, candide, démuni, cruel, ridicule, pitoyable, mais «tout de même fort sympathique». En réalité, ce personnage sans nom est-il tout cela à la fois? Certainement pas dans les intentions de l'auteur, mais oui dans le regard que chacun pose sur lui, regard qui est teinté par les expériences, les perceptions et les valeurs individuelles. Chacun peut décoder le personnage à sa manière justement parce qu'il est une caricature de chacun de nous.

Mais ce personnage fait aussi rire à cause de l'humour de son auteur qui nous renvoie à cette âme québécoise collective. Comme le signale le philosophe Henri Bergson dans son livre sur le rire, «on ne goûterait pas le comique si l'on se sentait isolé». Depuis longtemps, les Québécois savent que tout peut se dire par l'humour, qu'il est sans limites. Et Deschamps sait exploiter ce filon.

Imaginez l'irrévérence qui consiste à présenter un tel personnage dans un spectacle qui valorise la libération, et ce, dans une époque où les syndicats sont de plus en plus puissants, de plus en plus présents et revendicateurs. Mais c'est cela L'Osstidcho: une longue provocation fondée sur le contraste de la tradition et de la modernité. Deschamps nous communique l'essentiel de son personnage dans les six premiers paragraphes de son premier monologue : ce personnage est fataliste, défaitiste, perméable et candide.

«Non, mais c'est vrai, par exemple, quand tu y penses, les Unions, quossa donne? Ça donne rien... c'est vrai… On n'a tu une union à shop, nous autes?… On n'a pas… Moé, ça fait 15 ans que j'travaille à shop… Ça fait 15 ans qu'y a pas d'union… Quossa donne?…

« On n'a pas d'union, pis ça empêche pas que depuis à s'maine passée, on a à s'maine de 54 heures… Pis, on a not congé à Noël ou ben donc au jour de l'An… pis l'été, on a un s'maine de vacances payées… On la prend pas toujours, mais ça fait rien, on l'a pareil… Aye, pis moé, ça paraît pas, mais j'fais des s'maines de $62, 63, pis avec d'l'overtime, chus t'allé m'charcher $73… pas clair…

« Quand j'ai lâché école à 13 ans, mon vieux pére, y était sus son lit d'mort, y dit… mon p'tit garçon, j'peux pas t'laisser d'héritage… m'en doutais un peu, à vitesse qu'y buvait… Mais seulement avant d'partir, j'peux t'dire que dans à vie, y a 2 choses qui comptent… une job steady, pis un bon boss… Les maudites affaires d'union, quossa donne ça? Un job steady, pis un bon boss. Pis, là, y é parti…

« Fait que, moé me sus t'en allé m'engager à shop… J'ai dit : la job que vous annoncez, c'est tu une job steady, ça? Y ont dit oui… Ah! ben j'ai dit : vous, vous d'vez être un bon boss… M'étais pas trompé… j'arais voulu trouver un boss plus smatte que ça, j'arais pas été capable… Une fois, ma femme était tombée malade d'urgence, fait que l'hôpital a téléphoné vers deux heures et quart, c'est le boss qu'a répond, y vient m'voir, y dit : ta femme est tombée malade d'urgence… y l'ont rentrée… y dit, voyons donc, énarvetoé pas avec ça, fait comme si de rien n'était, continue ton ouvrage, si y a queque chose, j't'le dirai… çé pas n'importe quel boss qu'arait faite ça…

« Vers 6 heures moins dix, moins quart, le boss vient voir, y dit : j'pense que t'é mieux d'aller voir ta femme a pital, j'ai dit : boss, j'finis inque à 6 heures, y dit : ça fait rien, ça, m'a puncher pour toé, tu perdras pas une minute… aye, j'oublierai jamais ça…

« J'oublierai jamais c'journée là cartain… Chus t'arrivé a pital, y était à peu près 6 heures et demie, 7 heures moins vingt-cinq, y avait une grande garde-malade noire là, a dit : j'pense que vous arrivez trop tard… j'ai dit : comment ça ? Ben a dit : vot femme est partie vers 6 heures moins quart, moins dix… ben j'ai dit : es-tu partie direct à maison ? A-tu laissé un message ? A dit : vous m'comprenez mal… est partie…»

(*Yvon Deschamps*, Les Unions, qu'ossa donne ?, *1968.*)

Les thèmes développés par Deschamps au cours de cette première phase de création sont inscrits dans l'air du temps, mais ils tirent leur origine d'une observation de son propre milieu d'appartenance. En ce sens, Deschamps est un observateur attentif, voire incarné de la société québécoise.

Au cours de ses cinq premières années de création, Deschamps s'est aventuré sur des terrains fragiles. Les thèmes de ses monologues touchent les préoccupations sociales du Québécois en mutation. Deschamps, l'auteur, navigue sans cesse entre le froid et le chaud, entre l'apaisement et la provocation, entre la nostalgie du passé et l'ouverture sur l'avenir, entre l'ancien et le nouveau, entre l'équilibre et le déséquilibre, entre le cynisme et le réalisme.

Pour ses premiers monologues, Deschamps s'inspire de ses expériences antérieures. «À trente-cinq ans, j'avais un bagage important qui faisait que c'était facile de trouver l'anecdote, la situation qui mène au monologue… Au départ, c'était juste de l'humour… on rit, on rit, on s'amuse. On rit de certaines situations. On rit du fait qu'on est mou, on rit de nous autres. C'était ça l'idée. Et c'était moi, toujours, c'était moi que je décrivais tout le temps. Notre vie à nous autres dans le quartier Saint-Henri. C'était pas les autres...»

Évidemment, l'art du monologue, c'est aussi l'art de la caricature. Malgré un fond de vérité, les anecdotes sont amplifiées, comme elles le sont toujours par tout bon raconteur québécois. Deschamps, l'auteur du personnage, ne raconte pas sa propre vie ni celle des siens, mais il s'en inspire pour stimuler sa création. Il ne peut pas faire abstraction du milieu dans lequel il est né.

Dans cette veine, certains monologues sont rapidement devenus des classiques, des incontournables : *L'argent, Le bonheur, Dans ma cour* et *Le fœtus*.

La recherche du bonheur personnel est le thème de deux monologues fort populaires de Deschamps : *L'argent* et *Le bonheur*. Cette préoccupation est l'une des tendances marquantes de la fin des années 60 et du début des années 70. Elle est associée à la prétention selon laquelle une nouvelle société plus égalitaire et plus juste est en train de naître de la seule volonté de la jeune génération. Mais l'histoire démontrera que cette recherche d'équité a été altérée par une montée progressive du matérialisme et de l'individualisme.

Le monologue *L'argent* est un long plaidoyer par l'absurde autour de l'idée que «dans à vie, on peut pas toute avoir...». Ici, Deschamps reprend le fameux mythe québécois de «la dignité du pauvre» qui repose sur l'argument selon lequel celui qui n'a pas d'argent trouve d'autres compensations dans la vie, qu'il est mû par d'autres valeurs encore plus importantes. Dans ce texte, le personnage énumère toutes les justifications et tous les avantages à ne pas avoir d'argent, à vivre dans la pauvreté.

«Y dit : c'est dangereux, sartain qu'c'est dangereux... parce que l'monde qui ont d'l'argent, sont peureux, sont narveux, y ont peur de s'faire voler leur argent… Y ont peur que leu chums sortent avec eux-autes pour leus argents… le monde qu'ont d'l'argent sont pognés…

« Pis ça, c'tait vrai… c'tait vrai dans not boutte, en tout cas, dans not boutte, le monde qu'avait d'l'argent, y était pogné… Y étaient toute pognés pour ête docteurs, y étaient pognés pour ête avocats, y étaient pognés pour ête notaires… c'tu des vies, ça ? […] C'monde-là y ont pas d'vie privée, y ont rien… à part l'argent…»

(Extrait de L'argent, *1969.)*

« Vaut mieux être riche et en santé que pauvre et malade », voilà l'une des lignes célèbres de Deschamps et qu'on retrouve dans *L'argent*.

Le bonheur est probablement le plus universel des monologues de Deschamps composé au cours de cette première période de création. Au départ, le propos est relativement simple. Le personnage sans nom se plaint que « l'monde ça arrête pas de chialer ». Autrement dit, il chiale contre tous ceux qui chialent. Il tente de démontrer que le bonheur est fait de toutes sortes de choses gratuites et qu'il suffit d'en profiter. Mais alors, le personnage s'enferme dans une logique qui se retourne toujours contre elle-même en partant d'un dicton formulé à la manière Deschamps : « Sans le bonheur, t'es pas heureux ». Dans ce monologue, le bonheur est lui-même un personnage.

« Savez-vous qu'est-ce que ça fait le bonheur dans vie ? Le bonheur dans la vie qu'est-ce qu'y fait ?… Y passe. Si t'es pas prêt' pour, quand y passe, tant pis pour toé. Si tu veux le bonheur, y faut que tu te prépares en conséquence. Parce que le bonheur va pas n'importé you. Le bonheur aime pas n'importe qui pis n'importe quoi. Le bonheur va dans les maisons ousque la maison est propre. Ousqu'y a du manger en masse dans l'frigidaire. Faut pas qu'y aye trop d'enfants. Si y a des enfants faut pas qu'y soyent tannants. Parce que le bonheur haït le train. »

(Extrait de Le bonheur, *1969.)*

Le bonheur fuit la famille Alaise parce que « le bonheur aime pas la maladie ». Et le monologue se termine par un appel désespéré du personnage pour que le bonheur vienne faire un tour chez lui avant qu'il ne soit trop tard.

Mais progressivement, en abordant certains thèmes, le monologuiste prend conscience que « ça ne peut plus être juste drôle ».

Deschamps ressent le phénomène avec *Pépére* et *Nigger Black,* mais c'est avec *La libération de la femme* et *L'intolérance* qu'il comprend que le monologue dépasse l'humour. La dérision a ses effets imprévisibles. En mars 1973, le journaliste Jean Champagne écrit dans *Le Compositeur canadien :*

> « La réaction de l'auditoire peut être extrêmement forte. La première fois qu'il a fait *L'Intolérance,* on a crié au racisme. Deschamps en fut renversé. »

Voici comment Deschamps réagit au tollé soulevé par ce monologue : « Pour me défaire d'un problème personnel, j'ai fait *L'intolérance.* Pour moi, c'est un monologue contre le racisme, c'est clair, mais c'est un monologue bien sournois. Ça démarre sur les pires choses que l'intolérance a causées, les guerres, les camps de concentration, le pire. Et puis je deviens tranquillement intolérant moi-même : le pianiste se met à parler, je me tourne vers lui, je ne tolère pas ses grands cheveux qui lui tombent sur les épaules. Ensuite, je parle d'Hitler, de la famille juive d'à côté, je suis l'intolérance personnifiée. Ce qui arrive, c'est que les gens dans la salle ne savent pas comment le prendre, ils en ont assez, ils commencent à m'engueuler, il y en a qui quittent la salle, il y a même eu une chicane. Je fais ça pour prouver ma thèse, je rends tout le monde intolérant. Alors quand quelqu'un commence à me crier : "Raciste! sacré Américain!", tout ce que je fais c'est de répondre : Vous voyez ce que c'est qu'un intolérant! C'est ça, un intolérant! Les intolérants comme vous, on n'a pas besoin de ça icitte. »

Le monologue se termine sur une marche militaire criarde, avec Deschamps qui a les bras en l'air sous un spot rouge. Ici, il explique le sens de ses spectacles : « La réalité, c'est le show; c'est pas un show, c'est la vraie vie, puis, ce que tu penses être la vraie vie autour de toi, ça c'est un show. Dans *L'intolérance*, le public m'a détesté pour ce que j'étais devenu sur la scène, mais les gens sont devenus intolérants eux-mêmes. »

Deschamps n'est toutefois pas au bout de ses peines. « La Ligue des droits de l'homme voulait me poursuivre pour antisémitisme; mais après, leurs avocats ont écouté l'enregistrement plusieurs fois, et ils m'ont envoyé une lettre de félicitations; ils ont compris que je n'étais pas raciste mais que *L'intolérance* était bien un plaidoyer contre le racisme. »

Toute cette aventure démontre à Deschamps que le problème des Juifs pour les Québécois est toujours présent et non encore résolu et « qu'on accepte mal de se le faire lancer au visage ».

Dans ces monologues, l'auteur Deschamps n'a pas développé seulement l'art de la caricature, il a aussi développé un art de la provocation qui lui est propre. Yves Taschereau, dans *Le Devoir* du 11 février 1972, exprime bien cette situation.

> « Le morceau le plus brillant, sans doute, de cette tangente vers l'absurde porte sur l'intolérance. Il y a là une extraordinaire escalade entre la dénonciation

de l'intolérance et le racisme le plus vulgaire, au point qu'à la fin, Deschamps aboutit au son des bottes martelant le pavé à une sorte de fascisme à rebours. Avec ce monologue, Deschamps rejoint les grands auteurs de comédie, dont le rire dénonce toujours à la fois, par un juste retour des choses, une situation foncièrement tragique et ceux-là même qui en rient. »

Avec le monologue *La libération de la femme*, Deschamps vit un phénomène semblable à celui de *L'intolérance*. Les réactions sont telles qu'il doit multiplier les entrevues pour s'expliquer. Fréquemment, de 1972 jusqu'à la fin des années 70, il aura à revenir sur le sujet. Dans *Le Devoir*, en 1978, Nathalie Petrowski écrit :

« Quand on sait que parmi les monologues qui ont suscité le plus de controverses, celui de la libération de la femme figurait au haut de la liste et on se demande si Deschamps n'essaye pas de régler un cas de conscience avec lui-même au détriment des femmes qu'il prétend défendre... [...] Curieusement, le monologue sur la libération des femmes et celui sur les femmes battues, dans lesquels Deschamps incarnait le masochisme et l'égoïsme mâle d'une façon éclatante, furent très mal accueillis dans les milieux féministes. »

Deschamps a son explication : « L'humour ne se comprend pas, ne s'intellectualise pas. Ça marche à coups de sensations et d'émotions. Dans l'humour, tu blesses toujours quelqu'un et pas toujours celui ou celle que tu vises. Les femmes ont été choquées par le monologue parce que c'était trop douloureux, ça touchait un fond de vérité qu'elles n'étaient pas capables d'accepter... » Dans tout le débat autour du monologue *La libération de la femme*, Yvon Deschamps, l'homme, son personnage, l'auteur et l'interprète du personnage sont confondus par ceux et celles qui prennent le texte au premier degré.

Mais il y a plus, parce que le féminisme est l'un des sujets les plus chauds du début des années 70.

Rappelons certains faits importants. En février 1967, le gouvernement fédéral institue la commission Bird, une Commission royale d'enquête sur la situation de la femme. Présidée par la journaliste Florence Bird, cette commission est majoritairement féminine puisqu'elle ne compte que deux hommes. De plus, elle comprend quatre personnes provenant du Québec sur un total de huit membres, soit Jacques Henripin, John P. Humphrey, Jeanne Lapointe et Monique Bégin, cette dernière agissant comme secrétaire générale et directrice de la recherche. La Commission dépose trois ans plus tard son rapport qui recommande avant tout l'égalité totale entre les femmes et les hommes en plus de proposer des avenues concrètes pour que la société canadienne concrétise cette révolution : entre autres, la généralisation des garderies, l'information massive sur les techniques de contraception, l'accès partout au pays à des cliniques d'avortement et des modifications fondamentales à la loi sur le divorce. Selon le journaliste du *Toronto Star*, Anthony Westell, ce rapport est une bombe : « Elle est bourrée de plus de matières explosives que tout engin préparé par des terroristes. » Le rapport Bird est loin des exhortations sur la contraception faites par Paul VI dans l'encyclique *Humanæ Vitæ*, publiée en 1968, dans laquelle le pape refuse aux femmes « l'autonomie de leur fécondité ».

Au tournant des années 70, le Québec est déchiré entre les appels de Paul VI, les débats suscités par les travaux de la commission Bird et les échos d'un nouveau féminisme radical international incarné par les Kate Millett, Germaine Greer, Simone de Beauvoir et Shulamith Firestone.

Au Québec, le féminisme radical s'implante d'abord dans les milieux anglophones avant de gagner les milieux francophones qui associent la lutte nationaliste à celle des femmes : « Pas de Québec libre sans libération des femmes ! Pas de femmes libres sans libération du Québec ! »

Les féministes les plus radicales « déclarent la guerre tant aux hommes, ennemi numéro un des femmes, qu'à la famille traditionnelle, lieu d'asservissement… »

Le mouvement féministe du début des années 70 propose une nouvelle vision des rapports entre les femmes et les hommes, vision qui ébranle les socles de la tradition judéo-chrétienne de la société québécoise. Tous sont interpellés par ce nouveau discours : les institutions politiques, religieuses et syndicales.

Mais ce discours est souvent ridiculisé dans les médias, et aussi par une partie de la population masculine.

> « Bien que la presse écrite et électronique, aux mains des hommes, se plaise à dépeindre les manifestations féministes comme l'œuvre de folles, de femmes anormales emportées par une haine déplorable, elle ne réussit pas à les discréditer totalement. Partout où sont diffusées les nouvelles de la contestation féministe, il y a des femmes qui sympathisent et qui se demandent si, elles aussi, n'auraient pas les mêmes raisons de se révolter. »
>
> (Collectif Clio, L'histoire des femmes au Québec depuis quatre siècles, page 479.)

À l'automne 1973, pour la première fois, Deschamps présente son monologue sur la libération de la femme. Il y incarne son personnage sans nom, qui ne fait pas de quartier aux femmes voulant s'affranchir des hommes.

> « Est-ce qu'il y a-t-il des femmes ici qui sont pour les mouvements de libération de la femme ? (OUI !) Ben

sacrez vot' camp t'suite, veux pas vous woir icitte!... Bande d'épaisses!... Envoyez, flyez, clairez 'a place... Envoye, claire la place... envoye... Vous voulez pas vous en aller, ben vous allez vous faire parler en tabarnouch par exemple!

« Ça s'peut-tu qu'en 1973 y aye encore des épaisses de même?... Des femmes qui sont pour les mouvements de libération d'la femme!... "Ah mon Dieu! on est pour ça, nous autres." Savez-tu qu'esse ça veut dire être pour les mouvements de la libération de la femme?... Ça veut dire que ces femmes-là, y veulent se libérer de nous-autres, les hommes!... Y veulent faire comme si on n'existait même pas!... Nous-autres les hommes!... Qu'on est, nous-autres mêmes, les rois de la création... »

(Extrait de La libération de la femme, *1973.)*

Et suit un long plaidoyer visant à démontrer que les femmes ne sont rien sans les hommes et que les comportements inacceptables de ces derniers sont délibérés parce qu'ils cherchent à valoriser les femmes dans leurs tâches traditionnelles. Comme le signale Yves Taschereau dans *Le Devoir* du 18 mai 1974, *La libération de la femme* « recense d'une façon systématique les arguments des hommes, tous basés sur un sentiment de supériorité congénitale sur le sujet ».

Mais à la fin du monologue, fidèle à sa manière d'écrire, Deschamps crée l'ouverture après avoir tant provoqué son auditoire.

« Posez-vous-la sérieusement la question : Ous-qu'y s'raient les femmes, si c'était pas de tous les efforts que nous autres les hommes on fait pour pas faire les affaires pour qu'à puisse les faire?... Ousqu'y s'raient les femmes... si c'était pas de tous les efforts que nous autres les hommes on fat pour les t'nir yousqu'y sont? hein?... Posez-vous la question sérieusement parce que moé j'ma pose.

« Ça fat quinze ans qu'la bonne femme est dans' cuisine, ça fat quinze ans qu'à chiale pis y a des grands bout' j'aim'rais ça qu'à s'libère in peu. »

(Extrait de La libération de la femme, *1973.)*

Malgré toute la controverse suscitée par ce monologue, Deschamps est fier de son texte. Vingt-cinq ans plus tard, il aime rappeler qu'il l'a écrit deux ans avant l'Année internationale de la femme, année ayant marqué une véritable transformation du féminisme.

Entre 1968 et 1973, Deschamps aborde certains faits et thèmes plus directement reliés aux actualités politiques. On peut penser à la crise d'Octobre 70, au projet de loi 63 ou à l'élection provinciale d'avril 70. Son personnage sans nom est moins niais qu'il ne le semble. Il est même d'une étonnante lucidité.

Cette analyse de Deschamps rejoint fort bien celle de Marcel Rioux, qui prétend que le Québécois a tendance à s'en prendre à tout le monde plutôt qu'à lui-même quand il s'agit d'expliquer les causes de ses propres problèmes. Notamment, le Québécois aime penser que ce sont toujours les Anglais qui constituent la cause première de tous ses maux.

Dans le monologue *Histoire du Canada (Les Anglais)* créé en 1971, Deschamps désamorce ce sentiment fort répandu. Jean V. Dufresne est le premier auteur à avoir écrit un livre sur les monologues initiaux de Deschamps. Il a assisté à la création du monologue *Les Anglais.*

« C'était au soir des *Poèmes et chants de la résistance,* une veille assez cocardière, à laquelle il hésitait à participer, peut-être parce qu'on y fabriquerait ce soir-là des mythes fleurdelysés. Y ayant été invité à la toute dernière minute, au lendemain des arrestations massives, il ne savait trop quel monologue pourrait bien convenir à une manifestation comme celle-là.

« Cinq minutes avant d'entrer en scène, l'idée lui vint d'improviser un monologue qui aurait tous les aspects d'une charge contre les Anglais, mais qui constituerait, au fond, une critique amusée et très juste de nos réflexes nationaux les plus détestables…

« Improvisé d'un trait, le monologue dura quinze minutes. L'auditoire monta comme un beau ballon jusqu'à la zone si rarement accessible du rire pur.

« Yvon Deschamps aurait pu emprunter comme tant d'autres les thèmes rebattus de la québécitude, et ma foi la tentation était grande : la loi sur les mesures de guerre leur avait donné le ton.

« L'anecdote est digne de mention, car elle montre comment cet artiste s'est accompli en transcendant toujours son époque, tout en tirant ses matériaux de l'actualité la plus immédiate. »

(Jean V. Dufresne, Yvon Deschamps, 1971, pages 9 et 10.)

Pour Dufresne, *Les Anglais* « est un chef-d'œuvre d'humour meurtrier ». Reprenons trois situations exposées dans ce monologue par l'auteur Deschamps. Ici, le rire se retourne contre le rieur quand ce dernier prend conscience de sa méprise.

À propos de la loi 63 adoptée en 1969, malgré de nombreuses manifestations particulièrement hostiles et fortement réprimées par les forces policières :

« C'est que sus é 96 députés qu'ont voté pour le Bill 63, à Québec, y avait 4 Anglais, vous en rapplez-ti de t'ça ?

Non, hein? Bon. Ben nos députés à Québec, on peut pas toute leur demander, c'est pas des surhommes. Quand y se vus 92 contre 4, la chienne les a pognés, çé normal, ça. Ok, belle madame, là! Vous là qui savez toute, là hein, disons que çé des Canadiens-français qu'ont passé le Bill 63 [...]

« Ben laissez faire, vous autes, m'a vous dire rinqu'un affaire, peut-être que c'est vrai que les Anglais nous nuisent pas tout l'temps, peut-être qu'on é capable de s'nuire tu seuls des grands bouttes, même que c'est probablement c'qu'on fait de mieux. »

À propos de la promesse faite par Robert Bourassa, lors de l'élection d'avril 1970, de créer cent mille emplois :

« Rappelez-vous, aux élections d'avril 70, vous en rappelez-tu des élections d'avril 70? Vous, vous vous en rappelez, han. Bon. A s'rappelle de toute, elle, han. Ah! la mémoire, hein? Bon. En avril 70, y en avait des députés anglais qui s'présentaient. Bon, vous vous en rappelez de ça? Y en avait. Y en a-tu un qui nous a aidés assez pendant la campagne électorale? Y en a-tu un qui a voulu assez nous aider pour nous promettre 100 000 jobs? Pas vrai. Ok, baquais! Pas un maudit! A fallu qu'ça soye un Canayen français, qui s'force, pis qui l'fasse, sachant très bien qui pourrait jamais t'nir sa promesse. Après ça, on passe pour des épais. »

À propos des événements d'Octobre 70 et notamment de la promulgation de la Loi sur les mesures de guerre :

« Pis en octobre 70, vous vous en rappelez pas d'octobre 70? La grosse crise d'octobre? Qu'on souffrait toute dans not sécurité? Ça veut dire qu'on shakait dans nos culottes. Bon. Crime, on n'osait pus sortir dehors tellement qu'on avait peur. Y en a-tu un

Anglais qu'y s'en é aperçu ? Pas un maudit. A fallu encore que ça soye des Canayens français : M. Drapeau, M. Bourassa, M. Trudeau, qui s'en aperçoivent qu'on avait peur. Qui passent la loi des mesures de guerre, pour nous aider. Qui nous envoient l'armée pour nous protéger. Qui mettent le plus d'monde en prison pour qu'on soye tranquille. N'importe qui, envoye, en masse. Bon. Bang, Bang. Y a pas un Anglais qu'aurait faite ça pour nous autes ! Non, ben m'a vous dire rinqu'un affaire. Douglas, pis Stanfield à Ottawa, c'est des Anglais, ça, ben ces écœurants-là, y étaient contre la loi des mesures de guerre. Faut qu'y nous haïssent assez ! Non, mais c'est grave. »

Le jeu entre la salle et l'interprète qu'est Deschamps illustre bien ce phénomène québécois qui consiste spontanément à rejeter tout le blâme sur les autres, comme s'il était évident qu'un démon contrecarrait nos projets individuels et collectifs.

En plus des exemples précédents, il faut ajouter qu'aucun de tous les monologues qui traitent « du bon boss qui exploite ses employés » ne mentionne jamais qu'il s'agit d'un Anglais. D'ailleurs, si l'on en juge par sa langue, on peut très probablement affirmer que c'est plutôt un Canadien français exploitant ses pairs. Et, pourtant, plusieurs spectateurs sont convaincus qu'il ne peut s'agir que d'un anglophone.

L'œuvre de Deschamps au cours de cette première période de création est fidèle à l'essence même de l'âme québécoise. Elle exprime un certain fatalisme teinté d'ironie, toujours avec une pointe de lucidité mais qui n'est pas suffisante pour engager des changements en profondeur. À cette époque, le Québécois attend encore le miracle ou le Messie qui viendront changer le cours de son histoire.

« De temps en temps, il y a, bien sûr, des miracles, qui rompent la quotidienneté grise et sans éclat. Tout le monde y croyait, en avait vu et en espérait d'autres. On a l'impression qu'aujourd'hui encore, bien qu'il soit beaucoup moins religieux, le Québécois continue d'attendre Godot... Encore aujourd'hui, bon nombre de Québécois prédisent qu'il va certainement se passer quelque chose, sans se rendre compte que les changements ne peuvent venir que d'eux-mêmes. »

(*Marcel Rioux*, Les Québécois, *p. 85.*)

« En attendant Godot », par le biais de son téléviseur, le Québécois se sensibilise aux grands enjeux de son époque. Le monologue *Cable TV* créé en 1970 est une illustration de notre américanisation progressive et de l'incapacité de plusieurs à distinguer et à analyser la masse des informations fournies par le petit écran.

Dans ce monologue, Deschamps a une réplique qui traversera le temps :

« Non, pis en plusse de t'ça, ça me choque... tu dépenses des centaines de piasses pour t'acheter une télévision, pis quand l'heure des nouvelles arrive, le grand tarlet arrive avec... Là y dit, mesdames, messieurs, on va vous expliquer c'qué-t-arrivé dans journée, comme si on voulait l'saouère !... On veut pas l'saouère quosqu'é-t-arrivé... ON VEUT LE OUÈRE ! On s'é pas acheté une télévision pour rien... Si on avait voulu l'saouère, on avait rinqu'à écouter la rédio, y l'disent toute à rédio... »

Le monologue se poursuit par une série d'exemples qui cherchent à démontrer que les Américains sont mieux que nous parce qu'ils ont des nouvelles impressionnantes et en direct. Le personnage est subjugué par les guerres en direct. Le monologue se termine sur une charge ironique de l'engagement américain au Vietnam (le Mietnam pour le personnage de Deschamps). Le personnage y décrit un jeune soldat américain perdu dans la forêt vietnamienne et qui cherche à rejoindre son régiment.

> « Mais la manière qu'y a tombé, faut croire qu'y a une providence pour tout l'monde, la manière qu'y a tombé, d'un coup y a vu une p'tite fumée blanche qu'à montait entre les arbres. Fait qu'y s'é l'vé, pis y s'é mis à courir vers la fumée. Pis finalement y a débouché sus une belle p'tite clairière, où que y avait trois, quatre petites huttes qui brûlaient, des enfants morts à terre, des gars pendus après é arbres. Ah! y était assez content! Y dit : enfin, la civilisation! »

Mais Deschamps, c'est aussi une poésie qui s'exprime dans des chansons, certaines étant intégrées aux monologues, tandis que d'autres forment des œuvres complètes en elles-mêmes. Elles créent une atmosphère différente dans le spectacle. Selon Deschamps, « la chanson change la qualité d'écoute et cela donne un moment de repos au monde avant de repartir dans la dérision ». De cette première période de création, il faut retenir surtout *Aimons-nous* qui « demeure l'une des plus belles chansons du répertoire ».

> « Aimons-nous quand même.
> Aimons-nous jour après jour.
> Aimons-nous quand même.
> Aimons-nous malgré l'amour.
> Aimons-nous de rage,
> Aimons-nous mais sans pitié.
> Aimons-nous en cage.
> Aimons-nous sans amitié…
>
> « L'amour, c'est la gloire,
> La puissance, l'amitié.

Aimons-nous comme il se doit.
Resserrons l'étreinte
Qui nous étouffera de joie…»

(Extrait de Aimons-nous, *paroles d'Yvon Deschamps sur une musique de Jacques Perron, 1969.)*

Avec le monologue *La mort du boss*, Deschamps boucle cette phase initiale de création. Le *boss* est mort, mais aussi le personnage qu'il a créé avec son premier monologue. En 1974, Deschamps s'en explique à Christiane Berthiaume : « L'an dernier, j'ai eu pendant six mois l'impression de ne plus avoir rien à dire. Aujourd'hui, je n'ai plus besoin de me demander où va le personnage, ce qu'il pense de ceci, comment il agirait devant telle situation : il est mort ! Depuis des mois, je le subissais. J'étais en train de mourir avec lui. Depuis qu'il n'existe plus, je suis soulagé. Je vais pouvoir maintenant avoir du fun. »

Dans *La mort du boss*, Deschamps nous parle des deux fils qui succèdent à leur père à la direction de la *shop*. Dans les faits, ces derniers seront encore plus exploiteurs que leur père, mais ils le seront plus finement, plus sournoisement sous des airs de modernisme. Ne veulent-ils pas faire entrer le syndicat dans la *shop* (« un syndicat de boutique » comme on dit à l'époque) ?

Deschamps nous démontre cyniquement que même la mentalité de l'exploiteur se transmet entre les générations d'un même milieu. Est-ce héréditaire ? Tout comme le fait d'être opprimé ? Des arguments supplémentaires pour confirmer le fatalisme de Deschamps, homme et auteur.

À partir du spectacle de 1975, Deschamps commence à créer un univers composé de plusieurs personnages. Cette rupture avec son premier cycle de création annonce la direction que prendra l'auteur dans les dix prochaines années.

En effet dans les années qui suivent *La mort du boss*, Deschamps compose sept nouveaux monologues. Parmi eux, un seul est à caractère politique : *Le bill 22*. Tous les autres, sauf un servant d'ouverture au spectacle, explorent des problèmes personnels, moraux ou sociaux : la religion, l'honnêteté, la jalousie, la liberté, l'environnement ou le malheur.

Les nouveaux personnages imaginés par Deschamps sont généralement plus prétentieux que son premier personnage sans nom. À la manière des *preachers* américains qui commencent à envahir les ondes télévisuelles, plusieurs de ces personnages se sentent investis d'une mission particulière et ils marquent une certaine distance avec «ceux qui ne savent pas» ou «ceux qui n'ont pas encore compris le message». Quelques exemples tirés de monologues de ces deux années :

«Devant la gravité de la situation, si vous me le permettez, je vais me permettre de prendre quelques minutes de mon temps précieux pour éclairer la lanterne de ceuses qui, dans le moment, ont pas l'idée de quoi que j'parle contre.»

(Extrait de Le bill 22, *1975.)*

«On n'est pas venus icitte pour rire, on est pas venus pour s'amuser, l'heure est grave.»

(Extrait de La nature, *1975.)*

«C'est pour ça que chus content que vous soyez v'nus m'voir parce que j'me suis dit que, peut-être, j'pourrais vous faire profiter de mon expérience. [...] Oui, ça m'est arrivé tranquillement au cours d'expériences, de découvertes qui m'ont am'né à tout comprendre.»

(Extrait de Le positif, *1975.)*

Avec *Le bill 22*, Deschamps donne une portée sociale et politique à son humour cynique et ironique. Ce monologue est aussi un véritable cours d'histoire « sur le passage du bill 63 au bill 22 », deux moments forts des crises linguistiques successives au Québec.

> « Devant votre grande réaction, j'me rends compte que, ne connaissant pas le Bill 22, le 63 vous l'avez bien loin, mais ça n'me fait rien. Vous n'avez pas besoin de connaître ni le 22 ni le 63 pour savoir de quoi c'qui s'passe. J'ai pas besoin d'vous faire un dessin pour que vous compreniez, yenque en checkant les numéros, que de passer de 63 pour tomber à 22, c'est rétrograder par en arrière, même si le gouvernement veut nous faire croire que nous rétrogradons par en avant en nous laissant sous l'idée que le 22 est pareil comme le 63, mais pas mal plus long, de manière à ce que quand tu finis d'le lire, tu t'rappelles pus comment c'qu'y commençait. C'est ça leur idée. »

(Extrait de Le bill 22*, 1975.)*

Yves Taschereau, dans *Le Devoir* du 27 janvier 1975, écrit :

> « Le monologue sur le bill 22, plus prévisible, relève de cet humour à portée sociale dont l'influence dépasse certainement l'ensemble des discours politiques d'une douzaine de candidats pendant une campagne électorale. En faisant rire son public, Deschamps ouvre les yeux à bien des gens sur certaines réalités dont ils ne voudraient rien savoir autrement. »

Au début de ce monologue, Deschamps nous donne une des clés de son œuvre. Il examine un problème sous un angle qui étonne le spectateur ou sous un angle qui détonne par rapport au discours dominant de l'époque.

« Oui, la noirceur s'en vient et quand je regarde en arrière, j'me dis que c'est mieux de ne pas le faire parce que qu'est-ce qui s'en vient en avant est encore plus pire que qu'est-ce qui pourrait venir de n'importé où d'à part que sur les côtés. Parce que quand tu regardes un bord, tu te trouves à tourner le dos à l'autre. »

(Extrait de Le bill 22, *1975.)*

Au lieu de glorifier le français comme langue officielle, Deschamps présente plutôt les désavantages pour les francophones d'une nouvelle donne sociale provoquée par le fait que « les anglophones et les déportés » deviennent bilingues. Le personnage veut nous faire comprendre que les Anglais et « les déportés » prendront toutes les bonnes *jobs* justement parce qu'ils deviendront bilingues. Alors que sans la loi 22, les francophones auraient pu devenir bilingues et damer ainsi le pion aux anglophones et aux déportés.

« Qu'est-ce qui arrivera le jour où nous serons démocratiquement américains, dans 15-20 ans, si nos anglophones sont bilingues, qu'est-ce qui arrivera ?

« Je vais vous l'dire. Il faudra bien que ceuses qui ont des grosses jobs parlent l'anglais pour être capables de savoir qu'est-ce que les Américains veulent qu'on fasse. Y va falloir qu'y parlent français pour nous dire comment l'faire de manière à faire une bonne job pour que les autres soyent pas choqués contre eux autres.

« Alors, à ce moment-là, si ce sont nos Anglais qui sont bilingues, qui aura les grosses jobs ? Les Anglais ! les mêmes qui les ont dans l'moment. »

(Extrait de Le bill 22, *1975.)*

Dans ce monologue, le personnage de Deschamps nous communique également sa conception du changement social, qui correspond bien à celle d'un peuple québécois toujours dans l'indécision, un peuple désirant du changement mais sans transformer fondamentalement les choses.

« Et je suis sûr que l'monde est pas prêt pour un changement si brusque. Non, parce que je suis sûr que le monde ordinaire aime mieux que ça reste comme que c'est, qu'y'aimerait qu'ça change mais pour quelque chose de semblablement pareil. [...]

« Nous devons, individu par individu et je dirais même plus, individuellement pris d'une façon globale, faire savoir au gouvernement comment que nous voulons que les choses soyent, c'est-à-dire que tant que nous sommes, nous voulons que les choses restent comme que les choses sont. »

(Extrait de Le bill 22, *1975.)*

Le monologue *L'histoire sainte, la création* est dans la tradition du *P'tit Jésus* et de *L'histoire du Canada*. Deschamps reprend l'histoire de la création telle que la décrit l'Ancien Testament et il nous la raconte comme une véritable épopée en accentuant ce qui est ridicule et absurde. Encore une fois, l'auteur Deschamps prend un angle qui étonne. Le monologue commence par une courte chanson :

« Une fois tout allait bien
Parce qu'une fois y avait rien
Sauf un grand vide tout bleu
Occupé par le bon Dieu
Y s'dit : comme j'ai beaucoup de loisirs
Faudrait que j'me fasse plaisir
Car j'ai beau chercher où
Tout scruter du regard
Moé chus censé être partout

Mais vu qu'y a rien
Chus nulle part. »

(Extrait de Une fois y avait rien, *paroles d'Yvon Deschamps sur une musique de Libert Subirana, 1975.)*

Donc, « l'bon Dieu a décidé de s'faire des affaires pour pouvoir y être ». Et là, le raconteur qu'est l'interprète Deschamps nous fait vivre l'histoire de la création comme si nous y étions, en misant sur l'essentiel, en la parodiant et en faisant des clins d'œil à notre monde actuel. C'est un aller-retour constant entre le passé et le présent. Quelques extraits :

« La sixième journée, pour les ceuses qui ont pas appris l'histoire sainte, la sixième journée, c'était la dernière journée d'ouvrage de Dieu. Parce que Dieu est infiniment intelligent, c'est le seul être qui a compris que six jours d'ouvrage dans une vie c't'assez. Y'a travaillé six jours, y'a pris une éternité d'vacances. Essayez d'avoir ça dans une convention collective, vous l'aurez pas c't'année en tout cas ! »

« Parce que c'est comme ça que Dieu crée. Y prend rien, y fait rien avec. Et c'est comme ça qu'il a créé le chef-d'œuvre de toute la création : l'homme, la plus belle créature terrestre. C'est vrai qu'l'homme, c'est ça qu'y a d'plus beau. R'gardez-moi ! Ça m'fait rien, vous pouvez rire, mais je suis faite à l'image de Dieu. Vous riez de moi, vous riez de lui. Moi, chus pas méchant, mais lui peut venir comme un voleur par exemple pis dire :
— C'est toé qui riais d'moé t'à l'heure ? »

« Ensuite, Dieu a créé la femme. Quand j'ai vu, dans l'histoire sainte, que c'est Dieu lui-même qui a créé la femme, j'ai douté de Dieu. J'ai dit : est-ce que Dieu est vraiment parfait ? Après, j'ai dit : oui, y'est parfait. Donc, y'a fait exprès pour nous éprouver. »

« Le bon Dieu dit :

— Les enfants, regardez le paradis terrestre. J'ai créé ça pour vous, j'vous l'donne. Vous pouvez faire tout c'que vous voulez avec, tout, mais touchez pas à mes pommes.

Adam dit :

— Pourquoi ?

Le bon Dieu dit :

— Parce que…

Ève dit :

— Tu parles d'une réponse !

Le bon Dieu dit :

— C'est parce que le pommier, c'est l'arbre du bien et du mal. Y faut pas toucher à ça. Si vous mangez des pommes, vous allez comprendre des affaires que j'aime mieux que vous compreniez pas parce que, pour comprendre ça, j'aime mieux que vous soyez parfaits comme moé. Si vous autres, vous voulez rester parfaits, vous êtes mieux de rester des parfaits épais. »

« Et Dieu est parti. »

« R'marquez que depuis que j'ai lu ça, j'me suis toujours demandé où que tu pouvais partir quand t'es partout. J'ai pas encore trouvé. »

(Extraits de L'histoire sainte, la création, *1975.)*

Dans cette veine de l'utilisation des Saintes Écritures, Deschamps présente le monologue *Le positif*. C'est l'histoire de Roger Lalumière. Ici, on ne peut s'empêcher de penser à deux phrases qui inspirent la Bible : « Les derniers seront les premiers à entrer au paradis » et « Bienheureux les pauvres d'esprit car ils verront le royaume de Dieu ».

Roger Lalumière a trente-trois ans. Il vit plusieurs expériences difficiles, mais il a appris à penser positivement, à voir le bon côté des choses, à ne pas se plaindre de son malheur, à accepter ses malchances parce qu'elles sont moins pires que celles des autres, à ne pas se prendre pour une victime de la société. *Le positif* est une longue parodie du chemin de croix de Jésus et de sa résurrection, mais dans le contexte des années 70, où prime un certain individualisme. Sans s'en rendre vraiment compte, Roger Lalumière vit la passion du Christ.

Dans ce texte, l'auteur Deschamps est d'un cynisme sans précédent. Il en a bien conscience. Il pense aux réactions de ses parents : « Je sais que mes parents ne s'en remettraient pas. Alors, je leur ai demandé de ne pas assister au spectacle parce qu'ils ne le prendraient pas. »

Mais ce monologue contient également la description d'une situation qui, un jour, fera partie d'une anthologie de l'humour au Québec. Reprenons les propos d'Yves Taschereau :

> « […] et surtout un comique mécanique, sans doute le meilleur moment de la soirée, dans l'utilisation systématique de toutes les possibilités offertes par le mélange de deux bouts de papier sur une table. Pendant cinq minutes extraordinaires, Roger Lalumière, revenant chez lui après une longue absence, confond sans cesse le bout de papier où son adresse est inscrite avec celui où sa femme lui annonce qu'elle le quitte. L'argument semble simple mais l'utilisation que Deschamps en fait est tout simplement extraordinaire. »

Pour Georges-Hébert Germain, *Le positif* et *L'honnêteté* « figurent certainement parmi les grands chefs-d'œuvre du rire ».

On ne peut boucler cette première période de création sans parler de deux autres monologues : *La liberté, j'veux être pogné* et *L'honnêteté/Ma blonde*. Le premier est un classique de l'œuvre de Deschamps, tandis que le second présente un aspect difficile parce qu'il relativise la valeur d'honnêteté.

Dans le Québec du début des années 70, la notion de liberté est valorisée dans plusieurs milieux. La liberté est comprise comme étant la possibilité de faire ce que l'on veut, quand on le veut et jusqu'où on le veut. En d'autres mots, on n'accepte pas les entraves qui freinent ce vent de liberté soufflant sur les mœurs et les comportements. Chacun souhaite son espace de liberté.

Deschamps ne peut passer à côté de ce phénomène émergent. En créant le monologue *La liberté, j'veux être pogné*, il ouvre la voie à une réflexion sur les paradoxes et les contradictions de cette valeur dans une vie en société. Contenant lui-même un paradoxe, le titre est évocateur.

De ce monologue, le public retient surtout l'expression suivante, qui devient même un slogan dans certains milieux : « Ah ! ça, ça s'rait beau et même plus que ça : ça s'rait-tu beau si une personne à pourrait être comme qu'on pourrait dire LIBE ! LIBE ! LIBE ! … LIBE ! LIBE ! »

En multipliant les exemples, l'auteur Deschamps démontre qu'il n'est pas possible que tous soient libres en même temps. « Si une personne veut être LIBRE, y faut pas que les autres le soyent. » Autrement dit, certaines personnes doivent être au service de celles qui sont libres. La fin du monologue traduit clairement cette option. C'est une autre forme de liberté qu'exprime le personnage créé par Deschamps.

> « Finalement, dans une grosse gang, faut qu'y'n aye une gang de libre, faut toujours qu'y aye une gang de ben pognée. Fa que moé, finalement, j'pense que j'vas rester pogné. Non, parce qu'être libre, j'saurais pus quoi faire. C'est difficile être libre. Tu t'lèves un matin, t'es libre, qu'est-ce que tu fais ? Moi, j'me r'coucherais. Alors, je décide pour qu'y'n ait qui soyent libres. J'veux

être pogné le plus possible, c'pas d'ma faute à moi chus contrariant. »

(Extrait de La liberté, j'veux être pogné, *1974.)*

Le monologue est complété par une chanson qui reflète partiellement la philosophie de vie d'Yvon Deschamps, l'homme. Le premier couplet est significatif :

« Si chus pas pogné, chus pas content
Si chus trop libre, j'peux pas rien faire
C'est pas une raison d'me faire aller
Ma seule vraie liberté sur terre
C'est la liberté d'être pogné. »

(Extrait de La liberté, j'veux être pogné, *1974.)*

Terminons ce premier bilan de création avec *L'honnêteté/ Ma blonde.* Ce monologue traite de jalousie, de possession de l'autre, de viol et surtout d'une conception erronée de la droiture et de l'honnêteté. Il s'agit d'un court monologue qui, surtout dans sa deuxième moitié, ne fait pas rire, loin de là. C'est l'histoire de la blonde du personnage qui se fait violer par deux des amis de ce dernier et qui devient enceinte à la suite de cet événement. Le personnage ne veut pas croire que « les chums de mon chum » aient pu commettre un tel geste. Alors il s'enferme dans une logique arbitraire qui débouche sur la conclusion que sa blonde doit être foncièrement malhonnête parce qu'elle refuse d'admettre qu'elle a dû les provoquer.

Ici, l'auteur décrit une mentalité fort répandue en ce début de décennie et alimentée par un moralisme teinté des pires préjugés de l'époque. Selon cette mentalité, la victime devient coupable de toute la situation et elle doit en subir les conséquences. Elle est rejetée par son entourage.

Dans une lettre à Yvon Deschamps datée du 26 octobre 1975, l'animatrice Lise Payette lui transmet ses réactions à ce monologue.

« Vous m'aviez prévenue que votre monologue le plus
dur était celui sur l'honnêteté. Vous aviez raison.
Durant celui-là, Yvon, je n'ai pas ri. Parce qu'à travers
vous sur scène, il était facile de voir tant de gens...
parfois même des visages... souvent des phrases
complètes déjà entendues pour vrai, dans la vie. »

Fidèle à son habitude dans de telles circonstances, l'auteur
Deschamps complète ce monologue dur, voire cruel, en
interprétant la chanson *Pourquoi,* qui est un véritable
hymne à l'amour dans lequel l'amoureux blessé regrette de
n'avoir rien fait pour retenir son amoureuse, de ne pas l'avoir
implorée même à genoux pour qu'elle reste avec lui.
Deschamps a écrit cette chanson l'année précédente. Ici, on
ne peut s'empêcher de penser à Yvon qui vit une séparation
douloureuse avec Judi. Plus tard, c'est elle qui mettra une
musique sur les paroles d'Yvon.

Reprenons la lettre de Lise Payette, dans laquelle l'animatrice reflète par ses propos le sentiment général qui règne
après ce spectacle de Deschamps.

« Et sans dévoiler de secrets qui feront la joie des
spectateurs à venir, je dois dire que durant la soirée,
j'ai été étonnée, j'ai eu peur, j'ai crié, j'ai été fière, j'ai
eu honte et que c'est à cause de toutes ces émotions
vécues en quelques heures que j'ai trouvé cette soirée
extraordinaire. Je ne suis pas allée vous voir après le
spectacle, Yvon. Je ne pouvais pas. Votre dernière
chanson m'avait rendue muette. Et c'est rare. [...] Et
vous chantez que vous avez besoin qu'on vous aime...
que vous ne vivez que sur scène... que vous ne voudrez
jamais partir. À ce moment-là, il n'y a plus de personnage. Il n'y a qu'Yvon, tout seul, émouvant
jusqu'aux larmes. Moi, Yvon, je vous aime. Et je vous
remercie de m'avoir renvoyé une image de moi que
j'ai pu mieux corriger ainsi. Je voulais vous le dire

maintenant. Sans pudeur. Comme on doit dire ces choses-là. »

Que dire globalement sur cette première période de création ? Pour parodier un certain proverbe, nous pouvons affirmer qu'Yvon Deschamps ne marche pas à côté de son œuvre. Il n'est pas les personnages qu'il crée et interprète, mais toute son œuvre de 1968 à 1976 est teintée de ses préoccupations et de sa manière d'analyser les problèmes, manière qui refuse d'adopter la pensée dominante sans distance critique.

Yvon Deschamps ne distribue pas les messages à tout vent. Plus simplement, il invite les Québécois à examiner les choses de la vie et de la société sous des angles différents. Alors que tous examinent le monde dans une direction, Deschamps regarde ailleurs et il nous fait voir des facettes nouvelles de la réalité.

C'est dans son regard sur les choses de la vie que Deschamps est un innovateur. Avant d'être un critique social, il est celui qui nous questionne sur notre manière d'appréhender la vie individuelle et collective. Autrement dit, son regard questionne notre propre regard.

Comme le mentionne assez justement Alain Pontaut, « on va généralement le chercher trop loin ou pas assez ». Trop loin quand on discerne des messages fondamentaux partout dans son œuvre, quand on veut faire de lui le porte-étendard d'une nouvelle vision de la société, quand on l'investit d'une mission sociale ou quand on voit en lui le porte-parole du nationalisme québécois. Pas assez loin quand on le considère uniquement comme un amuseur public, comme un fantaisiste ou comme un clown.

8

Le nationalisme québécois : l'apothéose de 1976

Au début des années 70, on a la généralisation facile. Tous ceux qui revendiquent des changements sociaux, qui remettent en question les valeurs de la société québécoise, qui critiquent la tradition ou qui affrontent l'*establishment* sont aussitôt associés à la montée du nationalisme. De plus, ils sont automatiquement considérés comme des indépendantistes.

Depuis *L'Osstidcho* en 1968, Deschamps est considéré comme un fervent nationaliste québécois. Il n'a pas entretenu cette perception par des sorties publiques ou par des déclarations fracassantes, mais il ne l'a pas contredite non plus. Dans l'esprit populaire, cela ne fait pas de doute, cela va de soi, il est indépendantiste même s'il n'est pas membre du Parti québécois ni d'aucun autre parti politique. Et c'est vrai, il l'est parce que cela est une évidence pour lui : l'indépendance est préférable à la dépendance.

Au début des années 70, le Parti libéral du Canada lui propose de se présenter aux élections. « Une belle lettre, dira-t-il, mais ça ne m'intéresse pas parce que je serais un démagogue en politique et parce que je ne vois pas comment un humoriste peut avoir de la crédibilité dans ce monde. » Une belle erreur sur la personne !

Quand il participe à la soirée Poèmes et chants de la résistance ou quand il s'intéresse au sort des prisonniers politiques, il le fait plus parce qu'il ne peut pas tolérer l'injustice que pour la cause de l'indépendance.

Yvon n'a jamais utilisé la scène comme tribune pour promouvoir l'indépendance du Québec, même si plusieurs de ses monologues de cette époque contiennent des clins d'œil laissant supposer une sympathie certaine à la cause nationaliste. Ces textes suscitent toujours des réactions d'approbation ou d'hostilité de la part du public. Citons deux exemples :

« Aye, l'autre jour, mon boss, y était allé en voyage, y essayait d'téléphoner, pis était pas capable… Y avait d'la misère, ça faisait une demi-heure… Finalement y s'choque… y dit : écoutez là, mademoiselle – y parle très autoritaire – écoutez, ça fait dix fois que j'demande le Québec… Ben à dit : c'est pas d'ma faute, c'est toujours pas libre…»

(Extrait de C'est extraordinaire, 1969.)

« Y a un affaire que j'pensais t'à l'heure, tsé, pendant que vous étiez après placoter, en arrière. J'ai dit dans moé-même, j'ai dit : on est-tu chanceux nous autres, hein, on est-tu chanceux, on est-tu chanceux d'avoir la chance de vivre dans un pays libre ? Non seulement on a la chance de vivre dans un pays libre, mais nous autres, on est encore plus chanceux, nous autres, on a la chance de vivre dans une province libre. »

(Extrait de La liberté, j'veux être pogné, 1974.)

Au Québec, les années 68 à 76 sont des années d'effervescence pour le nationalisme. La création du Parti québécois institutionnalise l'idée de souveraineté-association. La fondation du parti ne se fait pas sans heurt. De nombreuses dissidences apparaissent et elles laisseront des traces jusqu'à l'élection de 1976. Mais à cause notamment du leadership charismatique de René Lévesque, tous les espoirs sont permis. Aux élections de 70 et de 73, celui-ci ne réussit pas à se faire élire comme député. Alors, il ne peut pas siéger à l'Assemblée nationale. Il doit diriger ses députés de l'extérieur tout en continuant à être chroniqueur pour certains journaux. En 1973, la Gendarmerie royale du Canada considère le PQ comme un ennemi potentiel du pays. Elle ordonne le vol de la liste des membres du parti. En 1974, René Lévesque, Jacques Parizeau et Yves Michaud fondent le quotidien indépendantiste *Le Jour*. Ce journal « voué à la cause » connaîtra autant de difficultés financières que de conflits idéologiques. Les journalistes veulent conserver leur indépendance professionnelle. Ils prennent des positions éditoriales qui déplaisent aux membres du Conseil d'administration, positions s'inscrivant dans les grands débats idéologiques de l'époque.

L'année 1976 est aussi une année d'effervescence. Luc Plamondon et Michel Berger créent l'opéra rock *Starmania*. Jean Beaudin tourne *J.-A. Martin, photographe*, André Forcier présente *L'eau chaude, l'eau frette* et Gilles Groulx réalise *24 heures ou plus*, qui obtient le Prix de la critique canadienne. Jean Paré fonde *L'actualité* et Adrien Thério édite le premier numéro du magazine littéraire *Lettres québécoises*. Les revues *Jeu*, *Possibles* et *Estuaire* voient le jour la même année.

Le 17 juillet, c'est l'ouverture à Montréal des jeux de la XXIe olympiade. Pour éviter les scandales et les critiques, les autorités municipales démantèlent l'exposition Corridart jugée trop provocante pour les touristes.

Au cours de cette période, Yvon est un indépendantiste inquiet. Non pas qu'il soit inquiet à cause des risques économiques d'une séparation du Québec, mais il a un doute quant à la volonté réelle des Québécois de faire cette indépendance. Dès 1971, il s'en ouvre à Jean-V. Dufresne :

« On ne veut se mêler à rien, on veut juste avoir la *job steady* et le bon *boss*, et manger à tous les jours. Parce que nous n'avons pas d'avenir comme collectivité. Aucun avenir. C'est le néant, la fin dans quelques générations. Ça se traduit sur le comportement des individus. Ils attendent… J'en suis convaincu. […]

« Pour les individus, c'est la même affaire. C'est pour ça que j'ai écrit *Les Anglais,* parce que tant qu'on va continuer de penser que nos problèmes viennent d'ailleurs, on ne les règlera jamais. »

Avant tout, Yvon ne veut pas participer à la création de mythes, parce que ceux-ci ne sont que des constructions de l'esprit ne reposant pas sur la réalité. Un mythe amplifie la réalité jusqu'à la tronquer. Autrement dit, la création des mythes provoque des lacunes perceptives. On en vient à croire que le mythe est la réalité. Pour lui, l'idée d'indépendance doit s'incarner dans la réalité et non pas dans des symboles qui créent souvent des illusions de changement.

Yvon est un peu craintif quand il accepte de participer à deux grands événements socioculturels. En juin 1975, il sera des célébrations de la Saint-Jean avec Louise Forestier et Gilles Vigneault sur le mont Royal, dans un spectacle ayant un titre provocant pour cette fête nationaliste : *Happy Birthday-Bonne Fête.* C'est ce soir-là que Gilles Vigneault crée *Gens du pays,* chanson ayant pour but de remplacer le traditionnel *Happy Birthday.* Depuis, il est maintenant de tradition au Québec de chanter les deux lors des anniversaires. Ce qui illustre bien notre difficulté de choisir définitivement : on prend tout de crainte de se tromper.

En 1976, Yvon est du spectacle *1 fois 5* avec Claude Léveillée, Gilles Vigneault, Jean-Pierre Ferland et Robert Charlebois. Le spectacle est présenté le 21 juin au parc du Bois-de-Coulonge à Québec dans le cadre de la Semaine du patrimoine et le 23 juin sur le mont Royal à Montréal pour la Fête nationale des Québécois. Lise Payette est la marraine de l'événement. Le spectacle attire plus de cent cinquante mille personnes à Québec et près de trois cent mille à Montréal, et ce, sans compter tous ceux qui le regarderont à la télévision de Radio-Canada. Un événement historique, titrera-t-on dans les quotidiens.

Puis, le Parti québécois prend le pouvoir le 15 novembre 1976 avec quarante et un pour cent des voix et soixante et onze sièges. Mais cette élection, la troisième depuis la fondation du parti, est gagnée sur la promesse d'être un bon gouvernement, qui tiendra un référendum sur la question nationale au cours de son mandat. C'est la vision étapiste de l'accession à la souveraineté.

Chez les nationalistes, l'élection du Parti québécois crée l'espoir de la naissance d'un nouveau pays au cours du premier mandat de ce gouvernement. À tout le moins, on a la certitude que tout sera en place pour réaliser la souveraineté pendant le second mandat. Déjà au cours de l'année 76, l'affrontement entre le gouvernement fédéral et l'Association des gens de l'air démontre la précarité du français dans les entreprises sous juridiction fédérale.

Au soir du 15 novembre 1976, une euphorie totale règne au centre Paul-Sauvé. René Lévesque affirme sa fierté à la suite de l'élection de son parti : « Jamais... je n'ai jamais pensé que je pourrais être aussi fier d'être Québécois ! » Et Lévesque poursuit sa déclaration : « On n'est pas un petit peuple, on est peut-être quelque chose comme un grand peuple. » Ceux qui sont dans la salle croient fermement qu'ils viennent de choisir un pays, alors que, dans les faits, ils ont tout simplement élu un parti qui a promis d'être « un bon gouvernement » et de tenir un référendum plus tard.

Yvon ne restera pas indifférent aux deux phrases historiques prononcées par René Lévesque. Dans son spectacle de 1977, il présente le monologue *La fierté d'être Québécois*, écrit quelques mois après l'élection du 15 novembre 76. Il ne faut pas oublier que ce monologue est présenté au moment de l'adoption par le gouvernement Lévesque de la loi 101, qui affirme la primauté du français au Québec.

Naturellement, les spectateurs s'attendent à ce qu'Yvon aborde le sujet de l'élection du Parti québécois qui a eu lieu moins d'une année auparavant. En entrant en scène, il demande s'il s'est produit un événement important au cours de la dernière année. Évidemment, la salle crie le 15 novembre. Mais le monologuiste a une autre date en tête : le 28 juillet, journée où il a neigé dans le parc des Laurentides. Finalement, il aborde la journée du 15 novembre et il pose la question : « Êtes-vous fiers d'être Québécois ? » Et là, le personnage s'engage dans une description de tout ce qui le rend fier : il est fier parce qu'il a l'air fier, parce qu'on le remarque dans la rue, il est fier parce que les Québécois ont conservé leur âme de défricheurs, de bâtisseurs, de coureurs des bois. En d'autres mots, il dit qu'ils ont conservé « leur âme de colon ». Le personnage est fier parce qu'il est fier d'être Québécois.

Par la suite, le personnage comptabilise le nombre de vrais Québécois. Ici, il fait une trouvaille remarquable qui passe inaperçue pour la majorité des spectateurs :

« On est six millions au Québec, mais on n'est pas six millions de Québécois. Si t'enlèves les 20 % d'Anglais, les 10 % d'émigrés, les 30 % d'bandits pis les 40 % de crottés, on est rien qu'une p'tite gang.

« Moi, j'le sais, c'est ma gang à moé. Nous autres, on est des vrais, vous devriez nous voir le soir, su'notre terrasse, toute la gang, tsé, on prend un coup. »

Ici, Deschamps revient à la notion de peuple sans identité. En soustrayant tous ceux qui ne sont pas de vrais Québécois, on arrive au chiffre zéro. « T'es pas Québécois parce que tu parles français », affirme-t-il. Finalement, tu es Québécois parce que « tu veux tout ».

> « Ce qui revient à dire qu'un vrai Québécois, c't'un communiste de cœur, c't'un socialiste d'esprit, c't'un capitaliste de poche. »

> « Le vrai Québécois vote pour les libéraux au fédéral et pour le P.Q. au provincial parce que le vrai Québécois sait qu'est-ce qu'y veut. Pis qu'est-ce qu'y veut, c't'un Québec indépendant dans un Canada fort. »

Dans *Le Devoir* du 11 octobre 1977, Nathalie Petrowski écrit :

> « Dans *La fierté d'être Québécois,* on retrouve le personnage plutôt réactionnaire, un tant soit peu raciste qui a fait la gloire de Deschamps : le Québécois moyen, innocent sur les bords, qui se fait avoir malgré lui. C'est dans ce monologue-là que se trouvent les meilleures plaisanteries et les plus grandes vérités. Deschamps procède par contradictions, frôle les paradoxes, fait appel aux évidences les plus évidentes qui finissent par en devenir absurdes. En même temps, il fait le procès des agences de publicité qui se sont littéralement jetées sur le concept du Québécois pour mieux pousser le monde à la consommation. À une époque où la fierté d'être Québécois se fait récupérer à droite comme à gauche, Deschamps arrive on ne peut plus à point. »

Dans *Nous,* numéro d'octobre 1977, René Homier-Roy écrit :

« Car s'il nous fait rire, il nous égratigne aussi, il nous fait réfléchir, et nous rendre compte parfois des ridicules dans lesquels on glisse sans le savoir. Comme, par exemple, notre fierté d'être Québécois. Il y a dans son spectacle de cette année, un monologue d'une effroyable lucidité là-dessus. Or, pour s'attaquer ainsi à cette chose fragile - et neuve - il faut un certain courage. Et une immense sensibilité. »

Dans ce monologue, Deschamps annonce des débats à venir pour la collectivité québécoise : devons-nous acheter « fabriqué au Québec » ? Qu'est-ce qu'un Québécois de souche ? Sommes-nous une grande nation ? Est-ce vrai qu'ici « maintenant, ça se passe en français » ? Qu'est-ce que la réussite économique et sociale ? La solidarité existe-t-elle au Québec ? Que voulons-nous et le voulons-nous vraiment ?

Des questions exigeantes, aussi le personnage de Deschamps trouve-t-il qu'on lui en demande trop.

« Tu viens pour t'acheter une table québécoise : 400 piastres. Un Japonais ou ben un Américain va t'vendre la même pour 125. T'as beau être fier, t'es pas fou. [...] Moé, chus fier, c'est assez. Moé, chus fier de qu'est-ce que chus, comme que chus, comme que j'pense, comme que j'parle. C'est déjà pas facile. Si y faut en plus penser québécois, parler québécois, acheter québécois, j'trouve que c'est trop nous demander.

« Ça nous a pris 300 ans pour être fiers. Qu'y nous donnent un *break*. Dans 300 ans, on fera peut-être d'autres choses. »

Yvon est un nationaliste qui doute du désir profond des Québécois de s'engager dans la réalisation d'une véritable indépendance politique, économique et culturelle.

PARTIE 3

*De la consécration à l'usure
(1976 - 1985)*

Les grandes étapes

Une vie familiale intense

Des spectacles majeurs et des spectacles difficiles

En route vers les États-Unis

Le malaise de la richesse

L'importance du partage

L'échec du référendum de 1980

Les difficultés de la vie

En route vers la France

La déprime culturelle

La présence et l'absence

1

Une nouvelle vie

L'année 77 s'annonce bien pour Yvon. Pour lui, la vie se déroule en cycles de dix ans. En 1958, il abandonne son emploi à Radio-Canada pour devenir acteur. En 1968, après ses difficultés financières dans l'aventure de la restauration, il crée *L'Osstidcho* avec Mouffe, Louise Forestier et Robert Charlebois. Ce spectacle fait qu'il deviendra le monologuiste à succès qu'il est aujourd'hui.

Le 18 février 1977 a lieu la première du film *Le soleil se lève en retard* d'André Brassard, sur un scénario de Michel Tremblay avec une musique de Beau Dommage. Yvon est fier d'avoir collaboré à cette œuvre de Tremblay. Il se rappelle aussi la manière qu'a Brassard de mettre en scène : il est attentif à la fois à l'œuvre et aux comédiens tout en laissant une latitude suffisante à ces derniers.

En juin, avec notamment Jean Bissonnette et Roger Fournier, Yvon collabore à la production du documentaire *25 ans de rire* pour Radio-Canada. Ce film sera présenté lors d'émissions spéciales pour le vingt-cinquième anniversaire de la société l'automne suivant. Yvon trouvera là l'occasion de refaire le parcours historique de l'humour au Québec. Il constate que durant les années 50, l'humour était fortement inspiré d'une certaine tradition française. À la fin de la même décennie, il était de plus en plus québécois.

Mais Yvon remarque aussi que la société Radio-Canada a jeté des chefs-d'œuvre de l'humour et n'a conservé que quelques extraits de certaines émissions. Maintenant, il comprend mieux l'insistance de Guy Latraverse, qui *tape* pratiquement tout ce que fait Yvon.

La vie commune reprend avec Judi. Ils seront parents au début de l'année 78. Yvon est bien conscient qu'une nouvelle vie se profile à l'horizon, mais il n'en connaît pas toute la portée. Au cours des dix dernières années, c'est le travail et l'engagement social qui ont dominé sa vie. La frénésie du travail a contribué à atténuer les difficultés dans sa vie personnelle. Le succès a aussi de l'importance pour Yvon, non pas parce que ce dernier est devenu une grande vedette, mais parce qu'il constitue une façon de reconnaître «que ce qu'on a fait, ç'a un certain mérite».

Malgré tout ce succès, Yvon est resté un homme simple et sans prétention. Son entourage confirme qu'il ne joue pas à la vedette et qu'il se considère «comme un gars ben ordinaire», pour reprendre le titre d'une chanson de Mouffe écrite pour Charlebois. Un gars ordinaire qui, souvent, lui aussi «a le goût de ne plus rien faire». Un gars qui aimerait vivre pour le simple plaisir de vivre. Un gars qui maîtriserait son angoisse permanente en trouvant une réponse satisfaisante au sens de l'existence terrestre. Un gars qui savourerait tout bonnement la vie parce qu'elle est la vie.

Au fond, Yvon aimerait avoir autant d'aisance dans la vie qu'il en a sur une scène. Bien sûr il est angoissé quand il prépare un spectacle, parce qu'il se met toujours dans une situation de déséquilibre, parce qu'il veut étonner sans cesse tout en innovant sur la forme. Mais cette tension est créatrice, elle n'a rien de commun avec son angoisse existentielle.

Cette tension créatrice disparaît dès qu'il est sur scène avec le produit de son imagination. Alors, il a la capacité de modeler ce produit selon les réactions propres à chaque salle. Il joue avec la salle tout en allant chercher chaque spectatrice, chaque spectateur.

Les changements dans sa vie personnelle permettent à Yvon de préparer son spectacle de l'automne 77 avec une certaine sérénité. Pour lui, la situation diffère beaucoup de celle qu'il a connue pour ses deux précédents spectacles. Le spectacle de 75 avait été écrit dans la crainte que les spectateurs ne reviennent pas, à cause des difficultés qu'il avait éprouvées avec celui de 73 : Yvon s'y était mis totalement à nu, comme le mentionne Guy Latraverse, mais le problème « c'est que les spectateurs ne le savaient pas ; alors, ils ne comprenaient pas pourquoi il était si dur, voire si cruel ». Heureusement, en 1975, Yvon avait eu les critiques les plus élogieuses de sa carrière. Pour lui, c'était rassurant parce qu'il prenait conscience que ce qu'il disait avait encore du sens pour les autres.

Dans le spectacle de 77, Yvon trouve un équilibre entre les thèmes propres à l'époque, comme la fierté du Québécois, la violence faite aux femmes, les thèmes issus de la mentalité conservatrice des Québécois, comme la volonté de devenir un homme, et les thèmes plus universels tels que le temps, la vieillesse et la mort. Pour ce spectacle, Gilles Vigneault lui écrit un texte sur la mort qui est mis en musique par Gaston Rochon. Aux yeux d'Yvon, *Berceuse pour endormir la mort* est une magnifique chanson qui exprime bien sa propre émotion. Le spectacle est très coloré et la musique y occupe une place importante. Yvon joue même de l'accordéon, comme il le faisait avec Claude Léveillée. Dans ce même spectacle, il crée un monologue à répondre.

À partir du 24 août, Yvon rode son nouveau matériel au Patriote de Sainte-Agathe. À raison de six soirs par semaine, le spectacle débute le 5 octobre à la Place des Arts. Yvon donne cent deux représentations dans cette salle. Le 18 janvier 1978, quatre jours après la naissance d'Annie, on fête la centième représentation. Dans les faits, c'est la cent trente-cinquième représentation, puisqu'il y a eu celles du Patriote et d'autres en province.

L'équipe de Latraverse réserve plusieurs surprises à Yvon pour ce soir important dans les annales du spectacle au Québec. En pleine représentation, une vingtaine d'amis artistes montent sur scène, Vigneault en tête, pour entonner : « Mon cher Yvon, c'est à ton tour de te laisser parler d'amour ». Ébranlé, Yvon poursuit tout de même son spectacle en y mettant toute son âme jusqu'à la chanson finale *Berceuse pour endormir la mort*. Au moment où il quitte la scène, la ministre Lise Payette y pousse un immense gâteau d'anniversaire. La fête se poursuit. Dans un petit discours de circonstance, Lise Payette rappelle ses origines communes avec Yvon : « Vous avez devant vous ce qu'il est convenu d'appeler deux *bums* de Saint-Henri ; c'est comme ça que les gens de Westmount nous appelaient avant qu'ils partent. L'un est devenu ministre des Institutions financières et l'autre une institution financière qui s'engage à ne pas déplacer son siège social ! » Ensuite, Guy Latraverse remet en cadeau à Yvon un landau du début du siècle pour souligner la naissance d'Annie et la centième représentation. Et une pluie de ballons tombe du plafond.

En retournant à la maison, dans un Montréal enneigé par la deuxième tempête en quatre jours, Yvon revoit les Gilles Vigneault, André Gagnon, Dominique Michel, Paul Buissonneau, Clémence Desrochers, Diane Dufresne, Jean-Louis Roux, Louise Latraverse, Jacqueline Barrette, Jacques Perron et les autres. Certains le côtoient depuis près de vingt ans dans ce milieu, d'autres depuis qu'il fait des monologues. « Oui, le *bum* de Saint-Henri a fait du chemin en vingt-cinq ans », se dit-il en entrant dans sa maison de Westmount.

En revenant vivre ensemble et en décidant de fonder une famille, Judi et Yvon ont mis cartes sur table. Il n'est pas question que Judi abandonne sa carrière, pas plus qu'Yvon d'ailleurs. Mais ils ont fait le pacte que tout serait mis en œuvre pour que la petite Annie ne manque de rien, surtout pas de leur présence. Le reste n'est que de la planification, se disent-ils. Ils ont les ressources matérielles largement suffisantes pour bien entourer Annie en engageant une *nurse*, comme le dit Yvon, qui préfère ce terme à celui de gardienne « même si cela fait plus bourgeois ». Il leur faut maintenant harmoniser leur emploi du temps. Tous deux pensent à de longues vacances au début de l'été 78, afin de se reposer d'un hiver et d'un printemps fort occupés.

Pour Yvon, la vie quotidienne avec un enfant est une découverte. Habitué à une vie passablement décousue, il trouve un plaisir certain dans la régularité du quotidien. Il s'en étonne même. La maison n'est plus un lieu de passage, elle est habitée, à cause de la présence de l'enfant. Yvon a de plus en plus le goût d'être chez lui.

Mais la grosse machine artistique est en marche. Il est de plus en plus difficile de descendre du train. Certains jours, Yvon le voudrait, mais finalement la raison l'emporte : « Il serait fou de laisser tomber quand tout marche si bien, quand le monde apprécie ce que je fais. » En outre, Yvon se sent de mieux en mieux entouré. Les Guy Latraverse, Jean Bissonnette, Bernard Spickler, Jean-Claude Lespérance, Robert Vinet, Thérèse David et Libert Subirana sont des collaborateurs réguliers qui voient à la bonne marche des affaires artistiques et personnelles d'Yvon.

Au cours de cette année 1978, un projet important naît : Yvon veut produire un film humoristique avec Jean Lapointe. Il prévoit le tourner en mai 79 en français et en anglais. Yvon consacre plusieurs semaines à l'écriture d'un scénario qu'il soumet régulièrement à Lapointe. Yvon aime cette connivence dans la préparation d'un projet. *Quand est-ce qu'on viendra riche si on travaille tout le temps* raconte l'histoire de deux gars ordinaires, deux beaux-frères sans le sou qui veulent faire de l'argent en inventant quelque chose. Gilles Lacaille et Jean-Guy Tremblay sont propriétaires d'un *repair shop* dans un quartier populaire de Montréal. Gilles est aussi inventeur, tandis que Jean-Guy est son manager et promoteur, mais ce dernier est également un joueur invétéré qui ne déteste pas prendre un petit verre tout en courtisant Diane, une danseuse nue. La femme de Gilles, Liette Tremblay Lacaille, est institutrice dans une école primaire. Entre elle et Gilles, les choses vont plutôt mal. Elle le quitte. Son mari veut la reconquérir. Alors suivent de multiples situations loufoques pour essayer de vendre une des inventions de Gilles, tout cela sur fond de problèmes amoureux et financiers. Dans ce projet de film, Yvon incarnera Gilles tandis que Jean Lapointe jouera Jean-Guy.

En analysant les différentes versions de ce scénario, on constate qu'Yvon comme auteur n'est jamais très loin du milieu de son enfance et de son adolescence : un quartier populaire, la pauvreté, le désir d'améliorer son sort, la petite délinquance et le monde de l'invention. On se souvient que le père d'Yvon était dessinateur de projets. Il y a même une scène dans un bureau d'ingénieur qui n'est pas sans rappeler le milieu de travail du père d'Yvon, milieu dans lequel il s'est fait exploiter durant de très nombreuses années.

En même temps qu'il mène ce projet de film, Yvon pense à une comédie musicale avec Claude Meunier et Serge Fiori. De plus, il se rend à New York pour voir deux pièces qui font un malheur : *Tribute*, avec Jack Lemmon, et *Platinum*, avec Alexis Smith. Les deux projets d'adaptation de ces pièces ne se concrétisent pas. Depuis longtemps, il songe en outre à la création d'une comédie musicale à partir de la pièce *En attendant Godot* de Samuel Beckett. Pour Yvon, les idées et les projets se bousculent sans cesse dans sa tête, « mais un bon projet, c'est celui qui reste longtemps même s'il ne se réalise pas tout de suite », dit-il.

Le 17 mai, Yvon est couronné « roi de l'humour » dans le cadre du Premier Gala annuel de l'humour québécois. Au Ritz-Carlton, il reçoit une sculpture des mains du ministre québécois Rodrigue Biron. Guy Latraverse et Jean-Claude Lespérance sont retenus à Paris. Ils expédient un télégramme au Ritz-Carlton : « Félicitations au plus grand. »

À la fin de novembre, à l'occasion du lancement du disque double *Complet*, tiré de son dernier spectacle, on fête à la fois les vingt ans de carrière d'Yvon et ses dix ans comme monologuiste. Thérèse David, son attachée de presse, et Gilles Talbot, de sa compagnie de disques, avec la collaboration de Catherine Latraverse, organisent une fête un peu spéciale pour ce lancement. Les artistes sont invités avec leurs enfants à La Vieille Fabrique de Spaghetti dans le Vieux-Montréal, pour une vraie fête de famille avec théâtre de marionnettes, serpentins et ballons.

En lançant un nouveau disque, Yvon est toujours étonné par les ventes qui suivent. Plus de deux cent trente-quatre mille personnes ont vu le dernier spectacle d'Yvon, il sera présenté à la télévision à la fin de l'année et pourtant des dizaines de milliers de gens se procurent le disque.

À la demande de Jean Paré, rédacteur en chef de *L'actualité*, Yvon accepte d'écrire un conte de Noël pour les lecteurs du magazine. Dans le numéro de décembre de *L'actualité*, Paré décrit ainsi le conte *Entre deux bières*:

« Or, il nous est apparu délicieusement pervers de commander une sorte de roman à un monsieur dont ce n'est pas le métier. Inutile. Yvon Deschamps s'est pris pour un journaliste et nous fait un reportage impitoyable : sur l'air connu des hommes de bonne volonté, et en forme de cauchemar devant un verre de blonde, il nous dit que les hommes sont rarement de bonne volonté. »

Au cours du mois de décembre, le nom d'Yvon apparaît fréquemment dans les journaux : articles multiples sur le lancement de son disque, sur son éventuelle carrière aux États-Unis, sur son projet de film avec Jean Lapointe, sur la présentation en deux parties de son dernier spectacle à Radio-Canada pour Noël et le jour de l'An et sur la campagne de financement d'Oxfam-Québec.

À la fois présidée par Yvon, Jean Lapointe et Guy Lafleur, cette campagne de souscription a pour thème « J'aide ou j'aide pas ». Au cours des semaines suivantes, plusieurs journaux comparent les salaires de Lafleur et de Deschamps en se demandant lequel des deux est le mieux payé. Thérèse David doit émettre plusieurs communiqués pour confirmer, nuancer ou infirmer certains propos des journalistes.

Yvon pensait consacrer une bonne partie de l'année 79 à la production de son film avec Jean Lapointe. L'année précédente, il avait annoncé qu'il ne reviendrait pas à la Place des Arts avant l'automne 80 et peut-être même plus tard. Mais le projet de film est encore retardé. Jean n'est pas suffisamment disponible pour collaborer au scénario et il a des réserves à l'égard de celui d'Yvon. Il se propose d'en écrire un autre. Après, Yvon et Jean choisiront le meilleur des deux.

Yvon se met à l'écriture d'un nouveau spectacle pour l'automne 79. Il ne peut pas ignorer que c'est l'Année internationale de l'enfant. Plusieurs de ses nouveaux monologues et de ses nouvelles chansons toucheront à l'enfance, à la vie familiale, à la vie de père et à la maladie mentale. De plus, Yvon ne pourra éviter de faire un clin d'œil au référendum prévu pour le printemps suivant.

2

En route
vers les États-Unis

Depuis les débuts d'Yvon comme monologuiste, Guy Latraverse a le regard tourné vers la France. Il est persuadé qu'Yvon a une place à prendre sur ce marché. Et la France est un marché naturel pour Guy. Déjà, ce dernier produit au Québec plusieurs artistes français. Ses contacts sont nombreux, mais aucun projet ne se concrétise pour Yvon. De plus, celui-ci oppose une certaine résistance à l'idée, notamment à cause de ses thèmes et de sa langue.

Au Québec, Yvon a toujours eu un bon traitement de la part des journalistes anglophones, notamment de Marian Bruce et de Graham Fraser. Il songe donc plutôt au marché anglophone tant canadien qu'américain, mais Latraverse n'est pas vraiment intéressé. L'idée lui vient au début de l'année 76 quand il enregistre le monologue *Pépére* (*Grandpa*) pour une émission produite à Vancouver par Wayne Grigsby, monologue qu'il a traduit le plus littéralement possible. L'enregistrement se retrouve sur le bureau d'un producteur californien.

Yvon décide de sonder l'intérêt des Américains. Il demande à Pierre Rivard s'il veut s'occuper de ce projet de développement aux États-Unis. Pierre accepte, car il a envie de poursuivre sa route avec Yvon. Quelques années plus tôt, Pierre, qui n'osait pas exprimer ce désir à Yvon, lui avait écrit pour le lui communiquer. Avec Oxfam, les deux se sont apprivoisés.

Maintenant Yvon a quelque chose pour Pierre. Celui-ci est étonné parce qu'il ne connaît rien au monde du spectacle, même si la vie culturelle l'intéresse depuis longtemps puisqu'il est lui-même photographe de métier. «Tout peut s'apprendre», lui dit un Yvon décidé à entreprendre cette nouvelle collaboration. Celle-ci commence lentement au cours de l'été 1976. Mais déjà Yvon pense à une installation progressive aux États-Unis.

Au début, c'est une collaboration épisodique, selon les événements. Pierre sert d'intermédiaire entre Yvon et les Américains. Dès le 27 août, Robert Amram écrit à Pierre pour lui manifester son souhait de piloter la carrière d'Yvon aux États-Unis. Il veut miser sur la personnalité d'Yvon, sur son humour unique, sur sa philosophie et sur son personnage. Il propose même le concept d'une série télévisée humoristique basée sur l'idée d'un Canadien s'installant en Californie et qui se retrouve face à deux cultures différentes. Également, il fait miroiter des apparitions à la télévision américaine, notamment au talk-show de Johnny Carson, et un projet de film.

Au cours des dix-huit mois qui suivent, Pierre fait fréquemment la navette entre Montréal et Los Angeles pour rencontrer des dirigeants de CBS, de 20th Century Fox, de Worldstage, de Trans-American Video, de Gillin & Rowlands et de différentes agences de promotion. Partout, c'est le rire et l'étonnement, surtout en raison de la portée universelle des thèmes abordés par Deschamps et en raison de sa présence sur scène. Avec Yvon, Pierre a monté un *kit* de présentation qu'il fait circuler auprès de ses contacts.

Mais à Los Angeles, c'est la grosse machine. Pierre fait ses présentations devant des producteurs accompagnés de leur avocat et de leur responsable du marketing. Ces Américains sont aussi des gens d'affaires qui voient les immenses possibilités commerciales d'Yvon. Pour eux, son succès au Québec est phénoménal compte tenu du marché restreint. Ils ne comprennent pas qu'Yvon puisse faire jusqu'à trois cents représentations d'un même spectacle sur ce marché. De plus, la quantité de matériel d'Yvon les étonne. Il donne des spectacles d'une durée moyenne de deux heures, alors qu'aux États-Unis les spectacles dépassent rarement une heure. Même Cosby ne fait qu'une heure. Yvon a plus de quinze heures de monologues construits en fonction de la scène. Mais cela leur pose un problème. À la télévision américaine, les humoristes ont l'habitude de faire des monologues de trois ou quatre minutes. Les producteurs acceptent de jouer le jeu et Yvon participe à quelques talk-shows. Les réactions sont les mêmes qu'au Québec : on crie au génie ou on est complètement contre son humour et on le traite de fou qu'il faut sortir des ondes. Exactement la même chose se produit au Québec quand Yvon présente ses monologues à la télévision ou à la radio. Le lendemain, le diffuseur est assuré de recevoir de multiples appels d'appuis ou de protestations.

Tout comme au Québec, Yvon reçoit des demandes de participation à des causes humanitaires. L'Association de la dystrophie musculaire parrainée par Jerry Lewis et Oxfam international se manifestent.

Yvon décide de produire un album en anglais pour les marchés canadien et américain. Il loue un studio chez Son-Québec. Pierre Rivard trouve un public anglophone pour assister à l'enregistrement. Et par la suite, Paul Dupont-Hébert, de CBS-Canada, prépare une approche de commercialisation du disque, incluant la possibilité de présenter des spectacles à New York, à Los Angeles et à Las Vegas dès le mois d'avril suivant.

Au cours de l'automne 78, tout est en place pour entreprendre une vaste opération de mise en marché de la carrière d'Yvon aux États-Unis. Les dix-huit mois précédents ont permis d'explorer les diverses possibilités. À Los Angeles, Philip Gillin est le principal contact de Pierre Rivard pour harmoniser le développement de la carrière d'Yvon. Gillin est associé à une vaste boîte de production télévisuelle, de relations publiques et de services juridiques.

Tout au long de l'année 78, Gillin a soumis plusieurs projets à Yvon, entre autres : *Lyon's Share* et *Lost Children Of The United Nations*. À la lecture de ces deux synopsis d'aventure et d'humour, on se rend compte que le producteur américain a bien saisi la personnalité d'Yvon, car il lui a proposé des projets sur mesure. Le premier se passe dans un poste douanier entre La Belle Province et l'État de New York. Évidemment, de multiples aventures s'y déroulent et l'exploitation de la situation géographique est propice à l'émergence de nombreux conflits. Yvon y interpréterait le rôle d'Yvon Lyon travaillant à ce poste frontalier. Le deuxième se déroule dans une salle de conférences du Québec Hilton où des spécialistes discutent d'un mystérieux virus qui attaque les plantations de riz en Inde. Ici, Yvon jouerait le rôle d'Henri Beauchamps, un curieux délégué à ce congrès.

Au Québec, Yvon a terminé la tournée de son spectacle de 77 : plus de cent soixante-dix représentations à guichets fermés, une critique élogieuse et un succès financier sans précédent. Déjà, il réfléchit au spectacle qu'il a l'intention de présenter à l'automne 79.

Les Américains ne lésinent pas sur les moyens. Ils sont prêts à satisfaire les moindres exigences d'Yvon. Celui-ci est traité comme une grande vedette. Il veut une maison pour installer sa famille ? Cela sera fait comme il le désire. Il veut travailler « avec sa *gang* » ? Aucun problème. Mais, en retour, les promoteurs américains exigent qu'Yvon fasse une priorité de sa carrière américaine. Ils croient qu'en quatre ou cinq ans, le Québécois deviendra une énorme vedette. Maintenant, il lui faut mettre les énergies nécessaires pour obtenir la reconnaissance du public américain. Il lui faut faire le saut.

Lors de ce séjour aux États-Unis au début de l'hiver 79, Yvon prend conscience que tout est en place. L'année précédente, il avait hésité à poursuivre sa démarche, mais il avait laissé filer les événements tout en adaptant du matériel et en produisant un disque. À cette époque, il avait même annoncé, notamment à René Homier-Roy, qu'il renonçait à l'aventure américaine. Au mois de décembre, il avait fait la déclaration suivante à Nathalie Petrowski : « La question que je me pose néanmoins, c'est si aller plus loin, ça signifie recommencer à zéro ailleurs ou si au contraire, aller plus loin, c'est de te représenter pour la dixième fois devant le même public, un public qui te connaît, et réussir pour la dixième fois à le surprendre, à l'étonner. Je ne sais vraiment pas. »

Dans sa chambre d'hôtel, Yvon discute des événements de la journée avec Pierre. Celui-ci sent dans le regard d'Yvon qu'il se passe quelque chose. « Qu'est-ce qu'on fait ici quand notre vie est à Montréal ? » lui lance Yvon. La décision est prise. Yvon ne fera pas carrière aux États-Unis. Il pense à Judi et à Annie qui sont à Montréal. Il prend conscience que sa famille est plus importante que tout.

Il se rend compte que s'il avait accepté de commencer sa carrière aux États-Unis au cours de l'année 76, comme on le lui avait proposé alors, il n'aurait pas repris la vie commune avec Judi et Annie ne serait pas là aujourd'hui. Et il n'aurait pas de famille, « du moins pas celle que j'ai présentement ».

Mais il y a plus. Yvon ne voit plus d'intérêt à tout recommencer à zéro, à se faire connaître d'un nouveau public et à accepter toute l'abnégation que cela exige. «Même si on m'offre un traitement royal, il me faut tout recommencer pareil», se dit-il. Pendant plus d'une année, Yvon a donc mijoté l'abandon d'un projet qu'il a lui-même entrepris.

Yvon a aussi une crainte à l'égard du Québec. Au milieu des années 70, la québécité et l'américanisme ne font pas bon ménage chez certaines élites politiques et intellectuelles. Déjà, il a reçu plusieurs lettres l'accusant de renier son pays, le Québec, en voulant faire carrière en anglais. Yvon n'est pas très sensible à ces arguments, mais il ne peut s'empêcher de penser que c'est le public québécois qui est son premier public.

Yvon et Pierre reviennent à Montréal et ferment les livres. Pierre revoit assez souvent Yvon parce qu'il travaille à la pige, notamment pour Guy Latraverse. Avec cette expérience, Pierre a mieux connu Yvon : «J'ai appris comment il était dans la vie. Ça arrête, ça arrête. S'il doit y avoir autre chose, il y aura autre chose. C'est comme ça et ça me convient très bien. »

3

Le malaise
de la richesse

« Quand nous avons acheté la maison à Westmount, nous étions capables d'acheter finalement n'importe quelle maison, nous en avions les moyens. Mais je n'étais pas capable, donc on en a acheté une en dessous de nos moyens », déclare Yvon.

Depuis 1977, Yvon et Judi sont propriétaires d'une maison à Westmount. Ils possèdent un vaste domaine dans les Laurentides. Ils roulent en Mercedes de l'année. Yvon a des placements qui lui assureront des revenus sur une longue période en cas de malchance et il a des investissements dans quelques entreprises. Sa propre carrière va bien et son spectacle de l'année contribue à enrichir le patrimoine familial. Les offres mirobolantes qu'il reçoit des États-Unis sont attirantes et elles représentent de beaux défis. Et, de plus, la carrière de Judi est en pleine expansion.

Pour un p'tit gars de Saint-Henri qui n'a jamais gagné plus de quatre mille dollars par année avant le début des années 70, c'est un revirement total de situation. Au moment de *L'Osstidcho*, il couchait souvent sur un matelas au Quat'Sous parce qu'il n'avait même pas d'appartement. En moins de dix ans, Yvon s'est construit une sécurité financière sans que ce soit vraiment un but. Pour lui, l'argent est venu parce qu'il est venu.

«Moi, je n'ai pas de problème à dépenser. J'aime les belles choses, les vieux meubles, les voitures anciennes, les peintures. Tout ça coûte cher. Mais il y a des limites à dépenser. Quand tu as tout et que tu te retrouves avec cinq cent mille dollars à la banque, ça c'est difficile. Il y a des limites à dépenser pour dépenser. Moi, je le prends pas.»

Un moment, il songe à arrêter de travailler pour ne pas en accumuler davantage. Mais Yvon se connaît de mieux en mieux. Il sait bien qu'un tel arrêt aurait des effets pervers. Il risque de se replier sur lui-même. Et c'est le retour des grandes angoisses existentielles. Yvon a besoin de savoir qu'il doit gagner sa vie, sinon «moi, je ne fais rien, absolument rien».

Yvon vit une situation paradoxale. Cela le trouble profondément tout au long de l'année 78, année au cours de laquelle il investit temps, énergie et argent dans le projet de carrière aux États-Unis.

Anna, la mère d'Yvon, est une personne qui chicane son plaisir en le verbalisant souvent agressivement et maladroitement. Yvon a souvent souffert de cette situation et il ne veut pas la faire vivre aux siens. Lui, il chicane son plaisir par l'intérieur, en triturant cérébralement le problème dans tous les sens. Il s'en ouvre un peu à Guy Latraverse, mais surtout à Judi, qui observe que son Yvon est de plus en plus songeur.

Judi, en femme directe, n'aime pas tourner autour d'un problème pendant des années. À la suite d'une discussion sur le sujet avec Yvon, elle lui dit : «Écoute, empêche-toi pas d'être ce que tu es artistiquement. Si ça te rend malheureux d'avoir autant d'argent, alors règle ton problème et donne-le.» Et c'est ce que fera Yvon avec l'aval de Judi.

Après quelques mois de réflexion et de consultation, Yvon trouve la structure qui convient à ce qu'il veut faire.

Progressivement au cours des deux années suivantes, la Fondation Yvon Deschamps démarre sur des bases peu orthodoxes. Habituellement, une fondation possède un capital et elle se sert des intérêts pour financer des projets conformes à sa mission. De plus, une fondation peut avoir des dépenses de fonctionnement, alors qu'un individu ne peut les comptabiliser selon la loi de l'impôt. Autrement dit, un individu ne peut prétendre qu'il a engagé des dépenses pour faire la charité. Seul le don est déductible de ses revenus personnels, et ce, jusqu'à la hauteur de vingt pour cent du revenu imposable.

Yvon veut partager l'argent qu'il gagne et non pas les intérêts d'un capital investi. La fondation utilise le capital qu'Yvon lui donne. Il est le seul à y mettre de l'argent. La fondation se consacre exclusivement aux personnes handicapées physiques ou mentales. Le capital doit servir strictement à payer des factures pour des biens ou des projets concrets et durables qui ne peuvent pas être financés par les voies habituelles. En aucun cas, il ne doit être utilisé pour financer les opérations courantes d'une association ou pour payer un déficit. De plus, la fondation ne doit pas avoir de dépenses de fonctionnement, le capital servant entièrement au financement des projets. Et, finalement, les projets sont acceptés par au moins quatre des cinq membres du conseil d'administration de la fondation composé de Robert Vinet, d'Yvon Martineau, de Gilles Talbot (remplacé plus tard par Camille Goodwin), de Judi Richards et d'Yvon Deschamps. Ces fiduciaires choisissent les projets et assurent un suivi après le financement pour vérifier l'utilisation des fonds.

Yvon joue de prudence en établissant les règles de fonctionnement de sa fondation. Il veut pouvoir répondre à la critique de ceux qui prétendraient qu'il cherche à se faire de la publicité personnelle à même l'impôt. C'est Jean Béliveau qui l'a conseillé, lui-même ayant une petite fondation dans laquelle il a injecté l'argent qu'il a reçu quand il a quitté le hockey professionnel. Lors d'une rencontre entre Robert Vinet, Yvon et Jean Béliveau, ce dernier lui donne le conseil suivant : « Ne prends pas de chances, paie des factures, point. Faut que ça soit précis. Une facture correspond à ce que tu acceptes de financer. Et surtout ne te mêle pas de renflouer des organismes en investissant dans les fonds généraux. Il n'y aura pas de traces de ta contribution. »

À partir de ce moment, Yvon a toujours été fidèle aux règles de base de sa fondation. La première année, la fondation reçoit des centaines de demandes, surtout à cause de la publicité faite lors de sa création. Avec le temps, les administrateurs de la fondation constatent qu'entre dix et vingt pour cent des demandes sont acceptables compte tenu des règles strictes qui guident leur analyse. Rapidement, les cinq cent mille dollars de capital sont épuisés. Par la suite, Yvon investit dans la fondation au fur et à mesure que les projets sont acceptés. En réalité, il fournit selon les besoins, toujours dans l'idée de partager ses revenus.

À l'origine, Yvon ne veut pas créer un fonds qui va rester après lui. Il veut partager de son vivant ses revenus annuels en tenant compte des hauts et des bas normaux d'une vie.

« Si à 70 ans, moi j'ai donné un million de dollars, c'est plus important que de dire que je vaux un million de dollars. Quand tu viens de Saint-Henri, tu sais… J'essaie de partager un peu toujours. C'est pas énorme quand on considère tout l'argent qu'on gaspille dans une vie. Surtout les années où tu gagnes beaucoup. C'est effrayant de gaspiller des centaines de milliers de dollars avec des maudites niaiseries. C'est de l'argent qui s'envole. C'est ridicule. Au moins là, ça a servi à du monde, à beaucoup de monde en plus.

« Mettons que ça sera quelque chose que je mettrai dans la colonne des choses positives de ma vie, quand je vais me bercer sur la galerie à 80 ans. »

Pour Yvon, ce montant d'un million est symbolique, mais il exprime bien l'importance chez lui de la valeur du partage. Yvon a beau être un solitaire dans l'âme, il n'est pas un individualiste. Il est sensible aux problèmes des autres, notamment des plus démunis. Certes, il ne veut pas se laisser envahir par ces problèmes, mais il croit « nécessaire de faire sa petite part tout en n'attendant rien en retour ». Pour lui, l'argent est une ressource comme les autres et chacun a la responsabilité de décider de ce qu'il fait avec le sien.

La création de la Fondation Yvon Deschamps ne fait pas l'unanimité. Fort de son expérience personnelle, Jean Béliveau a vu juste. Malgré les critiques fréquentes, Yvon maintient le cap.

Encore une fois, Yvon est proche de l'air du temps en dédiant sa fondation au soutien exclusif des personnes handicapées physiques ou mentales. À la même époque, le gouvernement du Québec adopte la loi assurant l'exercice des droits des personnes handicapées, loi qui aboutira à la création de l'Office des personnes handicapées.

La création de la Fondation pose une question délicate relativement à la disposition d'une somme aussi importante venant du patrimoine actuel et futur d'Yvon. Ne serait-il pas préférable qu'il aide ses proches avant de soutenir d'autres personnes qui n'ont pas de liens familiaux avec lui?

Pour Yvon, la question ne se pose pas puisqu'il aide déjà directement ou indirectement sa famille immédiate, c'est-à-dire ses parents et ses frères. Dans les faits, il aide ses parents depuis le début des années 70. Quand Avila a pris sa retraite, il a exprimé le souhait de s'installer dans un chalet loué à l'île Perrot. Il adorait l'eau, alors c'était un endroit idéal. Avec l'aide d'Yvon, le chalet a été acheté et il a été rénové pour qu'il puisse être habitable à l'année. Quelques années plus tard, les parents visitent leur fils Denis qui vient de s'acheter une maison à Lachine. Ils voient une maison à vendre dans le même secteur. Un matin, Anna téléphone à Yvon pour lui dire qu'ils aimeraient l'acheter afin de se rapprocher de leurs petits-enfants. Yvon fait le nécessaire pour qu'ils en deviennent les propriétaires. Pour Avila, ces années passées près de ses petits-enfants seront les plus belles de son existence, dira-t-il à Yvon un peu plus tard.

Les parents d'Yvon n'ont pas d'immenses besoins, mais il s'assure toujours qu'ils ne manquent de rien : «Toute ma vie, tout ce que je faisais, c'est que je leur donnais assez d'argent pour savoir que, mettons à Noël, au jour de l'An, une couple de mille de temps en temps, pour être sûr qu'ils ne manquent jamais de rien, qu'ils avaient de l'argent en banque, toujours prendre soin, de voir s'il n'y avait pas quelque chose qu'ils aimeraient particulièrement. »

«C'est la même chose pour mes frères. Je les ai logés, je les ai aidés à s'acheter une maison. Je veux dire que j'ai été près de ma famille avant tout. Donc je ne pense pas que personne a à redire quoi que ce soit. » Évidemment, Yvon aurait pu donner tout cet argent dit superflu aux membres de sa famille, mais cela n'aurait pas été correct, «chacun devant faire l'effort de faire son bout de chemin », se dit-il.

De toute manière, au cours des années suivantes, Yvon aura l'occasion d'aider les siens encore plusieurs fois, souvent sur de longues périodes.

4

Le référendum
de 1980

Avant tout, René Lévesque s'est engagé à gérer selon les règles d'un bon gouvernement, malgré la situation économique qui laisse déjà présager des lendemains difficiles. À Québec, il reste beaucoup à faire « pour préparer le grand soir ».

Dès 1977, le gouvernement péquiste adopte trois lois majeures : celle sur le financement des partis politiques, celle sur l'assurance-automobile et, finalement, celle de la Charte de la langue française (loi 101). Cette dernière est décriée par les anglophones qui mandatent Alliance-Québec pour la contester.

Au cours de cette même année, l'Union des écrivains québécois est fondée et Jacques Godbout en devient le premier président. L'écrivain et nationaliste Hubert Aquin se suicide à Montréal. Denis Monière publie *Le développement des idéologies au Québec*. Monique Mercure obtient le Grand Prix d'interprétation à Cannes pour son rôle dans *J.-A. Martin, photographe*. Ailleurs, c'est le décès d'Elvis Presley. *La guerre des étoiles* de George Lucas sort en salle et fait un malheur à l'échelle planétaire. Steve Jobs présente son premier ordinateur personnel, le Apple II, ordinateur convivial qui marquera le monde informatique en provoquant une guerre des normes sans précédent avec IBM.

En 1978, avec une majorité écrasante, Jean Drapeau est réélu maire de Montréal. La population n'a pas souvenir de sa promesse faite en 1970 de réaliser des olympiades auto-financées. Pendant ce temps, Thomas Galt, le président de la compagnie d'assurances Sun Life, annonce le déménagement de son siège social à Toronto. Des manifestations s'organisent et on lance un appel au boycottage de la compagnie. Le gouvernement québécois vote deux nouvelles lois : l'une sur la protection du territoire agricole et l'autre assurant l'exercice des droits des personnes handicapées.

Denise Boucher provoque un scandale à Montréal en faisant jouer sa pièce *Les fées ont soif*. Les intégristes religieux catholiques multiplient les manifestations et les déclarations pour dénoncer « cette pièce immorale et sacrilège ». En Guyane, Jim Jones, fondateur de la secte Le Temple du Peuple, entraîne plus de neuf cents de ses fidèles dans un suicide collectif. À Rome, le Polonais Karol Wojtyla est élu pape du monde catholique et il prend le nom de Jean-Paul II. Pendant l'été, on inaugure le premier Festival international de jazz de Montréal, mais c'est la musique disco américaine et anglo-saxonne qui est à la mode chez les Québécois.

En 1979, Joe Clark fait élire à Ottawa un gouvernement conservateur minoritaire. La commission Pépin-Robarts publie son rapport, qui propose quelques solutions pour réviser la constitution canadienne. Alliance-Québec réussit à faire invalider certaines parties de la loi 101 par la Cour suprême du Canada, qui la déclare inconstitutionnelle. Ce jugement devient un argument supplémentaire pour les nationalistes qui veulent démontrer que le fédéral nuit à la protection du fait français au Québec.

Québec est aux prises avec une nouvelle grève dans le secteur public et parapublic qui vient ternir la promesse d'une paix sociale faite par « le bon gouvernement ». Les syndicats profitent de l'imminence du référendum sur la souveraineté pour obtenir des gains appréciables. En 1982, par de multiples décrets, la plupart de ces gains seront retirés aux syndicats par le même gouvernement. Toujours en cette année 79, le gouvernement québécois adopte la loi sur la protection de la jeunesse et une autre sur la santé et la sécurité au travail.

À la Baie-James, René Lévesque inaugure la nouvelle centrale LG-2 qui illustre le génie québécois dans le domaine hydroélectrique. Jacques Parizeau annonce la création de la Société nationale de l'amiante en pensant qu'il s'agit du nouvel eldorado québécois.

Par ailleurs, l'Acadienne Antonine Maillet obtient le prix Goncourt pour son roman *Pélagie-la-Charrette*. Pour sa part, Anne-Claire Poirier signe le film *Mourir à tue-tête*, qui dénonce la situation troublante des victimes de viol.

À la fin de 1979, le gouvernement péquiste croit que la table est maintenant mise pour procéder au référendum sur la souveraineté. Mais il n'a plus vraiment le choix. Il est pratiquement à la fin de son mandat et il doit tenir promesse. L'Assemblée nationale accepte une question référendaire qui demande à la population d'accorder au gouvernement le mandat de négocier un nouvel accord constitutionnel basé sur l'idée de la souveraineté du Québec associé économiquement au reste du Canada. Le Parti québécois lance un vaste appel à la mobilisation générale pour gagner le référendum prévu pour le 20 mai. Évidemment, il sollicite les artistes pour appuyer le « oui ».

Réunis par Jean Duceppe, une vingtaine d'artistes acceptent de manifester publiquement leur adhésion au projet de souveraineté-association du gouvernement. Lors d'une conférence de presse tenue le 27 décembre 79 pour souligner cet appui, Hélène Loiselle lit une déclaration émanant du groupe. Jean Duceppe précise qu'il s'agit «d'un engagement public d'un groupe de personnalités bien connues mais qu'il ne saurait être question d'une forme d'action collective au cours de la campagne référendaire». Yvon est du nombre. De plus, il travaillera activement au sein de la Fondation des Québécois pour le OUI, laquelle organise une campagne de financement.

Yvon sait bien que son adhésion à la cause du «oui» peut être utilisée d'une manière biaisée. Dans plusieurs entrevues, il précise qu'il dira «oui» à la question référendaire, mais que cela ne signifie pas un appui aux politiques du gouvernement du Parti québécois. Pour lui, il s'agit de deux choses tout à fait différentes.

Yvon rédige un communiqué pour éviter les confusions possibles et pour dépolitiser le mouvement référendaire : «Mon OUI au référendum». Afin de saisir son évolution politique, il est important de présenter intégralement le communiqué diffusé et de souligner une nuance avec la copie manuscrite de ce dernier :

> «Si nous retournons en arrière et si nous regardons un peu notre histoire, il n'est pas difficile de faire une distinction nette entre notre façon de vivre, notre culture et celles des autres provinces. Nos pères de la confédération, aussi curieux que cela puisse paraître, avaient un but légitime et une vision assez intègre d'une association entre dix provinces, avec un gouvernement central relativement indépendant des volontés et aspirations de ces provinces.
>
> «Le problème, c'est qu'au fil des années, ce gouvernement central s'est détourné de son objectif premier et s'est approprié jusqu'à la plus petite parcelle de volonté de gérance des dix gouvernements provinciaux. Le gouvernement central du Canada a voulu

nous assimiler mais s'est heurté à un problème d'identité, de culture et de langue.

« Le fait de dire OUI aujourd'hui à une demande de négociation d'une Souveraineté-Association avec le reste du Canada est finalement une suite logique de notre histoire. C'est NORMAL pour un pays qui possède ses propres assises linguistiques et culturelles d'être souverain, tout en créant une association économique qui serait bénéfique pour le Québec et le Canada tout entier.

« Le problème que nous vivons actuellement, c'est la lutte PARTISANE pour un mouvement qui est SOCIAL ou INTRINSÈQUE À NOTRE MODE DE VIE. Non seulement le OUI que je représente vient du fond du cœur et de mon histoire, je trouve AMORAL cette guerre partisane qui détourne le sens fondamental de la question. C'est une affaire d'individus, et non de parti politique. Dans le mouvement qui nous occupe, il ne faut pas déplacer le fond du problème. On ne joue pas, même politiquement, avec l'identité d'un peuple. On le vit en tant que personnes humaines.

« Il n'est pas question pour moi de faire de la politique, et je ne suis membre d'aucun parti. Je pense surtout à un héritage pour mes enfants et à la prise en main de notre peuple.

« Si nous retournons en 1967, plus précisément en regardant les conclusions de la Commission Laurendeau-Dunton, nous nous apercevons que le référendum est une réalité qui était presqu'écrite d'avance.

« En 1967, conclusions de la commission :

• au Québec, ceux qui avaient les revenus les plus élevés étaient des Anglais unilingues ;

- les Français unilingues étaient les moins favorisés au niveau des revenus annuels;
- les Québécois étaient au treizième rang de l'échelle monétaire de tous les Canadiens même après certaines ethnies.
- Conclusion : le Québec devrait devenir une province française.

« Et nous arrivons à ce point tournant, treize ans après, en tant que souverains de notre mode de vie.

« Si en 1977, j'ai créé le monologue *La fierté d'être Québécois* dans lequel je lançais cette petite phrase sous forme de boutade "un Québec indépendant dans un Canada fort", je me rends compte à quel point cette phrase est maintenant devenue la volonté de beaucoup d'individus. »

(Yvon Deschamps. Communiqué de presse diffusé en janvier 80.)

Dans ce communiqué, on reconnaît bien le fatalisme d'Yvon quand il présente l'accession à la souveraineté comme étant déjà inscrite dans l'histoire du Québec et du Canada. « Le référendum est une réalité qui était presqu'écrite d'avance », dit-il.

En déclarant publiquement que sa démarche n'est pas partisane, Yvon veut éviter de se métamorphoser, ne serait-ce que pour quelques mois, en politicien. Il n'y voit aucun intérêt, comme il le déclare à plusieurs journalistes, notamment à Manon Guilbert du *Journal de Montréal.*

Les journalistes ne peuvent pas s'empêcher de lier l'humour à la réalité quand ils questionnent Yvon sur son adhésion au camp du « oui ». Évidemment la boutade « un Québec indépendant dans un Canada fort » revient sans cesse à l'avant-scène. Dans un compte-rendu de la conférence de presse tenue par les artistes pour le « oui », Pierre Gravel, de *La Presse*, résume bien la pensée d'Yvon :

«Ce qui, au départ ne se voulait qu'une boutade humoristique d'Yvon Deschamps pourrait bien, selon lui, devenir une réalité politique si les OUI l'emportaient lors du référendum du printemps prochain.

«Lancée à l'origine comme une caricature de l'ambivalence des sentiments des Québécois face aux deux niveaux de gouvernement, cette formule pourrait, d'après lui, correspondre assez exactement au projet de souveraineté-association prônée par le Parti québécois : l'indépendance du Québec assortie d'une association économique qui contribuerait ultimement à renforcer le Canada tout entier. »

Mais Yvon est-il lui-même d'accord avec cette boutade ? Est-ce son désir comme Québécois ? Dans sa version manuscrite du communiqué de presse, Yvon donne un début de réponse à ces deux questions. Reprenons le texte manuscrit du dernier paragraphe du communiqué :

«Si en 1977, j'ai créé le monologue *La fierté d'être Québécois* dans lequel je lançais cette petite phrase sous forme de boutade "un Québec indépendant dans un Canada fort", je me rends compte à quel point cette phrase est maintenant devenue la volonté de beaucoup d'individus que je représente, et je le dis d'une façon publique. C'est ma façon à moi de donner mon petit coup de main à notre histoire. »

(Yvon Deschamps. Version manuscrite du communiqué de presse diffusé en janvier 80.)

Pour Yvon, la question référendaire est plus qu'acceptable et elle n'est pas très engageante. Il lui est facile de prendre position et il estime que la majorité des Québécois donneront ce mandat de négocier au gouvernement. La question posée n'est pas incompatible avec son cheminement personnel, lui qui souhaite avant tout, peu importe la formule, une souveraineté qui permettra de développer le caractère unique du Québec. Il aurait dit oui à une question plus directe sur l'indépendance, même s'il juge qu'elle ne respecterait pas le cheminement actuel des Québécois. Dans ce contexte, la stratégie du gouvernement péquiste lui semble plus réaliste.

Le 20 mai, les Québécois rendent leur verdict : cinquante-neuf et six dixièmes pour cent rejettent la question référendaire du gouvernement du Parti québécois, souvent sur la foi d'une promesse de Pierre Elliott Trudeau qui a annoncé en pleine campagne référendaire son intention de renouveler la fédération canadienne si le « non » l'emportait. Trudeau a été réélu premier ministre du Canada après une courte période de pouvoir du gouvernement minoritaire du conservateur Joe Clark.

Au soir de la défaite référendaire, dans un centre Paul-Sauvé qui a « des allures de catacombes », René Lévesque lance une phrase d'espoir à ses militants meurtris : « Si je vous comprends bien, dit-il, ce que vous êtes en train de me dire, c'est à la prochaine. » Et il poursuit : « Je demeure convaincu que nous avons un rendez-vous avec l'histoire, un rendez-vous que le Québec tiendra et qu'on y sera ensemble vous et moi pour y assister. Ce soir, je ne peux pas vous dire quand, ni comment, mais j'y crois. »

Ici, on ne peut pas ignorer une des phrases clés du monologue *La fierté d'être Québécois* de Deschamps : « Ça nous a pris 300 ans pour être fiers. Qu'y nous donnent un *break*. Dans 300 ans, on fera peut-être d'autres choses. » Yvon aimerait se tromper. Contrairement à certains autres artistes engagés dans le camp du « oui », Yvon n'est pas meurtri par la décision de la majorité des Québécois. « Il faut faire avec et en tenir compte pour les prochaines étapes », se dit-il.

5

Vers deux années en or

Pour Yvon, l'hiver 80 est moins fébrile qu'à l'habitude. Les 2 et 3 février, il participe au téléthon de la paralysie cérébrale animé par Serge Laprade, assisté de Georges Whelan et diffusé en direct du complexe Desjardins sur tout le réseau TVA. Pour la télévision privée, c'est la première fois qu'on accepte une telle diffusion de vingt heures sans messages publicitaires. Le 14 février, la Fondation Yvon Deschamps annonce que tout est en place pour recevoir les premiers projets. Une véritable avalanche de demandes de financement suit cette annonce, sans compter celles qui se sont accumulées depuis le lancement de l'idée l'année précédente.

Yvon achève son habituelle tournée d'hiver avec un spectacle qu'il juge lui-même difficile, même si toutes les salles sont pleines puisque tous les billets sont vendus à l'avance. Le spectacle sera présenté cent soixante-quatre fois.

On ne reconnaît plus « le vrai Deschamps ». On ne doute pas de son talent ni de la qualité de ses textes, mais on estime généralement qu'il a pris un virage imprévu. Quelques critiques crient au génie, alors que les autres, la majorité, nuancent leur appréciation en ménageant de toute évidence Deschamps. Francine Grimaldi fait probablement la meilleure synthèse de cette situation : « Spectacle déroutant, à la fois drôle, tendre et cruel. C'est troublant, c'est drôle mais aussi féroce, genre hara-kiri. Spectacle qui dérange, qui aussi fait mal. » Pour sa part, Franco Nuovo a l'impression d'avoir un génie de la scène devant lui quand il assiste au spectacle : « […] il m'a fait rire mais cette fois plus que toutes les autres auparavant, il m'a bouleversé, médusé. »

Les critiques et les spectateurs se questionnent et sont partagés sur « le nouveau Deschamps ». Oui, on rit beaucoup, mais on se demande pourquoi il est si cruel, pourquoi il joue tant sur l'angoisse, lui qu'on dit maintenant si heureux. Tout se passe comme si le fait d'être maintenant plus heureux, ou plutôt « d'avoir des instants de bonheur », comme le dit Yvon, entraînait automatiquement un spectacle plus rose ou plus fleur bleue. Pour lui, le bonheur ne doit pas être un prétexte à l'inconscience à l'égard de la bêtise humaine et des problèmes sociaux. Yvon sait bien qu'il ne pourra jamais vraiment être heureux, tout simplement à cause de sa lucidité face à ses problèmes existentiels, à ceux des autres et de l'humanité. Yvon ne peut pas et ne veut pas jouer à l'autruche en se repliant sur son propre confort personnel.

Certaines salles participent chaudement au jeu d'Yvon, tandis que d'autres sont plutôt froides, voire résistantes ou révoltées face à ses propos. L'été précédent, Yvon a senti ce phénomène quasi collectif quand il a rodé le spectacle à Magog. Pourtant, Yvon a voulu y mettre de la poésie et de la sensibilité, notamment dans la chanson *Papa ! Papa !* et dans le long monologue *La paternité*.

Quant au monologue *La manipulation*, il laisse les spectateurs enthousiasmés, abasourdis ou perplexes. Dans ce texte, Yvon démontre que certaines personnes manipulent les individus en se présentant comme des sauveurs d'une humanité en perdition. Consécutivement, trois personnages joués par Yvon haranguent la salle avec un discours idéologique très tranché qui les caractérise. Ici, Yvon dénonce l'aberration de cette fin de décennie où tout est politique, où tout doit être noir ou blanc et où tout le monde doit se positionner sans aucune nuance.

Pour donner une idée de ce monologue, prenons un extrait du troisième personnage, qui est un gauchiste radical. Il entre en scène en interrompant l'autre personnage, qui a réussi à faire lever les spectateurs pour vivre « l'expérience de la joie totale » et à les faire chanter *Ah! Que la vie est belle!* en se tenant tous par la main et en se balançant.

> « Assoyez-vous, vous avez l'air des débiles, des déficients. Vous vous laissez remplir par n'importe quel imbécile qui vous d'mande de faire n'importe quoi. Ah! que la vie est… Quand j'ai entendu ça, c'tarla-là, qui essayait d'vous faire croire que la vie est belle. J'm'é dis : faut que j'arrête ça, c'te gang-là, c'est des crétins, des morons, ça. La vie est écœurante! Y a des millions d'personnes qui crèvent de faim, y a d'la souffrance humaine partout pis d'l'injustice, ça vous dérange pas ça, vous autres? Ah! non, vous autres c'est : AH! QUE LA VIE EST BELLE!

> « Si j'avais du cœur, j'braillerais. Mais consolez-vous, y a au moins un fait : c'est que le monde entier s'en vient aussi crétin qu'vous autres. Et c'est grave… »

Le personnage présente sa propre vision de la société où « tout le monde est égal » tout en affirmant qu'il est lui-même le phare, le flambeau et le guide de tous dans cette société uniformisée et sans privilèges, sauf pour un prophète comme lui qui est doctrinaire, démagogique et autoritaire.

Tout de même, Yvon s'étonne des réactions ambiguës à l'ensemble de son spectacle alliant le monologue, la chanson et l'improvisation. Il lui aurait été facile de reproduire un spectacle similaire à ses deux précédents, mais il ne veut pas s'empêcher d'explorer de nouvelles préoccupations et d'approfondir de nouvelles manières de les communiquer sous prétexte que le public ne suivra pas. Pour Yvon, la scène est une aventure créatrice qui repousse sans cesse les limites de l'artiste. Mais encore faut-il que le public y trouve du sens ! Aussi, Yvon se questionne sur son habitude, consciente ou non, de produire un spectacle plus *heavy* après un spectacle léger.

Avec la fin de la tournée, au début du printemps 80, Yvon rentre chez lui pour plusieurs mois. Le projet de film avec Jean Lapointe, qui devait être tourné au printemps, ne se concrétise toujours pas. Jean, lui-même occupé par son propre spectacle, n'a pas écrit de nouveau scénario et celui d'Yvon est toujours sur la glace. Maintenant, Yvon est convaincu que le projet ne se réalisera pas, et le temps lui donnera raison.

De plus en plus, Yvon savoure les longues périodes passées sans déplacement à l'extérieur de Montréal. Pour son équilibre personnel, ces périodes deviennent progressivement nécessaires, surtout quand un événement important se prépare. Le 9 avril 80, Karine vient au monde. Pour Judi et Yvon, une famille est nécessairement composée de plusieurs enfants. Ils n'ont pas encore décidé du nombre définitif, mais ils savent qu'il y en aura d'autres, tout en songeant quelquefois à l'adoption. Maintenant, Annie a deux ans et trois mois et la venue de Karine crée une nouvelle dynamique dans la famille Deschamps.

En ne faisant que quelques apparitions épisodiques à la télévision et en donnant uniquement quelques spectacles privés, Yvon peut consacrer du temps à ses deux jeunes enfants et à sa fondation. Avec les autres fiduciaires, il participe à l'évaluation des projets, visite les organismes demandeurs et finalise les ententes. Quelquefois, la participation d'Yvon va plus loin. Il s'engage directement dans un projet. Par exemple, il le fait quand sa fondation accepte de financer le projet de diaporama *Des enfants comme les autres*, parrainé par la Corporation Les deux rives installée dans la région Mauricie–Bois-Francs. Ce diaporama, réalisé par Jean Saint-Arnaud, a pour but de sensibiliser la population à la déficience mentale en présentant les cinq préjugés les plus courants. En plus de financer le projet, Yvon donne de son temps pour faire la narration du document. Il énumère et commente les préjugés de la société en général à l'égard des enfants déficients. Par ce genre d'activité, Yvon prend conscience qu'il est à l'aise avec ces personnes dites déficientes. Dès l'année suivante, plus de deux cent mille dollars sont engagés dans différents projets.

Au début de l'année 81, Yvon reprend progressivement ses activités professionnelles. Entre autres, il accepte de préfacer le livre de Chantal Hébert sur l'histoire du burlesque au Québec « parce qu'il est fier de son métier et fier de ceux qui le font », dira-t-il lors du lancement de cet ouvrage à la fin de la même année. Au printemps, les éditions Inédi publient ses monologues et ses chansons couvrant la période 76 à 80. Toujours au printemps, Mireille Dansereau lui offre de jouer le frère André dans un film sur celui-ci. Yvon hésite, car il trouve qu'il manque de crédibilité pour un tel rôle. Il refuse finalement le projet.

De plus en plus, le monde du spectacle est morose à la suite de l'échec référendaire, mais surtout à cause des premiers indices d'une crise économique qui marquera lourdement le milieu. Déjà en 79, Guy Latraverse et des collègues avaient fondé l'ADISQ, organisme voué à la promotion de l'industrie du disque et du spectacle. De 80 à 83, Yvon animera les quatre galas de cette association. Sans le savoir, il apprend une nouvelle facette de son métier.

Au cours des quinze années suivantes, il deviendra, selon l'expression de Latraverse, «le meilleur animateur de gala au Canada».

Le 13 avril 1981, le Parti québécois est réélu avec quarante-neuf et deux dixièmes pour cent des voix. Le gouvernement de René Lévesque décide de «remiser» son option souverainiste et de participer aux discussions constitution-nelles avec le gouvernement de Trudeau et les gouvernements des autres provinces. Voilà pour Yvon une excellente occasion de décocher quelques flèches aux politiciens lors de son prochain spectacle, qu'il commence à écrire.

Avec *C'est tout seul qu'on est l'plus nombreux*, Yvon se prépare «deux années en or» parce qu'il mijote un spectacle harmonisant fond et forme comme jamais il ne l'a fait auparavant. Et, surtout, il ne veut pas revivre les difficultés du dernier spectacle, dans lequel il a oublié qu'il y a une limite à bousculer, à déstabiliser et à troubler les spectateurs. De plus, en cette période de difficultés économiques, Yvon veut que «le spectateur en ait pour son argent».

Pour la création de ce spectacle allant «de la folie furieuse à la tendresse», Yvon fait appel à André Brassard pour la mise en scène, à Guy Neveu pour les décors, à François Laplante pour les costumes, à Michel Beaulieu pour les éclairages et à cinq «des meilleurs musiciens du Québec» : Libert Subirana, Serge Vallières, Denis Farmer, Jean Pellerin et Serge Locat. De plus, Serge Fiori signe quatre musiques des chansons écrites par Yvon pour ce spectacle, alors que François Cousineau, Libert Subirana, et Serge Locat composent les autres.

Un seul personnage habite tous les monologues. Il s'agit d'un gars solitaire ayant toutes les peurs et toutes les angoisses possibles, mais qui se préoccupe de la bombe atomique, du mariage, de l'amitié, de la sexualité, de la religion et de la politique.

Quand Yvon contacte André Brassard en mai, il a déjà écrit plus de la moitié du spectacle. Il lui demande de coordonner celui-ci pour lui donner une dimension plus théâtrale. Le reste du spectacle s'élabore dans une collaboration étroite entre le metteur en scène et l'auteur. Fidèle à ses habitudes, Brassard suggère des costumes, questionne Yvon sur le sens de ses monologues, établit des liens entre les différents artisans et propose des nuances dans l'agencement des chansons et des monologues. Pour le metteur en scène, la collaboration avec Yvon n'est pas un travail; il s'agit plutôt de «mettre du glaçage sur un très bon gâteau». De cette chimie entre le metteur en scène et l'auteur naît un spectacle fou, rieur, éclaté et visuel, un peu à la manière de ceux de Diane Dufresne.

Dans *Le Soleil* du 21 septembre, Jacques Samson écrira : «Deschamps est redevenu complètement fou, totalement absurde et il est littéralement déchaîné. Il n'y a plus le goût amer qui restait dans la bouche la dernière fois.»

Dans *Le Devoir* du 26 octobre, Nathalie Petrowski dit qu'Yvon «nous démontre cette fois que le rire est le meilleur antidote à l'angoisse fondamentale de vivre». Elle ajoute : «Deschamps lâche enfin son fou et ose jouer les comiques.»

Yvon considère ce spectacle comme une comédie musicale à un seul personnage dans laquelle les musiciens ne se contentent pas de jouer de la musique, mais participent à l'environnement théâtral. Pour lui, il est indéniable que le spectacle de Diane Dufresne au Forum de Montréal l'a influencé.

Diane Dufresne est l'idole d'Yvon. Le spectacle contient un monologue et une chanson sur celle-ci : *Mon idole* et *Chanson pour mon idole*. Yvon a connu Diane au début de sa carrière lors d'un spectacle qu'elle donnait à l'hôtel Lapointe de Saint-Jérôme. À ce moment, Judi était choriste pour le premier disque de Diane, qui faisait de la chanson française existentialiste. Par la suite, Diane Dufresne a éclaté et s'est transformée en l'incarnation de la démesure sur scène. Pour Yvon, Diane est restée la plus grande artiste qu'il ait vue sur scène : « Je suis un admirateur, un grand admirateur de Diane. Dans la vie, on s'est rencontrés plusieurs fois parce qu'elle est aussi une grande amie de Robert Vinet. Mais je suis gêné, terriblement gêné avec elle. »

Au moment de son deuxième spectacle au Forum, Judi et Yvon réservent une surprise à Diane. Un soir, en allant souper au restaurant, Yvon dit à Judi :

« J'ai eu une idée pour Diane quand elle va faire le Forum.

— Tu vas lui donner ta voiture, lui répond Judi.

— C'est ça. C'est elle qui doit l'avoir. Elle est faite pour elle. On va lui préparer une surprise », renchérit Yvon.

Yvon engage un chauffeur qui va chercher Diane pour les répétitions et pour les deux représentations du spectacle. Le chauffeur conduit la voiture d'Yvon, une Rolls-Royce Bentley 59. Après le deuxième spectacle, il y a dans le coffre à gants une lettre confirmant que Diane est la nouvelle propriétaire de la Royce. « Ah Seigneur ! je vais te dire qu'elle a capoté cette fois-là. On a débouché le champagne. Une réaction extraordinaire », se rappelle-t-il. Pour Yvon, le personnage de Diane invite à l'extravagance et à l'excentricité : « Mettons que tu peux pas lui envoyer une fleur. »

« La salle s'éteint, me v'là dans l'noir,
Tout mon corps se met à trembler.
J'voudrais tellement qu'ce soit l'grand soir
Chus v'nu pour te voir triompher !
Chus ben gêné, chus ben timide,
J'ai d'la misère à m'contrôler.
Fa qu'si fallait qu'tu tapes un bide
J'pense que j'pourrais pas m'en rel'ver. »

(Extrait de Chanson pour mon idole, *paroles d'Yvon Deschamps sur une musique de François Cousineau, 1981.)*

De septembre 81 à avril 82, Yvon joue d'abord dans les grandes salles de Québec et d'Ottawa. Puis, il commence à la Place des Arts de Montréal le 13 octobre pour poursuivre les représentations jusqu'en avril 82. Comme à la plupart de ses premières, François Rozet est présent. Yvon est toujours ému par cette fidélité.

La tournée des autres villes se fait à l'automne suivant. Ce nouvel étalement de la tournée permet à Yvon d'être plus souvent chez lui. C'est important : « Quand je joue à Montréal, je pars de la maison à sept heures trente. Alors là, je peux passer une partie de la journée avec les deux filles et être présent pour le souper. Papa s'en va travailler quand elles se couchent. »

Au cours des années 81 et 82, Yvon s'est engagé dans quelques autres affaires commerciales. Avec Guy Brissette et Jean Lapointe, il est devenu propriétaire de plusieurs chevaux de course. Son frère Gilles est employé pour exécuter certains travaux tant à la maison d'Yvon qu'aux écuries.

À la même époque, son frère Denis laisse l'entreprise d'Avila. Il est disponible pour un autre projet et il pense à l'hôtellerie. Yvon veut l'aider, tout comme il aide son autre frère. À ce moment naît le projet d'achat de l'hôtel National dans le centre-ville de Saint-Jean-sur-Richelieu, qui est la propriété du père de Lydia Tessier, la conjointe de Pierre Rivard. Ce dernier connaît l'intérêt d'Yvon pour la restauration et l'hôtellerie. Parfait Tessier veut prendre sa retraite. Yvon devient l'actionnaire principal de l'hôtel. Lydia Tessier, Pierre Rivard, Pierre Légaré et Denis Deschamps assurent le quotidien de l'établissement. Ils misent sur la restauration, sur le bar et sur l'exploitation d'une petite salle de spectacles, délaissant le développement d'une clientèle pour les chambres, qui ne seront pas rénovées. Après trois années, Yvon ne pourra plus soutenir financièrement cet établissement qui fonctionne à perte. Le tout sera vendu et chacun rentrera chez soi.

Yvon investit dans cet hôtel au moment de la plus importante crise économique depuis celle des années 30. Pendant l'hiver 82, le taux de chômage dépasse quinze pour cent tandis que les taux d'intérêt grimpent sans cesse et atteignent des niveaux records. Pour traverser la crise, même le gouvernement québécois doit récupérer les augmentations salariales consenties à ses employés à la veille du référendum et il doit également décréter les conditions de travail de ceux-ci jusqu'en 1985. Des décrets totalisant quatre-vingt-dix mille pages seront adoptés à la fin de l'année. « Tout cela pour que l'avenir soit meilleur », disent les politiciens de l'époque afin de justifier leurs décisions.

En avril 82, deux événements soulignent les vingt-cinq années de carrière d'Yvon. Le 16 avril, Jacques Boulanger reçoit Yvon à son émission du midi diffusée du complexe Desjardins. La recherchiste Diane Massicotte réunit différentes personnes significatives dans la carrière et dans la vie personnelle d'Yvon. Par téléphone, Clémence Desrochers raconte ses premières rencontres avec Yvon. Gilles Robinson rappelle l'aventure du milieu des années 60 dans la restauration. Claude Léveillée chante *Frédéric* et Yvon l'accompagne à la batterie comme au début des années 60. Jean-Louis Roux rappelle leur aventure mémorable avec *L'ouvre-boîte* au TNM. Jean Lapointe et Guy Brissette parlent de chevaux et de leurs projets avec Yvon. Pierre Rivard et Denis Deschamps entretiennent le public sur les projets en cours à l'hôtel National. Gilles, l'autre frère d'Yvon, déride l'assistance par ses commentaires humoristiques. Guy Latraverse fait une blague à Yvon en lui offrant un trophée de *styrofoam* qui représente la statuette remise lors des galas de l'ADISQ. Anna, la mère d'Yvon, confie à Jacques Boulanger qu'elle n'hésite toujours pas « à chicaner son fils quand elle n'est pas satisfaite de son travail ». Son père Avila reste plutôt discret. Et l'heure se termine par la chanson *Pour l'amour des enfants* interprétée par Judi. Yvon reçoit un cadeau de l'animateur : deux volumes de San Antonio dédicacés par celui-ci.

Le dimanche 25 avril a lieu la dernière représentation du spectacle *C'est tout seul qu'on est l'plus nombreux* à la salle Maisonneuve de la Place des Arts. Plus de cent cinquante mille personnes y ont assisté depuis le 13 octobre précédent. C'est un autre record d'assistance pour Yvon. Gérard Lamarche, le directeur général de la Place des Arts, organise une fête pour souligner les vingt-cinq années de carrière d'Yvon. Il affirme que « le Théâtre Maisonneuve est un peu le théâtre d'Yvon Deschamps » puisqu'il y a joué quatre cent soixante-sept fois depuis 1970 devant cinq cent vingt-cinq mille spectateurs. Gilles Vigneault y entonne le traditionnel *C'est à ton tour* devant les sept cents invités. Les ministres Pierre-Marc Johnson et Clément Richard rendent chacun un vibrant hommage à Yvon.

En ce début de printemps 82, Jean-Louis Roux contacte Yvon. Il prépare la prochaine saison du TNM avant de quitter la direction de celui-ci. Pour le printemps 83, il veut faire un cadeau à son public en programmant une pièce avec Yvon. En souvenir de *L'ouvre-boîte*, Yvon accepte de jouer avec Linda Sorgini dans *Tapage nocturne* de Charles Dyer, pièce à deux personnages adaptée par Jean-Louis et qui sera mise en scène par le nouveau directeur, Olivier Reichenbach.

En juin, Yvon est invité par Andrée Lachapelle, présidente du Mouvement de diffusion des arts carcéraux, à présenter un court spectacle au centre commercial Place Laurier à Québec. La popularité d'Yvon permet aux organisateurs de l'événement de donner plus de visibilité à cette exposition d'œuvres réalisées par les détenus. Yvon ne refuse pas de contribuer à «toutes ces causes nobles», comme il le dit lui-même, sauf quand son horaire ne le lui permet pas.

Au printemps et à l'été, Yvon prend un répit puisque ses activités professionnelles sont réduites au minimum. Déjà, Guy Latraverse prépare une opération sur la France pour le printemps suivant. Il croit que le temps est venu de développer la carrière d'Yvon sur le continent européen. Yvon réfléchit au contenu de ce spectacle qu'il «incubera» pendant plusieurs mois.

«Ça fait dix ans que Guy me pousse dans le dos pour aller en France», dit-il à certains journalistes. Pour Yvon, le projet doit être limité dans le temps : il fera les deux semaines prévues au Théâtre de la Ville, quelques grands centres culturels, puis il rentrera chez lui et ce sera terminé. Pour Guy, c'est différent. Il est plus ambitieux. La première opération du printemps vise à apprivoiser les Français. Par la suite, tout est possible : spectacles dans les grandes salles et le cinéma. Latraverse est persuadé qu'«on va finir par le remarquer tellement ses propos sont universels».

Le 27 novembre 1982, dans une entrevue accordée à Jean Beaunoyer de *La Presse*, ce dernier décrit fort bien le manque d'enthousiasme d'Yvon à l'égard de cette opération en France. On sent qu'il veut y aller sans y aller. Il sera présent physiquement, mais dans sa tête il est absent de ce projet. Tout se passe comme s'il fallait y aller parce qu'on en est rendu là, parce qu'on ne peut pas éternellement dire non. Yvon traversera l'océan par fatalisme et aussi pour faire plaisir à Guy, son promoteur et ami de longue date.

À la fin de novembre, Yvon termine la tournée du spectacle qui l'habite depuis deux ans : dix mois d'écriture et de préparation et plus de quatorze mois de représentations.

Comme la tradition le veut, le spectacle aura son prolongement au cours de l'année suivante : un disque est déjà produit et le spectacle sera éventuellement diffusé à la télévision de Radio-Canada.

Guy Latraverse et Rénald Paré commencent à scruter les possibilités de travailler dans la production télévisuelle. Pour Guy, le monde du spectacle devient de plus en plus difficile tant à cause de la situation économique qu'à cause des transformations de l'industrie. Depuis longtemps, Yvon pense à une série télévisée. Plusieurs rencontres de remue-méninges ont lieu pour élaborer différents concepts d'émissions.

6

Quand l'usure s'installe

Dans le journal promotionnel du Théâtre de la Ville de janvier 83, deux pages sont consacrées à Yvon. Raymond Devos lui souhaite la bienvenue en France en le présentant comme un cousin qui est à son apogée dans l'espace comique. Julos Beaucarne, un humoriste de Wallonie, y parle de sa découverte de Deschamps et du fait qu'il a adapté en wallon régional *Le p'tit Jésus* et qu'il fait un malheur avec celui-ci dans son pays. Pour sa part, Cécile Barthelémy traite de l'art de Deschamps qui s'acharne à séduire : « Il va vous parler de tout ce que vous vivez, de tout ce que vous ressentez, sans plus. Mais il a la magie de vous le faire découvrir sous un jour – ô combien ! – différent. Vous allez l'adorer. À certains moments peut-être, le haïr. » Suivent une courte réflexion de Marc Favreau (Sol) et l'extrait d'un texte d'Alain Pontaut sur l'art de Deschamps.

Les deux semaines d'activités promotionnelles qui précèdent le spectacle au Théâtre de la Ville sont exténuantes pour Yvon. Il doit tout expliquer comme un débutant. Certes, on sait qu'il est une grande vedette au Québec, mais on ignore tout de son humour et de son talent d'interprète de ses propres créations.

Le premier mars, soir de la première, Yvon est devant la salle, mais il n'est pas avec la salle. Il se sent tendu et il perd tous ses moyens. Pas un rire ne vient le stimuler. Yvon a besoin des réactions de la salle pour donner le meilleur de lui-même. La première est complètement ratée. Évidemment, au Québec, les journalistes reçoivent l'information et ils parlent d'une aventure qui tourne mal.

Pour sa première prestation en France, Yvon n'a pas choisi la facilité puisqu'il y parle de la pollution, de la mort, de la maladie mentale et de «l'élevage des enfants». Voici quelques extraits tirés de divers journaux parisiens.

Dans le *Télérama* du 2 mars, Anne-Marie Paquette est séduite par l'approche d'Yvon :

> «Yvon Deschamps, c'est une découverte pour les Français. Au Québec, ses monologues et p'tites chansons rassemblent un énorme public. On peut croire que le diseur va s'engluer dans des plaisanteries un peu lourdes, et puis hop! le voilà qui nous serre la gorge soudain, ou bien fait virer notre rire au jaune... Car Deschamps joue avec un humour très pointu de nos échecs, de nos rêves, de l'enfant qui s'étonne en nous, ou du beauf qui veut prendre sa place. L'émotion, le malaise grinçant, le gag épais, la caricature joviale, le paumé pathétique composent une partition insolite, et invitent cordialement le public à jouer les premiers violons. Surprenant, séduisant.»

Dans *Le Figaro* du 5 mars, Jean-Luc Wachthausen ne ménage pas Yvon :

> «Trop acharné à séduire son public, Yvon Deschamps ne recule devant aucun effet, passe du coq à l'âne et enchaîne d'un trait quelques sketches où il est question de la peur, de la fonte imminente de la calotte glaciaire, de la pollution, de l'enfance. Pris dans le flot incessant des mots, il va ainsi évoluer en vase clos pendant

soixante minutes, tombant avec complaisance dans une logorrhée verbale qui confine bien vite à l'ennui. Au lieu de surprendre, de déclencher le rire, Deschamps, transformé en clown laborieux, s'empêtre dans les lieux communs de mauvais goût. [...] À force de vouloir provoquer le rire par le malaise, l'effet boomerang est inévitable, et Yvon Deschamps rate complètement sa cible. C'est le moment où l'on s'arrête de bâiller pour quitter son fauteuil. »

Dans le *France-Soir* du 4 mars, Michèle Dokan est plus nuancée dans ses propos :

« Là, on tourne à l'insoutenable... jusqu'aux larmes finales, qui prennent une drôle d'allure racoleuse quand elles devraient émouvoir. »

Dans *L'Unité* du 20 mars, Jean-Paul Liégeois saisit l'universalité des propos de Deschamps, lesquels ne peuvent pas laisser indifférents :

« Quelle dureté dans la rigolade ! Quelle cruauté dans la dérision ! Sous ses airs pitoyables et démunis, le « raconteur-candide-moi-je-Yvon-Deschamps » cultive la férocité avec délectation. Et c'est en quoi il est plus que Québécois : universel. [...] Noirceur drapée dans un manteau de jovialité ? Pas du tout. Yvon Deschamps se définit autrement : « Je suis un optimiste en état d'urgence. » D'où sa pugnacité. D'où son goût de la provocation. D'où sa recherche systématique du malaise. Difficile, après un spectacle d'Yvon Deschamps, de rentrer chez soi tranquille et serein. Difficile de ne pas bouillir de colère, de ne pas être remué.... Raymond Devos dit d'Yvon Deschamps que son souci est d'abord de « nous distraire » ; mais ce n'est sûrement pas son seul souci ! Dis, tu nous reviens quand, Deschamps ? »

Dans *La Croix* du 9 mars, J.-P. Hauttecœur écrit :

« Un sujet dangereux, oppressant, qui rend notre bonhomme trop complexe peut-être pour être totalement apprécié lors de cette première rencontre. »

Dans *Le Matin* du 8 mars, Richard Cannavo ne doute pas du talent d'Yvon, mais il se questionne sur la pertinence de son humour :

« On sort de là remué et perplexe. Cet homme sans aucun doute est une nature, il a du talent, de la présence et beaucoup de métier. Mais son comique est-il acceptable ? »

Dans *Le Matin* du 10 mars, le journaliste associe Yvon à Lewis Carroll, qui est sensible à l'imaginaire de l'enfant (*Alice au pays des merveilles*), et à Franz Kafka, qui exprime le désespoir de l'homme devant l'absurdité de l'existence :

« En une heure, une suite de sketches et deux chansons sur le thème général de la peur, Yvon Deschamps propose un univers imaginé à la fois par Lewis Carroll et Franz Kafka et avec le langage du non-sens et des dons de clown autant que de comédien classique, il le transforme en succession de rires. Il y a en plus l'accent, quelques mots de joual qui se comprennent très bien dans le contexte, mais qui ne le marginalisent en rien. Deschamps fait rire tout le monde et pas seulement les siens. Aux éclats. Aux larmes. Mais sans qu'on se demande pourquoi. Ce qu'il déclenche n'est ni futile ni inconvenant et point n'est besoin de le cacher derrière le paravent d'une main. C'est un rire vital. Celui dont nous avons tous besoin. »

Dans *Les Nouvelles littéraires* du 10 mars, Patrice Delbourg est plus troublé qu'enthousiasmé :

« Drôle, il ne peut être classé sous ce label. Grinçant lui va mieux. Avec une dimension chaleureuse et complice qui déculpabilise celui qui ricane. Chaleur du quotidien. Pathétique à force d'être démuni. Non, vraiment, on n'a pas envie de malmener cette silhouette pudique et juvénile qui s'efface après une heure de soliloque. Reste un goût d'aloès sous la langue. Pas vraiment de rappel, juste un petit codicille. »

Quelques semaines après son retour, une rencontre est organisée avec les journalistes chez Kébec-Spec. On leur fait entendre l'enregistrement du dernier spectacle au Théâtre de la Ville et on leur remet différents extraits de presse qui nuancent la première impression. Au cours de cette rencontre avec les journalistes, Yvon affirme qu'il y a une place pour lui en France et qu'il y retournera en juin pour le Festival international de Café-Théâtre à Cannes.

Avant de retourner en France, Yvon doit remplir un autre engagement. Il joue dans *Tapage nocturne* au TNM avec Linda Sorgini. Contrairement à *L'ouvre-boîte* de 1974, c'est un échec lamentable, de l'aveu même d'Yvon :

« Je me rappelle même plus du nom de la pièce. Je l'ai littéralement détruite. J'étais pourri. J'haïssais le fait d'être là et ça paraissait sur scène. C'était terrible. J'aurais dû dire non, mais je n'ai pu résister à la demande de Jean-Louis Roux.

« J'étais pas présent. À trois, ça aurait pu être différent, mais à deux quand il y en a un qui décroche, c'est terrible. C'est Linda Sorgini qui a souffert pendant un mois. J'avais des fous rires. Je décrochais. C'était épouvantable. Ça devait être terrible pour les gens qui venaient voir ça. Pauvres eux autres, je m'en excuse publiquement. »

À la fin des représentations, Yvon a compris que plus jamais il ne doit faire de théâtre.

À la mi-juin, c'est le retour en France. Pour ce spectacle du 22 juin à la salle Claude-Debussy sur la Croisette à Cannes, Yvon modifie le contenu pour y inclure notamment *Le fœtus* et *Le positif*. Deux jours plus tard dans *Nice-Matin*, le journaliste parle d'un humour corrosif, stimulant et curatif. Il ajoute : « On sort de son spectacle, non pas guéris, toujours choqués, mais déjà convalescents. »

En examinant toutes les critiques publiées dans la presse française, on constate qu'elles sont beaucoup plus positives que négatives, à l'exception de celle du *Figaro*. Dans l'ensemble, on saisit le sens et la portée de l'humour d'Yvon. De plus, sa langue ne pose pas de véritables problèmes. Avec de la persistance et de la présence, Yvon peut se faire une place enviable sur ce marché. Mais a-t-il la motivation suffisante pour percer en France, lui qui ne sait même pas s'il veut continuer son métier de monologuiste au Québec?

La véritable question est autre : comment a-t-il vécu ses deux séjours en France? « Je ne peux pas dire que ça été facile. Il y avait souvent du tumulte dans la salle parce qu'il y avait beaucoup de jeunes. Mais dans l'ensemble, ils aimaient ça. La directrice du théâtre n'en revenait pas parce que le public était toujours aux aguets. Il suivait à la seconde pour se fâcher, pour crier ou pour rire. Ça c'était *toff*. »

Rapidement, Yvon se rend compte que pour réussir en France, du moins dans un premier temps, il lui faudrait miser sur des monologues moins grinçants et moins noirs comme *Le bonheur*, *L'argent*, *Le fœtus* ou *Le temps*. Avec ce type de monologues, il agencerait facilement un spectacle de plus de deux heures. Par la suite, après une longue période d'apprivoisement, il pourrait en venir à un spectacle-concept comme *C'est tout seul qu'on est l'plus nombreux*.

Yvon vit un dilemme identique à celui qu'il a connu quatre ans plus tôt à Los Angeles, lorsqu'il a refusé un demi-million de dollars pour un mois de spectacles à New York suivis d'une vaste campagne promotionnelle. En France, les offres ne sont pas mirobolantes. Doit-on « laisser ceux qu'on aime pour aller faire tourner des ballons sur son nez », comme il est dit dans la chanson de Beau Dommage ? Doit-on passer sa vie de par le monde pour revenir chez soi des années plus tard comme « un étranger dans sa propre maison », sentiment si bien décrit dans une chanson de Félix Leclerc ? Pour Yvon, la réponse est toujours aussi claire : « Non, ça vaut pas la peine. » Il participera aux fêtes de l'Humanité en septembre parce que l'engagement est déjà pris et après ce sera terminé.

À son retour à Montréal, Yvon croit que ses prochaines années seront consacrées à la télévision. Selon lui, il est mûr pour un tel défi et les négociations sont en cours avec la société Radio-Canada pour une émission quotidienne. Au cours de l'été, tout le projet s'écroule à cause d'un conflit d'horaire. Yvon se retrouve sans engagements professionnels pour la prochaine année, sauf l'animation du gala de l'ADISQ en octobre.

« Puisqu'il faut bien que je gagne ma vie » et puisqu'il faut faire rouler la maison de production qui est à court de projets immédiats, Yvon se lance dans la préparation d'un nouveau spectacle pour l'automne 83, avec l'aide d'André Brassard. *Voyage dans le temps* est monté en situation d'urgence. En quelques mois, il faut concevoir le spectacle, le répéter, engager à la dernière minute des musiciens et préparer une vaste tournée au Québec, en Ontario et au Nouveau-Brunswick. Il s'agit d'un spectacle-bilan (1969-1984) qui s'ouvre sur l'avenir avec la création du personnage de Débile Léger. De nouveaux monologues s'intercalent entre de plus anciens. Le 2 novembre, la tournée débute à Chandler, en Gaspésie, et se terminera à Montréal le 15 juin 84 après cent dix représentations, c'est-à-dire un spectacle tous les deux jours si on exclut le mois de relâche pour la période des fêtes de Noël et du jour de l'An.

La décision de produire ce nouveau spectacle oblige Yvon à annuler sa participation aux fêtes de l'Humanité à Paris en septembre. Le bureau du producteur oublie d'en aviser l'organisatrice, ce qui provoque des réactions négatives.

Le 5 octobre, en direct de l'Expo-Théâtre, Yvon anime le cinquième gala de l'ADISQ, gala qui passera à l'histoire. Céline Dion y rafle quatre Félix, elle qui obtient déjà un succès phénoménal en France. Yvon en reçoit un pour son microsillon tiré du spectacle *C'est tout seul qu'on est l'plus nombreux.* Ding et Dong (Claude Meunier et Serge Thériault) remportent le Félix du meilleur spectacle d'humour. Par l'entremise d'Yvon, Diane Dufresne refuse le sien en disant qu'elle ne veut pas participer à ce genre de compétition. En recevant un prix avec Robert Charlebois pour la meilleure chanson de l'année, Luc Plamondon dénonce ceux qui refusent les amendements à la loi sur les droits d'auteur. En colère, il pointe Michel Gélinas, le président de l'ADISQ, assis à côté du ministre Francis Fox, responsable du dossier. Un gala qui cause « quelques beaux malaises » comme les aime Yvon.

Trois semaines plus tard, Yvon prend la route pour la majeure partie de l'hiver avec son équipe. Dans les diverses régions visitées, le spectacle fonctionne relativement bien parce qu'Yvon n'a pas fait tout le circuit depuis plusieurs années. Pour les spectateurs, il s'agit de retrouvailles. On est content de revoir Yvon. À l'évidence, le spectacle a besoin d'être rodé. Des ajustements fréquents sont faits en prévision de la rentrée à Québec et à Montréal.

Et lui qui ne voulait pas faire carrière aux États-Unis ou en France pour ne pas s'éloigner de sa famille se retrouve à un millier de kilomètres de sa résidence dans les tempêtes hivernales et sur les routes glissantes. Depuis plusieurs années, Yvon a cessé d'apprécier cette vie dans les valises qui manque de continuité. Finalement, la vie de tournée est très répétitive, même si les lieux changent quotidiennement : la route, l'installation au motel, le contact téléphonique avec la famille, l'installation des équipements, la répétition, le spectacle, le lunch, le coucher et, le lendemain matin, un autre départ vers une nouvelle destination. Des semaines qui s'accumulent sans véritables nouvelles expériences de vie.

Plusieurs fois, Yvon pense que c'est probablement son dernier spectacle. Il y met tout son talent, même si l'âme manque certains soirs. Toujours fidèle, son grand rire masque sa tristesse. Le plaisir d'être en *gang* devient moins évident.

Sa relation avec Judi chancelle également. Yvon n'est jamais à la maison. De plus, Annie a commencé l'école. En septembre, elle ira toute la journée et Karine débutera à la maternelle. Avec sa vie de saltimbanque, il risque de ne plus les voir en travaillant tous les soirs. Pour sa part, Judi se remet en question et elle cherche une nouvelle voie qui pourrait la satisfaire davantage dans son travail, d'autant plus que le milieu de la chanson est en pleine crise. Elle travaille encore beaucoup, faisant jusqu'à cinq ou six jingles par jour, quelquefois dans autant de studios différents. Les absences constantes d'Yvon sont lourdes pour elle, qui aurait besoin d'une présence plus régulière pour assumer le quotidien de la vie familiale.

Au moment de la présentation du spectacle à Montréal, plusieurs critiques sont particulièrement durs avec Yvon. Il le prend mal, surtout quand on remet en question son talent ou la valeur de ce qu'il a fait depuis quinze ans et quand on lui recommande « d'accrocher ses patins ». Mais, comme le dit Yvon, « je ne peux empêcher personne de croire que je suis pourri ». Pour lui, la critique de Jean Beaunoyer est particulièrement dévastatrice. Il la reçoit comme « une grande claque dans la gueule ». Et pourtant il ne remet pas en question la valeur du travail de ce dernier, qui suit sa carrière depuis longtemps et qu'il considère comme un professionnel.

Treize ans plus tard, Yvon dresse le bilan de ces deux années : « Ce sont probablement les deux années les plus difficiles de ma vie professionnelle. L'usure avait fait son chemin. Je ne voulais plus rien savoir de rien. Je voulais tout abandonner, même l'écriture de monologues. »

Pierre Rivard est encore proche d'Yvon : « Tout était noir dans la vie. Pendant presque une année, Yvon ne voulait plus rien savoir. Il était fatigué, complètement usé. »

En novembre 84, Pierre témoigne de l'univers de Deschamps dans un recueil de photographies ayant un titre très significatif : *C'est la vie*. Yvon accepte de participer au lancement de ce livre fait « par un ami de longue date ».

Bilan de création de 1975 à 1984 (I I)

Dans la deuxième moitié de la décennie 70, il devient évident que les Québécois vivent un bouleversement des valeurs, phénomène s'observant partout en Occident. Pour le Québécois, cela fait beaucoup de remises en question en moins de quinze ans. D'une société close, le Québec passe à une société pluraliste dans ses valeurs. Mais qui dit pluralisme dit également un certain désordre, tant et aussi longtemps que les nouvelles valeurs n'ont pas été intégrées.

On sait que le Québécois n'aime pas choisir, qu'il préfère tout prendre quitte à se démêler par la suite. « Il y a du bon dans tout », dit-on, alors on prend un peu de tout et on se concocte sa propre recette pour mieux vivre. Ce phénomène a engendré un relativisme mou, c'est-à-dire un relativisme qui repose sur l'idée que tout est bon, que tout est valable, que tout est une affaire de perception personnelle.

Dans un tel contexte, le consensus social devient de plus en plus difficile à obtenir, surtout quand ce relativisme mou est jumelé à la montée de l'individualisme. Ce manque de consensus se traduit par une conception de vie qui repose sur l'idée qu'on est finalement tout seul parmi d'autres, chacun étant maître de ses choix et de sa destinée. Tout est

YVON DESCHAMPS, UN AVENTURIER FRAGILE

alors affaire personnelle. Avec *Le monologue à répondre*, Deschamps reprend l'un de ses thèmes familiers, le fatalisme. Chaque fois qu'il dit « Qu'est-ce que vous voulez ? », il demande aux spectateurs de répondre en chœur « C'est la vie ». Ici, Deschamps joue sur le contraste entre l'idée selon laquelle on peut choisir dans la vie et sa propre résignation face aux événements de la vie.

Dans cette deuxième moitié de la décennie 70, l'œuvre de Deschamps témoigne aussi de ce désordre dans le monde des valeurs qui favorise l'indécision. Dans *La fierté d'être Québécois* et dans *Le référendum*, il nous livre sa réflexion sur notre incapacité de choisir. Dans *Le référendum*, le personnage aimerait tellement qu'il y ait trois cases pour voter : oui, non et peut-être.

Au cours de cette période, l'œuvre de Deschamps est aussi plus personnelle tout en restant reliée à de grandes préoccupations tant sociales, comme la violence, les rapports femme-homme et la crainte des différences, que philosophiques, comme le temps, la solitude, la mort et l'amour. Le Chaînon, Oxfam, sa fondation dédiée aux handicapés et sa paternité inspirent plus de la moitié de ses monologues et de ses chansons.

Dans *J'veux être un homme*, Deschamps reprend tous les principes « d'élevage des gars » qui ont contribué à former l'homme québécois et ont entraîné un manque de volonté ainsi qu'une dépendance envers les autres :

> « Tu vas être un homme quand tu vas être capable de prendre les claques pis les punitions sans brailler. »
> « Si tu fumes pas, tu peux pas être un homme. »
> « Tu vas être un homme quand tu vas être capable de t'défendre [...] Frappe le premier. »
> « Tu vas être un homme quand tu vas être capable d'arrêter de boére. »

« Y a rien qu'une manière d'être un homme : y faut que tu t'prennes une maîtresse. »

(Extrait de J'veux être un homme, *1977.)*

Le monologue *Les vieux* suivi de la chanson *Oublions* abordent le problème de l'amour qui ne dure pas, qui ne résiste pas à l'âge et qui est fait d'habitudes.

« On est jamais partis. On est tout l'temps restés. C'est drôle, quand je r'pense à ça, parce que c'est jamais l'amour qui nous a fait rester, on avait tout le temps des bonnes raisons. [...]

« Pis partir, c'est mourir un peu. À notre âge, c'est une grosse chance à prendre. Fa qu'on s'parle pus, on bouge pus, on est rendus trop fragiles. »

(Extrait de Les vieux, *1977.)*

« Je sais pas vraiment pourquoi
Je ne peux plus te prendre dans mes bras
Si jamais nous ne devions plus nous toucher
J'aimerais bien quand même pouvoir mourir à tes côtés

« Oublions jusqu'à la fin de nos jours
Que l'amour ne peut pas durer toujours
Oublions jusqu'à la fin de nos jours
Que l'amour ne peut pas durer toujours »

(Extrait de Oublions, *paroles d'Yvon Deschamps sur une musique de François Cousineau, 1977.)*

La violence verbale, physique et psychologique constitue l'un des thèmes récurrents de l'œuvre de Deschamps. Ses différents personnages ont souvent une part de violence en eux, qui se traduit parfois dans des gestes et parfois dans des attitudes.

Pour Deschamps, l'humain – homme ou femme, jeune ou vieux, riche ou pauvre – a toujours une part de violence en lui qu'il refoule, qu'il maîtrise ou qu'il exprime avec ou sur les autres. Rares sont ses monologues qui ne contiennent pas cette trace de violence. Deschamps l'observe partout : dans sa propre enfance et son adolescence, dans la religion qu'on a voulu lui inculquer, dans la vie politique, dans les médias et dans les rapports entre les personnes.

Le monologue *La violence* fait le tour de toutes ces des situations. Encore une fois, la violence y est présentée comme un personnage en soi, qui se confond avec situations ou des personnes. Elle est là toujours présente, sournoise, prête à modifier le comportement de l'individu, prête à transformer la vie même de celui-ci et des autres. La violence est un instant de vie qui modifie le cours des choses.

Quand Deschamps utilise un humour meurtrier, un humour qui se retourne contre le rieur, il use effectivement d'une certaine forme de violence psychologique, qui assaille chacun dans sa mentalité profonde. Les réactions très vives aux monologues *La paternité* et *L'enfant anormal* sont de cet ordre. Deschamps y traite de deux sujets délicats en cette fin de décennie 70. Le rôle des pères est remis en question par la montée du féminisme et par la fragilité des unions matrimoniales. Pour sa part, la maladie mentale provoque toujours de profonds malaises dans la population, même si le gouvernement a légiféré pour protéger les droits des personnes atteintes. On ne change pas les mentalités avec une loi. On crée quelques conditions favorables à un éventuel changement qui n'est pas garanti.

Sans cesse dans ces deux monologues et dans les chansons qui les accompagnent, Deschamps joue entre la cruauté et la tendresse. Il joue à fond les paradoxes. Le spectateur se trouve dans un état de déséquilibre constant, ne sachant pas où se situer et n'arrivant pas à décoder qui est le vrai Deschamps. À ce moment, il choque, il provoque et il inquiète.

Avec *L'argent* et *Le bonheur*, le monologue *Le temps* forme un véritable conte philosophique. Les deux premiers datent de la fin des années 60, tandis que *Le temps* est de 1977. Il est suivi de la chanson de Gilles Vigneault *Berceuse pour endormir la mort*, chanson qui s'harmonise parfaitement avec la fin du monologue. Ce monologue et cette chanson associent temps, vie et mort. Toutes les facettes du temps y sont explorées, « toutes sortes de niaiseries d'même » : le temps qui passe... Le temps qui fait rien... Le temps qui arrange tout... Le temps qui est de l'argent. Le temps qui efface tout... Le temps qui est précieux...

> « Pourquoi que vous pensez qu'on fait tout c'qu'on fait ? C'est qu'on pense qu'on aura pas l'temps. Si on était sûrs d'avoir le temps, on f'rait rien. »
>
> *(Extrait de* Le temps, *1977.)*

Et la mort se présente : « Une grande madame habillée en noir ». Yvon lui chante une berceuse pour l'endormir. Peut-être lui laissera-t-elle encore un peu de temps, le temps de l'apprivoiser et de s'en faire une amie ?

Au cours de cette période de création, Deschamps publie un conte de Noël dans le magazine *L'actualité : Entre deux bières*. Une illustration de Normand Bastien introduit le texte. On y voit le personnage du conte, René, à trois âges différents mais exprimant la même solitude et la même tristesse.

Entre deux bières est un conte sur la recherche d'un sens à la vie et sur la solitude. À chaque Noël depuis son enfance, René attend « un miracle qui changerait la vie », un espoir. Mais rien ne change jamais. René aimerait tellement que

« ça soit vrai le petit Jésus ». Il est à la taverne et il commande bière sur bière : « [...] je me sens tout seul quand ma table est pas plein de *draft* ». À cette même taverne, René rencontre Paul, un grand blond frisé, qui lui parle du sens de la vie, du bonheur et de la possibilité de croire quand on le veut. René est sceptique, mais il accepte de le suivre dans une fête de l'amour où il trouve un instant de bonheur dans l'extase, la fraternité et la solidarité. René se réveille à la taverne, mais il est le seul à avoir vu Paul. Un autre mauvais rêve, une autre illusion, pour lui qui n'a pas d'espoir d'améliorer son sort tout en travaillant à « toutes sortes de petites jobs pour arriver – arriver à quoi ? »

En retournant chez lui, René fait une découverte :

« Je marche dans la neige. J'ai une sensation bizarre. Cette neige-là est exactement la même que dans mon rêve... douce, légère, un peu collante. Probable qu'à demi éveillé, j'ai entendu les gars parler de la neige à l'extérieur... Au bout de quelques minutes, j'arrive chez ma logeuse. La porte est barrée. Elle s'est couchée sans m'attendre. Ça veut dire que je vais en entendre parler demain matin... J'aurai droit au sermon. Je fouille dans ma poche pour trouver ma clef. Comme d'habitude, je suis obligé de tout sortir : mon briquet, mon canif, un petit portrait de ma femme avec les enfants et un bout de papier. Il est à peine froissé... Je l'ouvre pour voir ce qu'il y a dessus – c'est écrit : Reviens nous voir bientôt – et c'est signé : Paul. »

Suffit-il de croire qu'on croit pour arriver à être heureux et pour trouver un sens à la vie ?

Grâce ce conte, Deschamps remporte un prix littéraire.

De 1980 à 1984, l'œuvre de Deschamps s'éloigne de l'actualité sociale et politique. En 1984, une morosité individuelle et collective remplace l'euphorie et l'effervescence de la fin des années 60. Évidemment, les politiciens québécois expliquent que la situation est due à l'échec référendaire de 1980, mais aussi au rapatriement unilatéral de la Constitution canadienne par le gouvernement libéral de Pierre Elliot Trudeau. On dit que les Québécois sont installés dans «le confort et l'indifférence», titre d'un film réalisé par Denys Arcand en 1981.

Avec la récession économique de 1982, les temps sont difficiles pour plusieurs entreprises québécoises et canadiennes. La Fédération des magasins Coop et la Fédération des Pêcheurs Unis du Québec doivent déposer leur bilan. Iron Ore met fin à ses activités minières à Schefferville. Le gouvernement du Québec décide d'acquérir la compagnie d'aviation Québecair, qui vacille depuis quelques années. Les faillites personnelles et commerciales augmentent. Le gouvernement crée Corvée-Habitation pour relancer l'industrie de la construction. Les employés de l'État sont en colère contre le gouvernement de René Lévesque à cause de la loi 105 qui leur impose des réductions de salaire et des conditions de travail. Ils promettent de s'en souvenir lors des prochaines élections provinciales. Pendant ce temps, la centrale syndicale FTQ crée un précédent en instituant le Fonds de Solidarité, organisme d'investissement voué à la création d'emplois dans les entreprises et à l'éducation économique des travailleurs.

En Occident, le discours social se transforme. Les années 60 et 70 ont valorisé les interventions des États pour assurer la prospérité et la croissance. Les économistes les plus célèbres ont acquis notoriété et richesse en vendant cette conception du rôle de l'État.

Avec le début des années 80, le discours bascule. Les nouveaux économistes et les gourous du management affirment que l'État nuit à la prospérité économique à cause de sa bureaucratie envahissante et de son endettement excessif. Le nouveau discours invite les États à éliminer les irritants qui nuisent au développement des affaires dans un monde de plus en plus compétitif. Les entrepreneurs se présentent et sont présentés comme les sauveurs d'un monde en déclin. On voit naître le culte de l'entreprise privée et des identités fortes. Des hagiographies sont écrites sur les grands de ce monde qui construisent des empires; les prédateurs sont maintenant vertueux. On publie de multiples essais pour vanter les mérites et les vertus de ces entreprises qui ont pris le virage de la performance et de l'excellence. On y dévoile les secrets des meilleures entreprises. De plus en plus, les entreprises japonaises sont un modèle pour le monde des affaires. Fréquemment, on se rend en mission exploratoire au Japon et en revenant on « colloque » beaucoup sur les vertus du modèle nippon.

Dans la première moitié de la décennie 80, la performance, l'excellence et la productivité deviennent les nouvelles valeurs prônées par le discours politique et le discours économique. Graduellement, on prétend que la survie et l'avenir passent par celles-ci.

Humanisme équivaut à mollesse. La suprématie est élevée au rang de vertu. Le darwinisme reprend ses lettres de noblesse par une valorisation de la compétition et de la rivalité : il nous faut devenir des gagnants qui ne doivent rien aux perdants, car ces derniers n'ont pas compris les nouvelles règles du jeu. C'est une société du chacun-pour-soi.

Maintenant, le vrai Québécois est celui qui n'a pas peur de faire des affaires. C'est celui qui adopte le nouveau discours dominant. « Québec inc. » oblige! Le nouveau Québécois doit maîtriser ses peurs. L'angoisse existentielle est un signe de faiblesse que le vrai gagnant ne peut pas se permettre. Seule l'action a de l'importance. La recherche de sens n'est que du vent. Le pragmatisme entre par la grande porte.

Pendant ce temps, simultanément à la naissance de ce culte de la performance, du rendement et de l'excellence, les conspirateurs de l'ère du Verseau annoncent la naissance d'un processus transformatif qui mènera «à l'autonomie, à la plénitude et à la disponibilité envers les autres», qui mènera «à un individu neuf qui a le sentiment d'appartenir à une communauté mondiale». Et suit la mise en marché de toute une quincaillerie pour apprendre à mieux vivre et à mieux être.

D'un côté, on dit que demain sera meilleur si on cultive la performance et l'excellence et si on devient des gagnants. De l'autre, on affirme la même chose en prétendant que s'installe dans tous les secteurs d'activité «une véritable révolution de l'esprit fondée sur un nouvel humanisme». On croirait réentendre le monologue *La manipulation* que Deschamps avait présenté lors de son spectacle de 1979 : les nouveaux messies sont arrivés pour notre plus grand bien.

Plusieurs critiques affirment que le Québécois de Deschamps qui a peur de tout, même de sa propre personne, n'est plus représentatif du Québécois d'aujourd'hui, plus affirmatif et plus volontaire. Le Québécois du début des années 80 aurait maîtrisé ses peurs, ses craintes et ses angoisses.

Étrangement, tout le spectacle *C'est tout seul qu'on est l'plus nombreux* est construit autour d'un seul personnage qui communique au public toutes ses peurs. Deschamps aurait-il mal sondé l'âme québécoise du début de cette décennie en prenant ses propres peurs pour des peurs collectives? Ou est-il tellement obnubilé par le Québécois d'avant les années 60 qu'il a négligé de suivre l'évolution de celui-ci vivant dans la modernité? Pour parodier Deschamps, disons que seul le temps permettra de répondre à ces deux questions.

De cette période de création, retenons trois autres monologues qui rendent bien compte des préoccupations récurrentes de Deschamps : *Le mariage, Je crois* et *Débile Léger*.

Dans *Le mariage*, la femme du personnage est décédée après sept années de mariage, nombre significatif dans l'univers amoureux d'Yvon. Au salon mortuaire, le personnage achale tout le monde pour savoir pourquoi on meurt :

> « Ça pas d'bon sens d'mourir, c'est écœurant d'mourir! Y a-tu quelqu'un au moins qui sait pourquoi c'qu'on meurt? Ya un d'mes oncles qui dit : Moé je l'sais, c'est la vie. Ma tante a dit : Énarve-toé pas avec ça, de toute façon, qu'est-ce que tu veux, la vie ça pas d'importance han, la vie n'est qu'un passage. J'ai dit : Pardon ma tante? A dit : La vie n'est qu'un passage. Ah j'ai dit : La vie n'est qu'un passage… Qu'essé qu'y a au boutte du passage? C'tu l'salon ou ben les toilettes? On va-tu chanter Alleluia ou ben on va tirer la chaîne, han ma tante?
>
> « Non mais m'as vous dire queque chose : C'est quand qu'ma tante m'a dit qu'la vie n'est qu'un passage, c'est là qu'j'ai compris pourquoi c'qu'on meure. Astheure je l'sais pourquoi c'qu'on meure. On n'aime pas vivre. On aime pas ça la vie! »

(Extrait de Le mariage, *1981.)*

Suit la chanson *Seul*, qui est aussi touchante que celle de Vigneault, *Berceuse pour endormir la mort*. Dans *Seul*, c'est la crainte de la solitude et de l'isolement qui est affirmée :

> « Qui me tiendra la main
> Au bout de mon chemin,

Qui me tiendra la main
Au jour sans lendemain ?

« Ce jour tant redouté
Où je dois m'arrêter,
Ce jour omniprésent
Qui envahit mon temps »

(Extrait de Seul, *paroles d'Yvon Deschamps sur une musique de Serge Fiori, 1981.)*

Je crois est le seul monologue de Deschamps qui traite directement des valeurs qui nous inspirent et de l'importance de celles-ci. « Faut croire qu'on croit » est le leitmotiv de ce monologue qui s'apparente au conte de Noël *Entre deux bières*. Si l'on en croit ce leitmotiv, les convictions ne sont pas très solides ni très profondes.

Le personnage de ce monologue veut démontrer qu'il n'y a pas que l'argent qui compte dans la vie. On revient au thème d'un des premiers monologues de Deschamps en 1969. Mais, comme toujours quand on discute des valeurs dans cette société au relativisme mou, l'argumentation demeure superficielle.

« Si on veut s'passer d'nos peûrs, faut qu'on s'accroche à des valeûrs, des valeûrs qui en valent la peine ! [...] Y en a des valeurs, c'est pas ça qui manque les valeurs, vous savez. Les valeurs. Eille ! Han ! Y en a ! Haaaaaa ! Eille ! En haut, bon. D'mandez leur ! Y en a-tu, eille, sacrifice, eille ? Y en a, y en a, han ? Pis euh... on les a pas toutes nommées encore, y en a ben plusse que ça, t'sais !

« On a l'choix des valeurs. Une affaire que l'monde a oublié, savez-tu quoi, c'est les valeurs z'humaines. [...]

« Non, mais quand j'parle de l'humain, j'parle de l'humain en général. L'humain avec un grand U ! »

(Extrait de Je crois, *1981.)*

Débile Léger est un personnage d'une autre planète vivant en l'an 2497. Un professeur montre à ses élèves des holo-grammes du vingtième siècle. Une critique de ce siècle s'ensuit :

> « Le travail, c'était à peu près la seule chose qu'i avaient trouvé pour se valoriser. »

> « Non mais au vingtième siècle, le monde pensait pas encore. Non. Non ! L'monde produisait, c'est très différent ! Et qu'est-ce qui produisait ? Des affaires pour se tuer. »

> «[…] l'monde adorait les objets, c'était pas avancé encore. »

> « I mangeaient leurs propres animaux. »

> « Alors qu'est-ce qu'on peut penser d'une civilisation qui aimait mieux dépenser des milliards de dollars pour aller porter trois cochonneries s'a Lune, plutôt que d'nourrir les millions d'personnes qui mouraient d'faim ? »

> «[…] c'était des gens qui ne pensaient pas mais qui, par contre, étaient prêtes à tuer toutes ceuses qui pensaient pas comme eux autres. »

> *(Extraits de* Débile Léger, *1983.)*

Avec ce monologue présenté dans son dernier spectacle, *Voyage dans le temps*, Deschamps confirme sa manière unique de voir le monde en regardant toujours la vie et la société sous des angles inhabituels. C'est là une caracté-ristique permanente de son œuvre.

PARTIE 4

D'un refuge à l'autre
(1985 - 1997)

Les grandes étapes

1

Le défi
de la télévision

L'usure ne vient pas du jour au lendemain. Elle commence le jour où le plaisir de faire les choses propres à un métier est altéré par les obligations et les inconvénients qui se multiplient. Elle s'installe quand les instants de plaisir sont si réduits qu'il ne vaut plus la peine d'investir autant d'énergie. On peut mesurer l'usure à la morosité et à la résignation envahissantes.

Depuis 1979, chaque fois qu'Yvon a voulu mettre un terme à ses activités professionnelles ou à tout le moins les ralentir, il s'est toujours justifié de ne pas le faire parce qu'il croyait qu'il sombrerait dans une profonde crise existentielle, lui qui ne sait pas encore «pourquoi on fait tout ça puisque ça ne mène à rien».

Avec la naissance de ses deux enfants, ces crises se sont atténuées par la force des choses : «Quand tu as de jeunes enfants, tu as moins le temps de te poser de grandes questions sur le sens de l'existence. Les enfants te ramènent au quotidien et à l'instant présent, et ça aide beaucoup», dit Yvon.

Sur scène, Yvon se sent habituellement bien, surtout quand il est satisfait du contenu et de la forme du spectacle. Jusque-là, cela a été le cas pour la majorité de ses spectacles, à l'exception de ceux de 1973 et 1979. Même s'il s'est déjà moqué de «la thérapeutique de groupe» dans l'un de ses monologues, il n'en demeure pas moins que l'écriture est une forme de thérapie pour lui. Cela lui permet de remettre un ordre relatif dans son propre désordre.

En juin 1984, il rentre chez lui avec la fin du spectacle *Voyage dans le temps*. Yvon sait qu'il doit investir pour consolider sa relation avec Judi. Il craint toujours le chiffre sept. En effet, cela fait sept ans qu'ils ont décidé de revenir ensemble. Avec Mirielle Lachance, la rupture s'est produite après sept ans de vie commune. Avec Judi, la séparation a eu lieu sept années après leur rencontre. Et voilà que sa relation avec elle est fragilisée après le même nombre d'années. Tout fataliste qu'il est, Yvon ne veut pas laisser cette situation se détériorer davantage, pas plus que Judi d'ailleurs.

Les douze mois qui suivent sont consacrés « à réapprendre à vivre une vie normale ». À part quelques réunions pour élaborer le concept de l'éventuelle émission de télévision, quelques activités promotionnelles pour ses causes sociales et quelques tracas causés par l'hôtel National, Yvon fait le vide pour briser l'usure. À la maison, il se consacre à « ses trois femmes », il retrouve le plaisir de la lecture et de la musique. Il apprend à prendre du temps pour lui chaque jour, chose qu'il n'a pas faite depuis fort longtemps.

Aussi, Yvon constate que le monde de l'humour se transforme rapidement au Québec. Avec un humour souvent irrévérencieux, de jeunes humoristes se taillent une place dans ce milieu. Il lui arrive de se demander s'il y a encore sa place, lui qui a dominé ce monde depuis près de quinze ans en fracassant tous les records, même les siens. À l'approche de la cinquantaine, il souhaite explorer de nouvelles avenues en se distançant de la scène.

Pour le moment, Yvon compte beaucoup, sinon uniquement, sur le projet d'émission à la télévision pour reprendre ses activités professionnelles. Rénald Paré et Guy Latraverse multiplient les démarches afin de vendre le concept et de trouver le financement nécessaire. Ce n'est pas facile à cause du contexte économique. De plus, les commanditaires veulent des garanties de cotes d'écoute. Mais les problèmes ne sont pas uniquement financiers.

À la veille du méga-spectacle *Magie Rose* de Diane Dufresne au Stade olympique, prévu pour l'été 1984, Guy Latraverse sombre dans une phase dépressive qui le tient éloigné du bureau pendant une longue période. « Ça allait bien dans la cabane », se disent-ils aujourd'hui en riant. Yvon est usé et fatigué et Guy est « en dépression ». Ce dernier apprendra un peu plus tard qu'il est maniaco-dépressif, maladie bipolaire qu'il ne faut pas confondre avec la dépression. Pour lui, cette psychose se traduit depuis fort longtemps par des cycles de six mois. Dans le passé, quand Yvon avait peur des ambitions de Guy, cela correspondait habituellement à ses phases maniaques. Yvon est un être profondément craintif. Aussi, les phases maniaques de Guy quintuplaient-elles sa peur, mais généralement les projets de ce dernier se transformaient tout de même en succès.

Avec les années, le projet de télévision s'est ajusté à la réalité. Au début, les producteurs avaient parlé d'un talk-show humoristique, ensuite d'une émission quotidienne consacrée à l'humour et finalement, en juin 85, il est question d'une heure par semaine, trois fois par mois, pour un total de vingt émissions par année enregistrées devant public et diffusées par Radio-Canada. Deux autres seront produites : l'une des meilleurs moments, l'autre des pires.

En juin 1985, le projet est encore incertain à cause d'un problème de financement de la production : le prix demandé aux commanditaires est trop élevé par rapport au prix du marché. Alors, on tente de trouver d'autres formules de financement et on demande l'aide de Téléfilm Canada, qui accepte le 12 juillet. Il faut maintenant produire les émissions, la première de *Samedi de rire* étant prévue pour le samedi 5 octobre. L'émission sera réalisée au Spectrum par Jacques Payette, qui vient de terminer *Station soleil* à Radio-Québec avec Jean-Pierre Ferland et qui prépare déjà le prochain *Bye Bye* traditionnel de fin d'année.

Pour la première fois au Québec, on prépare une émission à l'américaine : quatre équipes de scripteurs différents sont chargées d'écrire les émissions sous la coordination de Josée Fortier et d'Yvon Deschamps. Dans le projet initial, seuls les rédacteurs, les musiciens et Yvon sont permanents. Les comédiens, les chanteurs et les artistes invités seront engagés selon les besoins du scénario.

Yvon se sent à l'aise «avec sa nouvelle ancienne équipe». En effet, il est heureux de concrétiser ce projet avec Guy Latraverse et Rénald Paré, «des amis de longue date, des gars de ma *gang*». Pierre Rivard est aussi de l'équipe en tant que recherchiste et il s'occupe «des affaires quotidiennes d'Yvon». Pierre présente Josée Fortier à Yvon. Ce dernier découvre «une fille qui a le sens de la synthèse et du *timing*, sachant ce qui peut marcher ou pas». Rapidement, elle intègre la *gang* d'Yvon, ce qui est un événement rare, car Yvon n'est pas du genre coup de foudre dans ses amitiés professionnelles et personnelles.

À l'équipe de base se joignent les quatre équipes de scripteurs composées pour la majorité de jeunes auteurs et de quelques autres déjà plus connus : l'équipe de Louis Saia, Stéphane Laporte et Claude Meunier ; l'équipe de Louise Roy, Joanne Arseneau et Luc Mérineau ; l'équipe de Jean-Pierre Plante, Pierre Huet, Patrick Beaudin et Sylvie Desrosiers et finalement celle de Serge Langevin, Serge Grenier et François Depatie. Les équipes sont autonomes dans leur écriture et elles sont constituées sur la base des différences, chacune ayant sa conception particulière de l'humour. Avec les années, ces équipes se modifieront selon les besoins et selon les nouvelles activités professionnelles de chacun. De plus, des collaborateurs irréguliers vendront des sketches au producteur.

Pour cette nouvelle émission, Yvon met la barre haute. Dans une entrevue accordée le 22 juillet à Bruno Boutot, du *Devoir*, il déclare :

> « Si on n'obtient pas une moyenne de 1,8 million à 2 millions de téléspectateurs par soir, je serai déçu. Et, en dessous de 1,5 million, il nous faudra changer des choses. »

Yvon a l'habitude de ce niveau d'écoute. Lors de la présentation de ses spectacles à Radio-Canada, il a toujours obtenu en moyenne deux millions de téléspectateurs.

Depuis au moins deux ans, Guy et Yvon parlent fréquemment de cette émission. À chaque rencontre avec les journalistes, ils en vantent les mérites. Par conséquent, les attentes sont élevées. On a tellement dit qu'il s'agirait d'un mariage innovateur entre le *Cosby Show*, le *Laugh In* et le style particulier de Deschamps que certains journalistes s'attendent à un chef-d'œuvre à chacune des émissions. D'autres sont sceptiques, car ils pensent que l'émission ne sera qu'une occasion pour Yvon de recycler ses vieux monologues et de prendre une élégante retraite de la scène.

À la première émission, les invités sont Céline Dion, Jean-Louis Roux et Mad Dog Vachon, cet ex-lutteur réorienté dans les médias. De plus, les comédiens sont Pauline Martin, Normand Chouinard et Rémi Girard, tandis que les musiciens attitrés sont Jimmy Tanaka, Daniel Hubert, Robert Stanley et Michel Fauteux.

Dans les jours qui suivent la première diffusion, les critiques de télévision y vont de leurs analyses personnelles et surtout de leurs recommandations. Chacun a sa petite recette pour améliorer le rire, pour qu'il y ait davantage d'humour, pour que le rythme soit accéléré et pour que la réalisation soit plus percutante. À la lecture de toutes ces analyses, on constate avec étonnement qu'une échelle du rire est utilisée par chacun des critiques pour apprécier la qualité de l'émission, échelle allant de l'ennui au délire. Tout au long de la première année, les critiques de télévision placeront l'émission sur un tel continuum :

« Rire… un peu plus, un peu mieux. »
« Samedi de rire : pas si drôle que ça. »
« Samedi de rire non mais, samedi de sourire. »
« Samedi de rire n'apporte pas encore le niveau d'humour attendu du public. »
« Samedi de rire : enfin ! »
« Samedi (plus ou moins) de rire. »
« Samedi de rire réussit à faire rire pour une première fois. »

Dès les premières émissions, certains comédiens deviennent quasi permanents : Pauline Martin, Rémi Girard, Normand Chouinard, Normand Brathwaite, Michèle Deslauriers et Johanne Fontaine. Rapidement, on a constaté qu'il est préférable d'avoir une équipe plus régulière pour assurer une continuité à l'émission. Et, à l'occasion, certains auteurs s'ajoutent à l'équipe, comme c'est le cas pour Louise Bureau, Pierre Légaré ou Michel Faure.

Au cours de cette première année, les invités spéciaux viennent d'horizons variés. Mentionnons entre autres : Claude Léveillée, Clémence Desrochers, Michel Rivard, Michèle Richard, Guy Carbonneau, Patrick Roy, Pierre Labelle, Peter Pringle, Claude Meunier, Serge Thériault et le groupe Rock et Belles Oreilles.

Évidemment, les critiques de télévision sont attentifs aux cotes d'écoute compte tenu des attentes manifestées par

Yvon. Dans les faits, l'émission fait bonne figure au cours de la première année, mais en deçà des prédictions de ce dernier.

Yvon découvre une nouvelle facette de la critique. Avec ses spectacles, il avait surtout affaire aux critiques de théâtre et de spectacle. Dans ce milieu, l'appréciation est personnelle et elle est reliée au produit lui-même. Comme le dit Yvon, « un bon critique est celui qui situe une production particulière dans l'ensemble de l'œuvre et qui a sa propre grille d'analyse ». En réalité, cette critique n'affecte pas tellement le spectacle présenté puisqu'il est déjà entièrement monté. Par exemple, un auteur dramatique ne réécrit pas sa pièce parce qu'elle a été descendue par plusieurs critiques. En soi, elle demeure un produit fini qui pourra être mis en scène ou interprété différemment une prochaine fois. Dans ce cas, la critique peut avoir un certain effet sur la vente des billets. Elle peut jouer sur le moral des interprètes du spectacle. Elle peut aussi influencer l'auteur dans sa prochaine création s'il est très sensible à celle-ci.

À la télévision, l'apport des critiques est différent : une multiplication de critiques négatives entraîne des réactions tout autant chez les créateurs que chez les producteurs, les commanditaires et les diffuseurs. Chacun est sensible à la critique, mais toujours en fonction de son influence sur la cote d'écoute. La critique est l'un des éléments d'une vaste mosaïque qui permet de décider de la survie d'une émission. Dans le cas d'une continuité comme *Samedi de rire*, il est indéniable qu'elle a une influence majeure. Certains critiques nuancent leur propos au fur et à mesure de l'évolution de la production en tenant compte des hauts et des bas. D'autres, comme Louise Cousineau de *La Presse*, ne dépassent généralement pas le sourire quand ils parlent de la qualité de l'humour présenté dans *Samedi de rire*. La critique de télévision est souvent une critique d'humeur.

Tout au long de la première année, Yvon et son équipe doivent s'ajuster constamment tout en rodant leur machine de production. Pour eux, la production télévisuelle est un apprentissage à faire. Le passage de la création en solitaire à la création collective est l'apprentissage le plus difficile pour Yvon. Pendant près de quinze ans, il a développé son style particulier d'écriture avec le monologue. Avec *Samedi de rire*, il est idéateur, animateur et comédien. Il doit apprendre à vivre la collégialité et les tensions propres à cette vie de famille. Pour lui, cette vie d'équipe n'est pas toujours facile, car il sait bien qu'il est totalement identifié à l'émission tant par le public que par la critique. Louise Cousineau, dans le *Télé Presse* du 19 avril 1986, exprime bien cette situation :

« Il semble que *Samedi de Rire* reviendra à l'affiche l'an prochain. Les bailleurs de fonds et les acheteurs sont donc satisfaits du produit puisqu'il sera reconduit. J'aimerais seulement qu'on exige un effort supplémentaire, celui qui fait la différence entre un spectacle plus ou moins drôle et un show vraiment intéressant. Une écriture mieux travaillée, des prises de vue plus soignées, une réalisation plus serrée. Yvon Deschamps est une légende au Québec. Il faudrait qu'il le reste. »

Au printemps 86, après des négociations avec Michel Chamberland de la société Radio-Canada, une entente est conclue pour poursuivre une deuxième année. Les cotes d'écoute des dernières semaines indiquent un million sept cent mille spectateurs. Les producteurs Guy Latraverse, Rénald Paré et Yvon devront tenir compte d'une réduction de la contribution financière de Téléfilm Canada à cause des restrictions budgétaires du gouvernement fédéral de Brian Mulroney, qui fait de la lutte au déficit l'une de ses priorités au cours de son premier mandat. Son gouvernement veut assainir les finances publiques dans un court délai.

L'émission se poursuit jusqu'au printemps 1989. À partir de la deuxième année, l'équipe reçoit de plus en plus souvent des jeunes humoristes québécois et délaisse le côté musical de l'émission, qui ralentit le rythme de celle-ci. La troisième et la quatrième année, Yvon prend plus de place dans chacune des émissions en participant à plus de sketches et en y allant de quelques courts monologues nouveaux. De plus, l'équipe d'auteurs est réduite et elle cherche à approfondir certains personnages qui plaisent davantage aux téléspectateurs.

Après quatre années de diffusion, *Samedi de rire* se termine avec une moyenne d'un million quatre cent mille spectateurs et des pointes à deux millions. Avec son équipe, Yvon a relevé le défi. Les trois producteurs préfèrent se retirer en pleine gloire : « Mieux vaut se retirer la tête haute et laisser un bon souvenir », disent-ils. Signalons quelques-uns de ces bons souvenirs :

Pauline Martin qui parodie Jean-Luc Mongrain.

Jean-Louis Roux en *stand up comic*.

La distribution des Roger au lieu du traditionnel Félix.

Normand Chouinard qui imite Jean-Pierre Ferland ou Pierre Pascau.

Johanne Fontaine et Pauline Martin dans un sketch inspiré de la célèbre phrase « Anne, ma sœur Anne, ne voyez-vous rien venir au loin ? »

Ding et Dong qui réécrivent l'histoire de Radisson et DesGroseillers, les deux célèbres coureurs des bois.

Jean Doré, maire de Montréal, dans le rôle de Séraphin Poudrier et Normand Brathwaite dans celui de la Grand'jaune.

Les différentes versions des Contes du Bas-du-Fleuve.

Yvon Deschamps en Ti-Blanc Lebrun.

Normand Chouinard en Ben Béland, ce typique Québécois à la fois passéiste et moderne qui va de par le monde, notamment quand il pique une jasette avec les personnages de la crèche à Bethléem.

Pauline Martin en Rose-Aimée Dupuis qui adule son Pierre Marcotte.

Au cours de l'automne, l'équipe de Guy, Rénald et Yvon produira une nouvelle émission hebdomadaire mettant en vedette Pauline Martin (*Samedi P.M.*) et une émission quotidienne avec Yvon (*CTYvon*). Les Productions Samedi de rire ont le vent dans les voiles.

En 1985, Yvon avait déclaré aux journalistes qu'il était à la télévision pour au moins dix ans. Tout indique qu'il a vu juste.

2

Enfin
une *job steady*

Le travail à la télévision change la vie quotidienne d'Yvon : « Une vraie *job steady*, avec un horaire régulier et de vraies vacances », se dit-il. Cette phrase qui peut avoir l'air d'une boutade représente cependant la réalité pour lui.

En quittant la scène, Yvon a besoin d'une certaine sécurité et d'une certaine tranquillité. C'est dans sa famille qu'il les retrouve tout naturellement. Pour lui, la famille est une valeur refuge, « une espèce de cocon », un lieu où on peut « se réfugier et se protéger mutuellement ».

En acceptant de participer à *Samedi de rire*, Yvon a décidé de refuser toutes les autres offres, se contentant de poursuivre son engagement social dans ses différentes causes. En 1985, il ajoute le Défi sportif à ces causes. C'est un organisme qui fait la promotion des activités sportives pour les handicapés.

Guy Latraverse ne produit plus de spectacles et se consacre exclusivement à la télévision. Cela convient parfaitement à Yvon, qui pense avoir pris sa retraite définitive de la scène. L'équipe qui l'entoure représente une certaine forme de sécurité. Il n'est plus le seul « à avoir toujours la tête sur le billot ». Quant à la tranquillité, elle est moins assurée, à cause des tensions propres à la production télévisuelle et aux critiques permanentes.

Au début de l'année 1986, Judi et Yvon décident d'avoir un troisième enfant. Sara naît le 22 novembre 1986. Cette fin d'automne est particulièrement difficile pour la famille Deschamps. Ils doivent affronter la mort. Anna, la mère d'Yvon, meurt le 25 octobre. Un mois plus tard, c'est la naissance de Sara, qui doit être hospitalisée au bout de trois semaines. Elle passe cinq jours aux soins intensifs à cause d'une pneumonie et d'une bronchiolite. Le médecin ne sait pas s'il peut la sauver. Elle respire à l'aide d'appareils. Pour Judi et Yvon, c'est terrible de voir leur petite fille branchée à tous ces appareils avec une petite tente sur la tête. Ils se sentent totalement impuissants, mais ils refusent de perdre espoir.

« Faut lui tenir la main vingt-quatre heures par jour. Elle ne peut pas mourir si on lui tient la main », dit Judi à Yvon. Et c'est ce qu'ils font. Ils se relaient sans cesse.

> « On a fait ça, tant et aussi longtemps que Sara n'est pas revenue à elle. Vingt-quatre heures par jour. On se remplaçait. On dormait sur le plancher près du petit lit. Chacun son tour, on allait à la maison pour être avec les deux grandes et pour leur expliquer la situation.

> « Quand tu risques de perdre un enfant, l'émotion est très particulière. Tout est immédiat : le moindre geste, le moindre souffle… C'est le quotidien qui compte, la présence. On avait peur, très peur. Même si je considère qu'on a été très très près des deux autres, ça a été très particulier avec Sara, notre petite dernière. »

Pour Yvon, la venue de Sara est comme un rayon de soleil dans sa vie, lui qui vient d'avoir cinquante et un ans. Il hésitait à avoir un troisième enfant, maintenant il n'a plus de doute.

En l'honneur de la naissance de Sara, Yvon prépare une surprise pour Judi. Il lui achète une maison au lac Écho dans les Laurentides, maison appartenant à des Richard. En se présentant chez le notaire, il ne reste à Judi qu'à signer pour en devenir officiellement propriétaire. La maison est prête à les recevoir. Yvon l'a achetée avec tous les meubles. Même la boîte aux lettres est marquée au nom de l'ancien propriétaire. Il ne reste qu'à y ajouter un « s » pour que la nouvelle maîtresse des lieux soit clairement identifiée. Cette maison devient importante pour Judi. C'est à cet endroit qu'elle commencera à écrire ses propres textes de chansons, qu'elle enregistrera plus tard.

À la campagne, les Deschamps vivent à proximité de la famille de Robert Charlebois. Judi cultive les fleurs, tandis qu'Yvon y médite. Il n'est pas un manuel, mais plutôt un contemplatif. Il aime cet aménagement où tout est bien ordonné, bien agencé, où « tout est *spic and span*», comme il dit. C'est un lieu de paix qu'ils aiment retrouver le plus souvent possible.

Le 20 décembre 1987, Yvon participe au Super Gala qui souligne le cinquantenaire de l'Union des artistes. À l'automne 1988, il anime le gala de l'ADISQ après cinq années d'absence. En octobre, il présente Jean-Paul Kauffman, ce journaliste français qui vient d'être libéré par ses ravisseurs après trois ans de captivité au Liban. Des journalistes d'ici organisent sa venue. Kauffman a commencé sa carrière au Québec, de 1966 à 1970, dans le cadre d'un échange entre le Québec et la France. Yvon y va d'un petit mot tout simple qui montre bien ses propres valeurs :

« Cher Jean-Paul,

« Je vous connais à peine. Les médias se sont chargés de nos rencontres. Toutefois, j'ai tenu à saluer votre venue au Québec par amitié pour la liberté, pour la dignité humaine et par solidarité à l'endroit des autres otages. Pour eux comme pour vous, j'ai rêvé de Liberté. J'ose espérer que notre volonté sera plus grande que celle de leurs ravisseurs.

« Enfin, Jean-Paul, bienvenue au pays ! Tous vos amis vous y attendaient ! »

Le 23 janvier 1989, au cours de son émission *L'autobus du showbusiness*, Jean-Pierre Ferland organise une fête pour célébrer les vingt-cinq ans d'activités artistiques de Guy Latraverse. Yvon y témoigne de son amitié pour Guy.

En avril, *Samedi de rire* prend fin. Avec enthousiasme, Yvon se lance pendant l'été 89 dans la production de sa nouvelle émission quotidienne avec un titre qui l'y associe directement : *CTYvon*. C'est une *sitcom* à l'américaine qui se passe dans un petit poste de télévision. Les délais sont serrés, mais il pense à cette émission depuis tellement longtemps qu'il fonce tête baissée en acceptant de nombreux compromis pour respecter tant le budget que l'échéancier.

CTYvon est un échec. Les critiques n'apprécient pas du tout l'émission et ils ne cesseront jamais de la dénoncer. Les cotes d'écoute sont moyennes si on les compare aux attentes et à celles de *Samedi de rire*. Après la cent vingtième émission, Radio-Canada la retire de l'antenne au cours de l'hiver.

Yvon rentre chez lui en craignant que le public ne retienne que cet échec comme bilan de sa carrière. « Est-ce vraiment la dernière chose que j'aurai faite ? » se demande-t-il souvent. Pendant ce temps, Guy Latraverse et Rénald Paré doivent régler les problèmes inhérents à cette rupture de contrat. Radio-Canada ne veut pas payer pour le reste de la saison. Eux sont pris avec des bureaux loués et des contrats à respecter. Après plusieurs mois, des ententes satisfaisantes sont conclues entre les deux parties, ententes qui permettent de fermer les livres comptables sans trop de conséquences financières négatives.

Rétrospectivement, il est possible d'analyser les causes de cet échec. Avec le temps, chacun a pris une distance. À l'annonce de la fin de l'émission, Yvon a surtout vécu cette situation comme une injustice parce qu'on ne lui avait pas laissé le temps suffisant pour corriger les erreurs et pour améliorer la production. Sept ans plus tard, il maintient ses propos, mais il les nuance :

> « Ce fut une expérience très difficile parce qu'on n'a pas pu se relever. Avec *Samedi de rire,* on a pu passer le cap de la première année et s'ajuster. Avec *CTYvon,* on ne s'est pas même rendu au cap de l'acceptation.

> « Et on a fait plein d'erreurs. Il y avait un manque évident d'homogénéité. En d'autres mots, la mayonnaise ne prenait pas. On a fait trop de compromis qui ont changé le concept initial. Je ne dis pas nécessairement que si on l'avait fait comme on voulait, ça aurait marché. Mais on ne le saura jamais parce qu'on l'a jamais fait. »

De cette expérience, Yvon a retenu l'importance du *live* pour lui. Il lui faut les réactions du public, sinon il se sent démuni. Avec *CTYvon,* il n'y avait pas de public. Les comédiens enregistraient douze émissions en rafale et ensuite on attendait la télédiffusion pour connaître les réactions. Mais il était déjà trop tard, d'autres émissions étaient déjà enregistrées et il n'était plus possible de vraiment changer le cours des choses. Yvon poursuit sa réflexion :

> « Quand on a retiré l'émission des ondes, cela a été une expérience très difficile pour moi. Ce qui me faisait mal, je vais te dire que la seule chose qui m'a fait vraiment mal, c'est de penser que des gens se sont servi de ça,

surtout dans les médias. Certains pour dire que j'étais fini, que je n'étais plus capable d'écrire des monologues.

« Mais j'en faisais pas de monologues dans cette émission. J'étais comédien, pas monologuiste. Pourquoi que je ne serais plus capable de faire ça ? Parce qu'une expérience de télévision n'a pas marché. Alors j'acceptais très mal l'idée que j'étais fini. »

Le 27 juin 1992, dans une entrevue accordée à Christiane Chaillé du *Lundi*, Yvon clarifie davantage ses réactions :

« Que les critiques s'adressent à leurs lecteurs, je peux très bien le comprendre puisque c'est leur mandat. Mais que Louise Cousineau de *La Presse* s'adresse directement à moi dans ses chroniques et me dise comment faire mon métier, je ne l'ai pas pris et ne le prends toujours pas. »

Guy Latraverse a également sa version des événements qui ont entouré cette émission :

« Cet échec est un peu la faute à tout le monde. On ne s'est pas assez bien préparé. La réponse tardive de Radio-Canada nous a laissé deux mois pour préparer et enregistrer les premières émissions. Logiquement, nous aurions dû retarder le projet d'une année parce que c'était un projet très particulier. On ne l'a pas rendue comme Yvon voulait que ce soit. Yvon non plus d'ailleurs. On ne l'a pas assez supporté. Au fond, on a tout simplement pas réussi.

« Et Radio-Canada a paniqué dans toute cette histoire. Pour une quotidienne, les cotes d'écoute étaient acceptables. On le sait aujourd'hui. »

Pour Judi, tous les propos précédents font partie d'une

réalité qu'on ne peut pas nier. Ce sont des faits. Cependant, elle avoue qu'elle a eu l'intuition de cet échec :

> « Un soir en arrivant à la maison, Yvon m'a dit que c'est lui qui allait être le *boss* de cette émission. Quand il m'a dit ça, j'ai eu peur que ça ne marche pas. Il n'a pas le caractère d'un *boss*. Yvon le sait. Il est un excellent second, celui qui supporte, celui qui fait avancer les affaires, celui qui a de bonnes idées. Yvon ne peut pas se fâcher quand ça va pas, quand les gens ne font pas ce qu'ils devraient faire. »

Sur le coup, Judi n'a pas réalisé à quel point la blessure d'Yvon à cause de cet échec était profonde :

> « Quand il y a un problème, Yvon ne se fâche pas et il n'en parle pas beaucoup. Il recule dans sa tête et il cherche pour quelles raisons ça n'a pas marché. À l'époque, je n'ai pas vu ça comme si terrible, le fait de perdre une émission de télévision. Ce n'est que des années plus tard que j'ai réalisé sa grande peine. »

Volontairement, Yvon décide de quitter complètement le milieu pour au moins quelques années. Il se demande même si l'heure de la retraite n'a pas sonné pour lui, qui aura cinquante-cinq ans l'été suivant. C'est un retrait volontaire qu'il considère un peu comme « une pénitence à assumer », comme s'il fallait nécessairement qu'il se fasse oublier.

De plus, Yvon n'aura pas de problèmes financiers à cause de cet arrêt. Au moment de la fin de *CTYvon*, il vient de signer un contrat lucratif avec General Motors. Ce contrat lui permet de respecter ses engagements et de mener un train de vie identique sans hypothéquer ses acquis. Il pourra même continuer à financer sa petite fondation. « Et comme je t'ai dit, quand je n'ai pas besoin de gagner ma vie… je ne la gagne pas ! »

À partir de l'hiver 1990, Yvon se consacre à sa famille. «Je me suis même obligé à ne pas penser et à ne pas écrire», dit-il. Papa est totalement présent à ses enfants : «Peut-être un peu trop même. Quelquefois, je pense que les filles auraient aimé que je parte travailler le matin comme tout le monde ou qu'elles auraient aimé se faire garder.»

3

« Accroche tes patins », disaient-ils.

Dès le début de l'année 1991, Yvon commence à recevoir des projets et il réfléchit à son éventuel retour. Il hésite toujours à revenir à la scène, mais il réserve tout de même le Théâtre Saint-Denis pour l'automne suivant. Avec Stéphane Laporte, le collaborateur de l'imitateur André-Philippe Gagnon, il pense à une nouvelle émission de télévision qui ne se concrétise pas. Il refuse des rôles dans *Scoop*, de Fabienne Larouche et Réjean Tremblay, et dans *L'Amour avec un grand A*, de Jeannette Bertrand, prétextant qu'il n'est pas un acteur.

Yvon vit un dilemme parce qu'il ne sait pas s'il veut vraiment revenir. En réalité, il n'arrive pas à se motiver suffisamment pour s'assurer qu'il pourra faire les choses avec plaisir et avec passion. En outre, il ne veut plus s'embarquer dans une machine infernale qui doit sans cesse être alimentée par de nouvelles productions pour survivre. À son âge, il lui semble qu'il peut accomplir les choses à son rythme et à sa manière.

Il mijote des idées pour de nouveaux monologues. Finalement, il décide d'annuler les réservations faites pour l'automne. Il ne sera pas prêt et il ne veut pas écrire sous pression parce que la salle est réservée. Il a souvent vécu cette situation auparavant et il ne veut plus la revivre.

Guy Latraverse et Rénald Paré lui proposent de donner au Spectrum deux spectacles qu'ils capteront pour la télévision de Radio-Canada. Ils pensent à une rétrospective de ses monologues. Yvon n'en voit pas l'intérêt, lui qui veut se tourner vers l'avenir et non pas vers le passé. Finalement, ses deux associés de toujours finissent par le convaincre de la nécessité de présenter ces spectacles. Ils souhaitent faire savoir à toute une génération qui n'a pas connu les grandes années Deschamps qu'il est plus que Ti-Blanc Lebrun et CTYvon.

En même temps que ces deux spectacles, deux coffrets seront lancés simultanément : une compilation des monologues de 1969 à 1973 et une autre couvrant la période de 1975 à 1988. En tout, vingt-deux pièces seront enregistrées sur ces quatre disques réunis en deux coffrets.

Pour choisir les monologues à inclure dans les coffrets, Yvon se donne des critères personnels : le plus beau, *Le bonheur*; le plus pertinent, *Les Unions, qu'ossa donne?*; le plus provocant tout en étant tendre, *Pépére*; le plus politique, *La fierté d'être Québécois* ou le plus caricatural, *Le positif.*

En apprenant la tenue des deux événements, certains journalistes parlent de la résurrection de Deschamps. Le lancement des coffrets est un succès et l'occasion de retrouvailles pour Yvon. Le soir du spectacle, Robert Vinet, administrateur et ami d'Yvon, lui remet une plaque souvenir réunissant les pochettes de ses quatorze disques. Le spectacle est produit par Sogestalt 2001 et réalisé par Pierre Séguin. Les émissions sont enregistrées le 30 octobre et elles seront diffusées les 16 et 23 novembre à Radio-Canada.

Dans *Le Journal de Montréal* du 30 octobre, Daniel Rioux salue le retour d'Yvon :

« Caricaturiste de l'âme, des émotions et de la société, Yvon Deschamps a senti le besoin de ressusciter, de faire revivre ses personnages et peut-être, aussi de porter secours aux humoristes modernes qui ont grand besoin d'un cours magistral en la matière. »

Le lendemain dans le même journal, Manon Guilbert qualifie de génial le spectacle au Spectrum :

« On avait oublié combien la scène savait le grandir plus grand que nature. On avait oublié que Yvon Deschamps a le génie de nous faire rire aux larmes. »

Yvon a mis son talent et son âme dans la présentation de ces spectacles. Lors de ces deux soirées de grande émotion, il redécouvre le plaisir de faire rire et de faire réagir le public. Mais il est surtout étonné de l'étonnement d'Annie et de Karine. Maintenant, elles sont assez âgées pour découvrir et saisir les monologues de leur père. Pour elles, c'est une révélation de le voir ainsi sur scène. En plus, elles prennent conscience que leurs propres idoles, Ding et Dong et Rock et Belles Oreilles, sont en admiration devant Yvon. Il y a là de quoi alimenter leur fierté à l'égard de leur père.

Quelques jours après le Spectrum, Yvon sait en lui-même qu'il reviendra sur scène. Dans les mois qui suivent, il achève l'écriture de son spectacle *U.S. qu'on s'en va ?*: de nouveaux monologues alterneront avec des anciens. Depuis les réactions lors de la télédiffusion de son spectacle au Spectrum, il ne craint plus de reprendre « ses classiques », parce que les gens les redécouvrent avec un grand plaisir.

Pour la mise en place de ce spectacle, Yvon retrouve sa *gang*: Guy Latraverse et Rénald Paré comme producteurs, Pierre Rivard, maintenant devenu son gérant et producteur associé, Bernard Spickler comme directeur de la tournée, Libert Subirana comme chef d'orchestre et Bruno Jacques comme éclairagiste. La tournée commence à La Sarre le

20 mai. Yvon sera à Montréal en octobre et à Québec à la fin de novembre. Puis la tournée sera reprise au printemps 1993. Cette planification rassure Yvon, qui a de mauvais souvenirs des routes hivernales au Québec. Il a aussi exigé une structure légère moins coûteuse afin de ne pas devoir présenter cent cinquante spectacles pour rentrer dans ses frais. De plus, un peu à la manière de Gratien Gélinas à l'époque, Yvon innove en décidant de mettre les billets du balcon à huit dollars, comme pour une soirée de cinéma. Il s'en explique aux journalistes : « Ça va permettre aux gens moins fortunés de venir me voir, et de pouvoir manger le reste de la semaine ! Après tout, une bonne blague n'est jamais aussi bonne que lorsqu'elle est partagée...»

Pour *Samedi de rire* et pour *CTYvon*, Yvon n'avait pas à s'inspirer de l'actualité sociale et politique puisque c'étaient les scripteurs qui avaient la responsabilité des textes. Mais, personnellement, Yvon n'a jamais été loin de l'actualité.

Que s'est-il passé au Québec et ailleurs depuis le dernier spectacle d'Yvon en 1983-1984 ? Brian Mulroney a pris le pouvoir à Ottawa. Il a proposé une démarche pour intégrer le Québec à la Constitution canadienne rapatriée par le gouvernement Trudeau en 1982. René Lévesque a succombé au « beau risque » proposé par Mulroney. Lévesque a écrit aux membres de l'exécutif du Parti québécois pour affirmer que la souveraineté n'avait pas à constituer l'enjeu de la prochaine élection fédérale. Ç'a été le début d'une crise au sein du parti. Sept ministres ont quitté le caucus, dont Jacques Parizeau qui renonçait à la vie politique. Le 2 juin de l'année suivante, René Lévesque démissionnait et il était remplacé par Pierre-Marc Johnson. En juin, le gouvernement péquiste nommait Jean Rochon à la tête de la Commission d'enquête sur les services de santé et les services sociaux. À l'élection du 2 décembre, Robert Bourassa a repris le pouvoir après une longue remontée à la suite de sa défaite du 15 novembre 1976. Il a obtenu quatre-vingt-dix sièges sur une possibilité de cent vingt-deux.

La même année, la commission royale McDonald recommandait le libre-échange avec les États-Unis pour renforcer notre place dans ce monde de plus en plus compétitif. En URSS, Mikhaïl Gorbatchev était porté au pouvoir et promettait un vent de réforme pour amener la prospérité dans son pays. En 1986, Denys Arcand réalisait *Le déclin de l'empire américain* et Yves Simoneau *Les fous de bassan*, d'après l'œuvre d'Anne Hébert.

En 1987, le 3 juin, Brian Mulroney et dix premiers ministres des provinces signaient l'accord du lac Meech qui reconnaissait les cinq conditions du Québec pour signer la loi constitutionnelle de 1982. Chacune des provinces prenait l'engagement de faire ratifier cette entente. Le 4 octobre, une entente de principe était signée pour un pacte de libre-échange avec les Américains.

Le cinéaste Claude Jutra, l'artiste Andy Warhol et le cinéaste Norman McLaren sont décédés. Le 1er novembre, on annonce la mort de René Lévesque; le Québec est consterné. Félix Leclerc suivra l'été suivant. Le 18 décembre, la commission Rochon déposait son rapport. Elle proposait une vaste réforme de notre système de santé.

En 1989, le gouvernement de Robert Bourassa a été réélu avec une forte majorité. En URSS, un espoir de démocratie est né quand vingt-cinq pour cent des dirigeants communistes ont été battus lors d'une élection. Le mur de Berlin est tombé le 9 novembre, créant l'espoir d'un monde meilleur où la démocratie deviendra universelle. Le 6 décembre, Marc Lépine tuait quatorze étudiantes à l'École polytechnique de Montréal.

En 1990, l'été a été chaud au Québec. Le 22 juin, l'accord du lac Meech est mort à cause du Manitoba et de Terre-Neuve. Dans les coulisses, on a prétendu que Pierre Elliott Trudeau avait joué un rôle prépondérant dans ce fiasco constitutionnel. Le 25 juin, plus de trois cent mille personnes participaient au défilé de la Saint-Jean dans les rues de Montréal. Le 26 juin, quatre députés du gouvernement démissionnaient et fondaient le Bloc québécois. Le 29 juin, on a créé la commission Bélanger-Campeau sur l'avenir politique du Québec. Le 11 juillet débutait la crise d'Oka, qui se terminerait dans un désordre complet le 26 septembre.

Cette même année, le comédien Jean Duceppe, le chanteur Gerry Boulet, l'écrivain Hugh McLennan, auteur des *Deux solitudes*, la romancière Alice Parizeau, les peintres Jean-Paul Lemieux et Arthur Villeneuve nous quittaient ; les quatre derniers étaient restés des inconnus pour nombre de Québécois. Mais notre fierté de Québécois a été rassurée quand on a appris, le 2 octobre, que le gardien de but Patrick Roy devenait le joueur de hockey le mieux payé de l'histoire du Canadien de Montréal. Décidément, les affaires allaient bien dans ce nouveau Québec inc.

Depuis la dernière récession économique de 1982, le culte de l'argent et de l'entreprise sont devenus les deux clés qui nous ouvrent un monde meilleur. Pourtant, le citoyen ordinaire est de plus en plus inquiet, lui qui a de moins en moins d'argent dans ses poches, malgré toutes les promesses des gouvernements de régler les problèmes budgétaires. Le citoyen ordinaire sent venir une nouvelle récession. Les politiciens le rassurent en prétendant qu'il n'y en a aucun indice à l'horizon.

En 1991 a lieu la guerre du Golfe. Le 2 août de l'année précédente, les troupes irakiennes ont envahi le Koweit, qui est riche en pétrole. Les États-Unis et ses partenaires ont alors décidé de régler le problème sur le terrain. Pendant quelques heures, l'Occident s'est senti proche d'une troisième guerre mondiale. Quarante jours plus tard, l'Irak capitulait et le gouvernement des États-Unis annonçait qu'il travaillerait désormais à la création d'un nouvel ordre mondial.

Pendant ce temps au Québec, on continue de chercher une issue aux problèmes constitutionnels. L'industrie du bla-bla constitutionnel est prospère. De la commission Bélanger-Campeau, on passe au rapport Allaire. À Ottawa, le premier ministre du pays et les premiers ministres des provinces se réunissent fréquemment et accoucheront le 28 août de l'accord constitutionnel de Charlottetown, qui devra être ratifié le 26 octobre par un référendum pancanadien. La réponse sera non. Pour une fois, le Québec et Pierre Elliott Trudeau sont sur la même longueur d'ondes : ce dernier recommande de voter non. Majoritairement, les Québécois rejetteront l'accord constitutionnel, malgré les appels favorables du gouvernement Bourassa qui a négocié l'entente.

Depuis plus d'un an, le Canada est en récession économique, mais les politiciens et les économistes affirment que cela ne durera pas. Le taux de chômage augmente sans cesse. Les jeunes s'inquiètent de plus en plus au sujet de leur avenir. Ils commencent à croire que les baby-boomers ont tout pris et qu'ils n'ont laissé que des dettes. Les consommateurs sont de plus en plus sur le qui-vive. Les entreprises parlent de rationalisation et de dégraissage des structures pour assurer leur compétitivité face à cette mondialisation qui est à nos portes : un fort bon prétexte pour domestiquer le citoyen en le rendant raisonnable dans ses demandes et dans ses attentes. Tout cela avec la promesse d'un avenir meilleur, quand nous aurons vaincu les déficits gouvernementaux et quand nous aurons réussi à devenir plus performants.

Au Québec, en moins de trente ans, on a remplacé le culte de la religion par le culte de l'économie. Avant, la religion catholique dominait les comportements individuels et collectifs, maintenant, c'est l'économie qui a pris toute la place. Nous sommes toujours dominés par une force extérieure qui inhibe nos choix personnels et collectifs.

Dans ce contexte, Yvon peut bien se poser la question *U.S. qu'on s'en va?* au moment de l'écriture de son spectacle. Il nous invite à une réflexion sur le changement en nous prouvant que nous discutons toujours des mêmes problèmes depuis 1970, année de son premier spectacle solo à la Place des Arts : de la constitution canadienne avec les mêmes hommes politiques. Il effectue un retour sur le référendum de 1980 et il s'interroge sur celui qui fait suite à l'accord de Charlottetown. Il manisfeste une seule crainte à l'égard des politiciens : après la constitution, ils veulent s'occuper de l'économie, «là, ça sera vraiment une catastrophe». Il traite de la suprématie des Américains, des changements en Union soviétique et de la chute du mur de Berlin. Il caricature les problèmes écologiques mondiaux et locaux, notamment la catastrophe des BPC de Saint-Basile-le-Grand qui n'aura finalement provoqué que quelques irritations aux yeux d'un petit nombre de pompiers. Dans le fond, on n'est même pas capables de se faire une vraie catastrophe écologique, comme les Russes ou comme les Américains savent en provoquer. Il parle aussi des vieux, des bénévoles, des adolescents et des problèmes linguistiques.

Partout, le spectacle remporte un énorme succès. Depuis la présentation des deux émissions *Les grands monologues* à Radio-Canada et depuis le début de la présente tournée, les journalistes parlent d'une rentrée triomphale. Les expressions et qualificatifs utilisés frisent la démesure. Reprenons-en quelques-uns en vrac :

« Notre comique national.

— La star de la scène.

— Le Roi de la scène québécoise.

— Toujours champion.

— Yvon, une légende, un symbole.

— Yvon, un monument.

— Un champion dans le métier.

— Il faut s'incliner devant cette impayable stature.

— Le plus grand humoriste de l'histoire du Québec.

— Le Roi Deschamps.

— Il est inscrit dans le patrimoine québécois. »

Yvon ne peut nier qu'il apprécie toutes ces louanges venant des journalistes, mais cela le gêne davantage quand une dame d'un certain âge lui lance depuis les allées d'un grand magasin : « Yvon, tu es un véritable monument. »

Le 30 novembre 1992, Avila, le père d'Yvon meurt. En faisant le ménage dans ses affaires personnelles, Yvon trouve dans le tiroir d'une commode de sa chambre à coucher des centaines de coupures de journaux. Avila avait conservé tout ce qui avait été écrit sur son fils. À ce moment, Yvon découvre que son père s'est toujours intéressé à ce qu'il faisait. Avila était avare de ses commentaires. C'était dans sa nature. En faisant cette découverte, Yvon est touché. Celle-ci vaut bien des centaines de commentaires positifs de la part des journalistes et des spectateurs. Pour lui, c'est un signe de la fierté de son père à son égard.

Le 29 octobre 1992, la journaliste Marie Labrecque, de *Voir*, propose une réflexion personnelle sur l'art d'Yvon Deschamps. Elle écrit :

> « Au diable la vogue "politically correct", Yvon
> Deschamps traite les handicapés de "maganés", parle
> des "p'tits vieux" sans user d'euphémisme et ne

ménage ni les femmes "monoparentales" ni les "allophones". Mieux que les termes respectueux à la mode, son franc-parler rappelle en filigrane le triste sort réservé aux vieillards. Ce sympathique frondeur peut se permettre de dire ce que les autres (parlez-en à Diane Jules...) doivent taire. Cette précieuse liberté apporte un vent de fraîcheur fort bienvenu. Pas mal pour un "vieux" comique...»

Sur scène, Yvon ne peut pas s'empêcher de provoquer. C'est sa marque de commerce, mais elle ne vient pas d'une stratégie pour plaire au public ou pour maintenir son image. Comme le dit Judi, qui connaît si bien Yvon, «sur la scène, il se sent en contrôle alors que c'est le contraire dans la vraie vie, dans la vie de tous les jours».

Paul Buissonneau connaît Yvon depuis le début de sa carrière. Dans une courte déclaration à Hélène Racicot, du magazine *MTL*, en octobre 1992, il dit :

«C'est un joueur qui a toujours eu une volonté de fer et une audace de délinquant. Je le soupçonne de se complaire dans les trucs suicidaires, comme s'il avait besoin de tester personnellement jusqu'où il peut aller, sur scène et dans la vie.»

De 1993 à 1996, Yvon reprend ses activités professionnelles à un rythme qui lui convient. En 1993, il termine la tournée de son spectacle. Un spécial télé à Radio-Canada suit en 1994. Il anime tous les galas de l'ADISQ, sauf celui de 1995. Toujours en 1994, il anime le gala des fêtes nationales. À partir de la même année, il anime tous les galas du Festival Juste pour rire organisés par Gilbert Rozon. Il y crée quelques nouveaux monologues et il y présente quelques-uns de ses classiques. De plus, il expérimente certaines nouvelles formules comme *Jasons avec Yvon* ou il

provoque des malaises truqués en bousculant un caméra-
man ou en invitant sur scène Pierre Monette, directeur
d'une association qu'il parraine. Il sera honoré par ses pairs
au cours du gala de 1995. À la fin de l'année 1996, il
participe au *Bye Bye* diffusé de Chicoutimi en créant un
monologue provocant sur le régionalisme, monologue qui
présente un gars expliquant les avantages de la vie dans une
grande ville par rapport à celle qu'on mène en région. De
l'avis de plusieurs, ce monologue sauve ce *Bye Bye* qui ne
lève pas.

Au cours de ces années, il participe à de multiples autres
galas, il donne plusieurs spectacles pour des organismes privés
et il continue de se dévouer pour des causes qu'il affectionne : Le Chaînon, Le Défi sportif et l'Association sportive
et communautaire du Centre-Sud.

Avec Josée Fortier, Yvon élabore progressivement deux
projets de télévision : un concept de talk-show scénarisé à
partir de thématiques et une comédie de situation qui se
déroule dans une auberge. Ces deux projets, Yvon veut
prendre le temps de bien les fignoler et ne les mettre en
œuvre que quand il sera satisfait du produit.

Mais au début de l'année 1997, Yvon prend un nouveau
virage qui l'oblige à délaisser certaines de ses activités
professionnelles qu'il juge plus ou moins satisfaisantes parce
qu'elles l'éloignent de ses véritables projets personnels.

4

Encore la question nationale

Dans les années 70, Yvon ne vivait pas d'ambiguïtés personnelles face à la question nationale. Pour lui, la nécessité de l'indépendance était évidente. Avec le référendum de 1980, Yvon se range du côté de René Lévesque qui propose une stratégie étapiste pour accéder à la souveraineté. Mais les Québécois refusent de donner au gouvernement péquiste un simple mandat de négocier. Yvon commence alors à douter de la pertinence de ses convictions nationalistes puisqu'on ne doit pas aller à l'encontre de la volonté collective d'un peuple, même si c'est pour son plus grand bien. Plus tard, il trouve même alléchante la réflexion de René Lévesque, qui prend au sérieux «le beau risque» proposé par Brian Mulroney au milieu des années 80. De 1985 à 1995, les palabres constitutionnels se multiplient jusqu'au référendum québécois du 30 octobre 1995.

Quelques semaines avant la tenue de ce référendum, Yvon accepte de participer à l'émission *Le point* de Radio-Canada. Lors de cette émission, on demande à plusieurs artistes et écrivains de témoigner. Yvon décide de faire part honnêtement de sa réflexion. Dans les faits, il est de moins en moins rassuré sur la possibilité d'en arriver à une souveraineté-association avec le Canada. Cela lui semble même inacceptable pour le Canada anglais. Il croit que René Lévesque avait compris cette impossibilité et que c'est pour cette raison qu'il avait accepté de participer au «beau risque» proposé par le premier ministre Mulroney. De plus, Yvon ne veut pas s'engager publiquement dans ce référendum. Sans doute maladroitement, il se dit fatigué de tout ce débat qui ne mène jamais nulle part.

Évidemment, on n'accepte pas qu'il se désiste ainsi. Quelques jours plus tard, Pierre Falardeau lui envoie une réplique cinglante : «Si Deschamps est fatigué, alors qu'il aille se coucher.» Dans *Le Devoir*, Lise Bissonnette revient sur le sujet et elle «écorche Yvon à sa manière».

Yvon est assez imperméable à ce genre de commentaires qui touchent ses convictions personnelles. Il ne réagit pas publiquement aux dénonciations dont il est l'objet. Il est beaucoup plus fragile quand on l'attaque dans le cadre de ses activités professionnelles. Habituellement, il ne se gêne pas pour répliquer, surtout quand il juge la critique de mauvaise foi.

En réalité, Yvon admet qu'il est mêlé face au débat constitutionnel. Il ne sait plus pourquoi il faut croire à l'indépendance ou à la souveraineté-association : «On a travaillé fort pendant vingt-cinq ans pour une cause. À un moment donné, on n'est plus certain si c'est ça dont on a besoin au fond.» Et Yvon ne veut pas «croire pour croire».

Le résultat du vote au référendum n'a pas surpris Yvon. Il montre bien que le problème demeure entier. D'un côté comme de l'autre, personne ne peut prétendre avoir gagné quelque chose.

Dix-huit mois après la tenue du dernier référendum, Yvon sait maintenant qu'il votera oui au prochain et qu'il s'engagera dans la campagne référendaire. Une seule raison logique le guide dans ce choix : «Il faut envoyer un message clair au reste du Canada. Il faut provoquer des réactions. Il faut cesser de marcher sur des œufs. On ne peut étirer ce débat encore un autre vingt-cinq ans. Je vais être mort. »

Pour Yvon, il faut donc provoquer un changement qui ne veut pas arriver, malgré toutes les bonnes intentions et toutes les promesses de renouvellement du Canada. « Il faut crever l'abcès », dit-il aujourd'hui. Selon lui, après un oui à la souveraineté, il peut se passer deux choses : on se sépare effectivement en acceptant les conséquences de notre choix ou le reste du Canada fait des propositions acceptables pour garder le Québec dans la Confédération. Par cette stratégie, « il y aura un nouveau Canada ou il n'y aura plus de Canada ».

Aux yeux d'Yvon, le reste du Canada détient une bonne partie de la solution pour régler les problèmes constitutionnels et les problèmes culturels du Québec. Selon lui, le Québec a besoin d'un territoire pour s'épanouir comme peuple francophone. Depuis le référendum sur l'accord de Charlottetown en 1992, Yvon a proposé plusieurs fois l'idée d'une fédération de cinq États indépendants avec des régions unilingues. Selon cette proposition, un des États serait constitué du territoire actuel du Québec auquel seraient associés le nord de l'Ontario et le nord du Nouveau-Brunswick. Il s'agirait d'un État unilingue francophone ayant les mêmes droits que les quatre autres États indépendants composant la nouvelle fédération.

Également, Yvon croit qu'on pourrait penser à la création d'un territoire exclusivement francophone. Celui-ci pourrait être borné par les limites territoriales actuelles ou avec l'ajout du nord de l'Ontario et du Nouveau-Brunswick. Alors le Canada anglais et le Canada français s'uniraient pour former un nouveau Canada fondé sur la reconnaissance linguistique de ses deux composantes.

Évidemment, de tels changements ne peuvent pas se faire du jour au lendemain. Ils pourraient entrer en vigueur après une certaine période de temps déterminée par toutes les parties. Par exemple, les institutions auraient vingt ou vingt-cinq ans pour se transformer en fonction de la vocation linguistique propre à chacun des deux territoires.

Yvon ne prétend pas que ces solutions soient magiques. Il souhaite seulement qu'on en propose de nouvelles pour régler un vieux problème.

Yvon pense qu'il faut collectivement, avant le prochain référendum, prendre le temps de réfléchir sur le pourquoi de la souveraineté en tentant d'enlever les œillères actuelles des politiciens. «Veut-on la souveraineté pour la souveraineté ou la veut-on parce qu'elle est indispensable pour s'épanouir collectivement?»

Pour Yvon, un oui ou un non à tout référendum n'est pas un choix relié à un confort individuel. Avant tout, il faut penser à la collectivité. On ne souscrit pas à l'idée de l'indépendance pour améliorer son propre sort. On le fait par sens du bien commun et non par individualisme. On le fait parce qu'on affirme sa citoyenneté, qui est d'abord culturelle.

Yvon affirme que sa génération doit tout entreprendre pour régler ce vieux débat constitutionnel au cours des prochaines années. Pour lui, c'est un devoir pour sa génération d'en arriver à une solution dans un délai raisonnable. En d'autres termes, il croit qu'il faut régler le problème pour que nos enfants et nos petits-enfants passent à d'autres choses.

C'est une question de devoir et de responsabilité.

5

Judi, Yvon
et les enfants

Avant tout, Yvon est un homme de famille, celle-ci constituant d'abord un refuge pour ses membres. Il est lumineux quand il parle de ses « quatre femmes ». Lui qui songe souvent à arrêter de travailler, mais qui sait qu'il ne peut pas le faire, est alimenté quand il voit Judi mettant toutes ses énergies à développer sa nouvelle carrière d'auteure-compositrice-interprète. Il ne peut pas rester indifférent à toute cette ardeur. Il est vrai qu'il existe un écart d'âge entre Judi et Yvon. Quand il avait quarante ans, cet écart était moins évident, mais maintenant Yvon a l'âge de ceux qui ne pensent qu'à leur retraite et il vit avec une femme qui déborde d'énergie et de projets. De plus, Annie et Karine sont des jeunes femmes qui commencent à mettre les pieds dans la vie adulte, qui se questionnent et qui cherchent leur voie respective. Dans ce contexte, Yvon veut demeurer actif et continuer à élaborer des projets qui lui conviennent.

Judi et Yvon n'ont pas eu de longues discussions pour s'entendre sur quelques fondements de l'éducation de leurs filles. Mais Yvon parle très peu de valeurs à inculquer aux enfants. Il croit davantage à la présence constante et à l'enca-drement discret.

Pour lui, c'est la présence qui est la plus importante dans l'éducation des enfants. Certes, la présence physique est nécessaire, mais elle n'est pas suffisante. Il croit que l'attention aux problèmes de vie de chacun importe davantage. Pour les parents, ce type de présence est plus difficile à développer, surtout à l'adolescence. Yvon a toujours pensé que «l'adolescence est la période la plus dangereuse de la vie» et il le croit encore aujourd'hui. Il a souvenir de la sienne et il sait qu'il aurait suffi de bien peu de chose pour qu'il devienne tout autre, malgré la bonne volonté de ses parents. Pour Yvon, «les enfants doivent toujours sentir que malgré les conflits, malgré tous les problèmes quotidiens, malgré les interdictions et les sanctions, il n'y a personne au monde qu'on aime plus qu'eux autres». Il poursuit : «Chez nous, c'est un refuge, une oasis. Si le monde entier est contre eux autres, ils peuvent toujours compter sur nous, maintenant ou plus tard. »

Pour Yvon, il n'y a pas un modèle idéal ou une manière de faire ou un chemin à suivre pour réussir sa vie. Il y a mille modèles : «Quand on nous dit qu'il faut ceci ou cela pour réussir, c'est pas vrai. » Yvon revient souvent sur cette dimension avec ses filles, surtout quand celles-ci prétendent qu'elles ne pourront jamais réussir comme leurs parents. Yvon pense qu'un parent ne peut pas être déçu des choix faits par son enfant. Ici, il veut faire comprendre à ses enfants que la réussite est personnelle et non pas sociale : «Une personne qui réussit quoi que ce soit mérite le respect, tout simplement parce que ce n'est pas simple, parce que tout est difficile au fond. Être une bonne vendeuse dans un magasin ou un bon plombier, ce n'est pas plus facile que d'écrire une bonne chanson ou de faire un spectacle. Il faut de la patience et de la persévérance. Il faut se sentir confortable dans ce que l'on fait et ça, ce n'est pas facile à trouver. »

Yvon croit en la nécessité de placer ses enfants devant toutes sortes de possibilités qui leur permettront de découvrir progressivement leurs champs d'intérêt. Il pense qu'il faut explorer beaucoup pour trouver des activités dans lesquelles on se sent à l'aise et à partir desquelles on peut construire sa vie. Judi et lui ont multiplié les activités culturelles pour leurs filles. Et Yvon prend du temps pour leur parler, pour discuter sur un livre, pour les informer et pour leur raconter à sa manière l'histoire de ceci ou de cela. Et ce, afin de maintenir une ouverture d'esprit, d'être attentif à ce qui se passe et de susciter des projets de vie.

Annie se destinait au ballet. Elle a tout fait pour y arriver. À l'école secondaire, elle s'est inscrite dans la concentration ballet. Elle a beaucoup travaillé pour réaliser ce rêve, mais, à dix-huit ans, un problème aux genoux est venu mettre fin à celui-ci. Par la suite, elle est allée étudier en histoire et en cinéma, mais l'intérêt n'y était pas. Elle s'est alors mise à l'écriture. Elle produit sans cesse et Yvon trouve qu'elle a beaucoup de talent. Judi est aussi de cet avis : « Elle écrit très bien en français ou en anglais. Elle a une façon très personnelle et étonnante d'écrire ses phrases. Tu t'attends à telle chose et il en arrive une autre. Tu es toujours surpris. » Après une difficile période de réflexion, elle s'inscrira probablement en lettres.

Karine vient de terminer son secondaire. L'an prochain, elle n'ira pas au collégial. Elle prend une année sabbatique, non pas pour trouver sa voie dans la vie, mais pour explorer la possibilité de devenir chanteuse. Elle a même écrit ses premières chansons. En avril 1997, elle a participé à son premier spectacle. Elle veut suivre des cours pour apprendre le métier. Pour son âge, Judi et Yvon s'étonnent qu'elle soit si passionnée.

L'an prochain, Sara termine son école primaire. Constatant tous les projets d'Annie et de Karine, elle s'inquiète « de ne pas avoir encore trouvé son destin ». Elle n'aime pas tellement l'école, même si elle y réussit très bien, même si elle est très sérieuse, comme le dit Yvon. Elle n'aime pas la routine. Elle joue du piano pour son plaisir, sans horaire fixe. Récemment, elle a composé son premier morceau de piano. Yvon n'en revient pas : « Elle nous a impressionnés. Elle nous a dit qu'elle a fait un beau morceau. Elle s'en va faire des photocopies de portées musicales. Puis, elle se met à écrire la musique de sa pièce. Très impressionnant… »

« On n'en fera pas des docteurs, des avocats ou des ingénieurs », dit Yvon en riant.

Les trois filles de Judi et d'Yvon ont été baptisées avant d'entrer à l'école. Elles ont fait leurs études primaires dans une école de religieuses située à quelques coins de rue de la résidence des Deschamps. On peut être surpris de ce « choix » quand on connaît les problèmes qu'a Yvon avec la religion. « Il a toujours été très fâché avec la religion, avec tout ce qu'on lui a fait croire et qui ne sont que des mensonges pour lui », dit Judi.

Plusieurs y verront probablement un paradoxe dans la vie d'Yvon, en rapport avec l'éducation de ses enfants. Il s'explique sur cela :

« Elles partent sur le *straight* dans la vie. C'est à elles de choisir et je crois que c'est déjà fait. Ces histoires-là, ça fait pas vieux os, comme on dit. Elles ont été exposées. Elles sont normalisées. C'est terrible de dire cela pour un parent, mais pour moi, l'école c'est un peu comme la famille. Je considère que les enfants, quelle que soit l'école qu'ils fréquentent ou quel que soit leur type de famille, eh bien ils finissent toujours par s'en sortir, par faire quelque chose avec l'éducation reçue. Évidemment, certains traumatismes graves peuvent apparaître si la famille est violente ou totalement dysfonctionnelle. Là, c'est un autre problème.

Mais en dehors de ça, il n'y a pas d'importance capitale d'aller dans une école privée ou dans une école publique.

« Elles sont allées chez les Marcellines tout simplement parce que c'est à deux rues de la maison. Dans le fond, c'est Annie qui a choisi. Quand elle jouait au parc, elle voyait les petites filles avec les jupes carottées. Qu'est-ce que tu veux, c'est pas l'école, c'était l'uniforme qu'elle voulait. Et les deux autres ont suivi par la suite. Pour le secondaire, il n'y a qu'une seule école qui offre une concentration en musique et en ballet. Alors, il n'y a pas de choix. »

« S'il en reste », comme le dit Yvon, les trois enfants Deschamps n'hériteront pas de la fortune de leurs parents. Judi et Yvon considèrent que leur héritage leur est donné maintenant. Ils croient que leurs trois filles ont toutes les facilités possibles. Elles partiront de la maison sans dettes d'études. Elles étudieront tant et aussi longtemps qu'elles le voudront, au Québec ou à l'étranger. En partant de la maison familiale, elles disposeront de toutes les allocations familiales accumulées depuis leur naissance, sommes qui ont été déposées dans des comptes spéciaux pour elles. De plus, si elles le veulent, chacune a une maison qui l'attend en quittant le domicile familial. En effet, Yvon a acquis trois duplex à Montréal, qui se paient actuellement grâce aux loyers. Il se dit qu'avec « la garantie d'un toit sur la tête, il peut arriver n'importe quoi et il est plus facile de s'en sortir par la suite ». Yvon a souvenir de l'année 1968, période où il devait coucher à droite ou à gauche sans domicile fixe.

« Mettons que ça part bien quelqu'un dans la vie. Après ça, il me semble que tu es un adulte et que tu dois t'arranger toi-même. Si ce n'est pas le cas, je pense que tu as tout un problème », dit Yvon.

La Fondation Yvon Deschamps ou d'autres organismes humanitaires hériteront des biens qui resteront. «On ne fait pas cela pour gagner notre ciel, on n'est pas croyants, on le fait parce qu'on croit qu'il faut partager», dit Yvon.

Mais Yvon n'en est pas rendu là. Il compte bien vivre aussi vieux que ses parents. Pour le moment, les trois filles vivent à la maison. Lors d'entrevues à la télévision, Yvon blague souvent sur le fait que les enfants collent de plus en plus longtemps au domicile familial et que les parents ont hâte qu'ils le quittent. Avec ce genre de déclaration, on peut vraiment croire qu'Yvon fait le clown pour les besoins du spectacle, parce qu'il sait pertinemment que le départ de ses trois filles créera un grand vide autour de lui, «un grand trou qu'il sera difficile de combler».

Mais aussi, Yvon rêve de raconter des histoires à ses petits-enfants.

6

L ' a m i   c r a i n t i f
e t   f i d è l e

L'univers d'Yvon est restreint à une douzaine de personnes importantes pour lui en incluant Sara, Karine, Annie et Judi. Et, pourtant, Yvon rencontre des centaines de personnes toutes les semaines depuis des décennies.

Sur le plan professionnel, Yvon est un homme de clan. Depuis plus de vingt ans, il a essentiellement les mêmes collaborateurs : Guy Latraverse, Rénald Paré, Bernard Spickler, Robert Vinet et Pierre Rivard. « Tant et aussi longtemps que cela sera possible, je vais travailler avec eux », dit-il. Chacun à leur manière, Yvon les considère comme des piliers et comme des personnes ayant de la continuité. Avec ses collaborateurs, Yvon doit se sentir à l'aise et en confiance. Pour lui, cela veut dire qu'on se comprend sans faire de grands discours, qu'on se respecte mutuellement et qu'on est d'une extrême fidélité, malgré les intempéries.

Depuis 1968, Guy Latraverse est un partenaire d'Yvon. Leur première rencontre date de 1962, moment où Yvon était batteur pour Claude Léveillée. Chez Latraverse, il a aussi connu Rénald Paré et Bernard Spickler. Évidemment, en trente ans de collaboration avec Guy, il y a eu des hauts et des bas, des divergences de points de vue, des réussites, des échecs et des remises en question. La fidélité permet de passer à travers tous ces événements et de maintenir l'amitié intacte.

« Yvon m'a été totalement fidèle, même s'il a souvent eu des raisons, tant économiques que professionnelles, de me laisser tomber », dit Guy Latraverse. Mais la fidélité est réciproque selon Yvon : « Plusieurs fois, Guy m'a proposé des projets auxquels j'ai dit oui ou peut-être. Par la suite, j'ai changé d'idée, même si Guy avait mis plusieurs mois à les préparer. »

Qu'est-ce que la fidélité pour Yvon ? Deux routes qui se croisent pour se confondre par la suite. La fidélité implique nécessairement la capacité d'oublier certains événements difficiles et de continuer sa route ensemble. Pour comprendre cette manière de définir la fidélité, Yvon fait une analogie avec le golf : « Quand tu joues au golf, tu frappes une balle et elle tombe à un endroit que tu as prévu ou non. Par la suite, tu reprends le jeu à cet endroit précis. Un point, c'est tout. Tu ne te poses pas mille questions. Tu fais avec la situation et tu continues ton parcours. »

Yvon a rencontré Robert Vinet au début des années 70 chez Latraverse. Vinet est alors comptable de la boîte. Par la suite, il quitte Latraverse pour ouvrir son propre bureau, mais toujours comme administrateur dans le monde du spectacle. Yvon lui confie ses affaires personnelles et commerciales. Robert n'est pas un administrateur froid, sans âme. Pour Yvon, c'est l'image parfaite du type décrit dans *Le blues du businessman*, de Luc Plamondon, quand il dit « j'aurais voulu être un artiste ». Robert aime les artistes tout en étant un homme de finance et d'administration. Il suffit d'écouter les artistes qui attendent à la porte de son bureau de la rue Sherbrooke pour prendre conscience de tout le respect et de toute l'admiration qu'ils éprouvent envers cet homme. Pour Yvon, Robert est une personne très importante émotivement. Il peut se confier à lui. De plus, c'est « un conseiller sûr et honnête, d'une probité et d'une fidélité à toute épreuve ».

Avec les années, Pierre Rivard est devenu l'agent et le conseiller artistique d'Yvon : « Il est toujours calme – du moins en apparence – un vrai monument de stabilité et de persévérance. Il est mon bras droit, ma jambe gauche, mes deux oreilles. »

Indéniablement, Yvon a besoin d'être entouré pour surmonter ses craintes et ses peurs, tant personnelles que professionnelles. Mais cette présence se doit d'être discrète, parce qu'Yvon n'aime pas se sentir envahi par les autres. Avec les années, son entourage l'a compris. Il a fallu à chacun apprendre à travailler avec Yvon en l'acceptant tel qu'il est. Sur ce sujet, Pierre Rivard et Guy Latraverse formulent sensiblement la même opinion : « Il faut apprendre à sentir Yvon. Il faut tenir compte de ses angoisses en étant à l'écoute. Il faut être présent et surtout il faut savoir se retirer quand ce n'est pas le temps de proposer de nouveaux projets. »

Yvon retrouve le même type de fidélité avec deux autres amis de longue date : Libert Subirana et Guy Brissette. Pour plusieurs spectacles d'Yvon, Libert a été musicien et chef d'orchestre. Il a aussi écrit la musique de quelques-unes de ses chansons. « Avec Libert, tout est facile, on se comprend rapidement, on se dit les choses simplement parce qu'on a des préoccupations semblables », commente Yvon. Avec Subirana, il se sent tout simplement à l'aise.

La rencontre avec Guy Brissette remonte à l'année 1972. Par la suite, ils s'associent dans une ferme d'élevage de chevaux, association qui dure encore aujourd'hui. Pourquoi les chevaux ? Tout simplement parce c'est le champ d'intérêt de Guy et que « je voulais être avec lui ». Yvon poursuit : « Si Guy avait été cordonnier ou bijoutier, j'aurais aussi fait des affaires avec lui. »

N'oublions pas qu'Yvon a commencé sa carrière d'acteur en interprétant Pylade, l'ami craintif et fidèle, dans

Andromaque. Comme on le dit dans le milieu artistique, le *casting* ne pouvait pas être plus approprié.

En dehors de ses amitiés de base, Yvon ne cache pas qu'il a beaucoup de tendresse pour certaines personnes du milieu artistique, même s'il ne cherche pas à les rencontrer ou à les revoir. Il pense à Paul Buissonneau, à Clémence Desrochers, à Claude Léveillée, André Gagnon ou à Jacques Perron, qui ont été des personnes fort importantes au début de sa carrière. De temps à autre, il aime les revoir et échanger des souvenirs. Avec grand plaisir, il retrouve à l'occasion ses anciens camarades de *L'Osstidcho*. Il se sent toujours très proche de Robert Charlebois. Et il a toujours beaucoup d'affection pour Jean Bissonnette, son répétiteur et metteur en scène, qui savait le respecter comme créateur. Il se rappelle Thérèse David, son attachée de presse, qui était totalement dédiée à son travail et qui prenait certaines critiques négatives souvent plus mal qu'Yvon. Il est même le parrain de Louis, l'un de ses enfants.

Mais Yvon admet facilement qu'il n'est pas porté à faire les premiers pas pour renouer ou tout simplement pour prendre des nouvelles. Il s'explique de cette situation : « Je pense que j'ai un gros défaut. Je n'appelle personne. Je ne cherche pas à maintenir les contacts. Je néglige ceux que je pense être mes amis, ceux que j'aime, ceux qui ont eu de l'importance pour moi. Et pourtant, je suis toujours heureux de les rencontrer, mais c'est habituellement dans des activités professionnelles. Alors nos échanges ne vont pas très loin. Ils demeurent très superficiels. »

Il aime revoir Jean Lapointe, même si « les rencontres ne sont jamais tièdes avec lui », même si « c'est toujours à fleur de peau ». Tout le monde connaît les problèmes de vie et d'alcoolisme de Jean, qu'il a abondamment décrits dans son autobiographie. Jean est le parrain d'Annie, la fille d'Yvon. Pendant longtemps, les deux hommes ont eu des entreprises et des projets communs. Au cours des dernières années, leurs routes se sont croisées moins souvent, chacun étant occupé à ses propres projets, mais l'amitié perdure malgré les difficultés de l'un ou de l'autre.

Avec la prolifération des humoristes depuis le début des années 80, Yvon a souvent craint de ne plus être de la *gang*, d'être remplacé par d'autres et même d'être oublié et du milieu et du public. Cette crainte s'est atténuée depuis la présentation de l'émission télévisée *Les grands monologues* en 1991. Pour Yvon, cet événement demeure marquant, car il a alors pris conscience de l'estime de ses pairs. En interrogeant plusieurs humoristes pour la réalisation de cette biographie, il m'est apparu évident que cette estime se traduit par de l'admiration pour l'art du monologue d'Yvon et pour sa présence en scène.

Pour les jeunes humoristes de moins de trente ans, les commentaires se résument pratiquement à une seule expression, plus ou moins nuancée : « C'est le plus grand. Qu'est-ce que je peux dire de plus ? » Évidemment, ils connaissent moins son œuvre globale puisqu'ils n'ont pas assisté à ses spectacles, et ce, tout simplement en raison de leur âge. Ils le connaissent surtout grâce à ses monologues présentés lors des galas du Festival Juste pour rire et ils ont des souvenirs de *Samedi de rire* et de *CTYvon*.

D'autres humoristes témoignent de l'apport d'Yvon à leur propre carrière et à la société du Québec. Parmi la dizaine de commentaires reçus, retenons-en quelques-uns qui sont particulièrement significatifs et qui résument tous les autres.

Jacqueline Barrette nous parle de l'humanisme d'Yvon qui s'incarne dans une œuvre commandant le respect :

> « Yvon est le roi ! Une nature, un immortel. Son humour généreux porte la compassion. Peu importe ce qu'il révèle ou dénonce, on pourrait chanter

Aimons-nous quand même à la fin de presque tous ses monologues. L'humour d'Yvon n'est pas du *fast food* spirituel. C'est un humour à méditer, un humour subversif, brave et engagé. Yvon (et l'humour d'Yvon) commande le respect parce qu'il chante sans fausse pudeur la tourmente d'un cœur vaillant qui appelle l'espoir. C'est pour cela qu'il est roi, un roi aimé. »

(Jacqueline Barrette, le 27 mai 1997.)

Pierre Légaré situe Yvon dans l'histoire de la comédie au Québec. Mais il va plus loin en décrivant la qualité de son humour et celle de sa présence en scène.

« Avant Yvon, il y avait les comiques dans les cabarets et les théâtres populaires, en stand-up, seuls ou en duo, ou récupérés en sketches. Leur matériel était constitué de blagues au premier degré et/ou de situations caricaturales généralement calquées sur celles de leurs mentors américains.

« Yvon est le premier au Québec à avoir utilisé l'humour pour véhiculer un contenu avec un second degré à portée sociale, permettant, de ce fait, à l'humour de sortir du cabaret pour acquérir ses lettres de noblesse. Il est aussi le premier à avoir présenté un contenu articulé autour d'un thème spécifique. Les autres étaient des comiques, Yvon est le monologuiste.

« Yvon est aussi le premier au Québec à avoir utilisé l'absurde, le paradoxe et la controverse pour énoncer son propos et, conséquemment, le premier à avoir osé haranguer, même à défier, son auditoire. L'inter-activité qu'il s'est ainsi trouvé à créer, l'a aussi fait passer maître dans l'art de conjuguer avec l'ici et maintenant d'un spectacle.

« Tous les humoristes québécois, sans exception,

utilisent une ou plusieurs des voies qu'a découvertes, tracées ou pavées Yvon.»

(Pierre Légaré, le 21 mai 1997.)

La perception de Claude Meunier s'approche de celle de Légaré, mais Meunier y ajoute une nouvelle facette en disant qu'«Yvon est un personnage en soi» :

«Sans vouloir minimiser les autres artistes, je dirais qu'Yvon est le plus important des humoristes des trois dernières décennies. Il a été le pont entre l'ancienne génération des humoristes – exception faite pour Les Cyniques – et la nouvelle génération. Yvon a donné de la notoriété à l'humour. Avec un matériel dense, songé et réfléchi, Yvon a fait le premier pas dans l'ère moderne de l'humour. Il est un modèle par son humour à thème et aussi par sa façon de délivrer ses monologues et par son rythme sur une scène.

«Yvon, c'est un personnage historique qui a probablement le plus contribué à la réflexion sur la question nationale. C'est un personnage écouté, un éveilleur social et politique.»

(Claude Meunier, le 23 mai 1997.)

Pour Gilles Latulipe, Yvon est un cas unique dans l'histoire de l'humour au Québec :

«C'est le gars qui est capable de faire une satire féroce de notre société, qui est capable de rire de nos travers d'une façon cruelle. Deschamps dit des énormités, et ça passe parce que c'est lui, parce qu'on sait que venant de lui, ça n'a rien de méchant. Par exemple, actuellement, il n'y a pas un humoriste au Québec qui peut faire des farces sur le sida. On ne le prendrait pas, mais Deschamps lui le pourrait.»

(Gilles Latulipe, le 14 mai 1997.)

En quelques lignes, avec l'humour qui le caractérise, Daniel Lemire nous livre sa vision de la carrière d'Yvon :

« Yvon, c'est le plus grand, celui qui nous a bousculés le plus socialement. Il a renouvelé l'art du monologue et l'a poussé tellement loin que c'est pas trop tentant de suivre ses traces.

« Yvon Deschamps, le nom d'un grand artiste, mais s'il avait été producteur, il se serait appelé Yvan Deshows ! »

(Daniel Lemire, le 2 juin 1997.)

Dans l'échelle d'appréciation de Gilles Latulipe, Yvon se compare au plus grand, à savoir Gratien Gélinas : « Et quand je le compare à Gratien, je le compare au meilleur. Il faut l'avoir connu pour savoir jusqu'à quel point c'était un phénomène. Alors quand je compare Yvon à Gratien, je peux difficilement le comparer à mieux. » Selon Guy Latraverse, Yvon est un standard pour tous les humoristes du Québec : « Yvon, c'est le père de cet humour québécois qu'on connaît aujourd'hui. Tous les humoristes dépendent d'Yvon Deschamps. »

Plusieurs des humoristes interrogés rappellent aussi qu'Yvon a contribué à leur propre carrière. Au début des années 70, Claude Meunier travaillait avec le trio Paul et Paul et les Frères Brothers. Il a souvenir d'un Yvon qui venait les encourager, malgré toute la controverse suscitée par leur humour absurde. Yvon croyait en eux. Claude Meunier se souvient : « Pour nous, cela avait beaucoup d'importance puisqu'Yvon était déjà le plus grand. Il disait partout que nous étions bons, que nous avions de l'avenir et que nous apportions une nouvelle dimension à l'humour. » Plus tard, Claude et Yvon ont collaboré à quelques reprises, notamment en 1977 lors d'un gala bénéfice pour le cinéma québécois à l'Outremont et par la suite lors de quelques galas de l'ADISQ. Récemment, le 23 mai 1997, Yvon et Claude ont animé conjointement une fête privée pour l'anniversaire de naissance de Robert Vinet.

Jacqueline Barrette nous communique un témoignage touchant sur l'aide que lui a apportée Yvon :

> « À mes débuts, Yvon triomphait. Il était le soleil. Avec Clémence, il m'a influencée à jouer du monologue, à ancrer mes textes dans le réel. Yvon m'a fait l'honneur de sa tendresse, son sourire faisant du bien. Nous sommes nombreux à avoir reçu son appui, son aide. Je garde en mon cœur une reconnaissance émue. »

> *(Jacqueline Barrette, le 27 mai 1997.)*

Pour sa part, Clémence Desrochers sait bien qu'il est le plus grand, le plus habile sur une scène, mais elle s'inquiète : « J'aimerais tellement avoir la certitude qu'il est heureux cet homme. Je ne le rencontre pas souvent, mais quand c'est le cas, je le sens toujours à la fois présent et absent, comme du temps où nous étions à notre boîte dans le Vieux-Montréal. »

Yvon n'a pas à s'inquiéter. Il est de la *gang*, même si la *gang* le place sur un piédestal et même si, justement, Yvon n'aime pas être idéalisé, même s'il veut « être comme tout le monde ». Est-ce possible avec ce parcours de vie ?

Yvon est fidèle à ses origines, à sa famille immédiate, à son clan, à ses causes et à son public. Il n'a jamais rejeté ses origines de petit garçon de Saint-Henri. Il ne ferait rien pour nuire à sa famille immédiate. Il apprécie son clan pour le support qu'il en reçoit et pour les amitiés durables qu'il y a développées. Il demeure identifié à ses causes humanitaires, qu'il croit plus nécessaires que jamais dans cette société de plus en plus divisée en deux, entre des gens de plus en plus riches et d'autres de plus en plus pauvres. Il a toujours la crainte de décevoir son public, de ne plus l'étonner ou de ne plus avoir le goût ou l'énergie d'aller à sa rencontre. En outre, il sait que le nombre de nouveaux spectacles qu'il créera est compté.

Cependant, Yvon ne peut pas se passer longtemps de la scène. C'est le seul endroit qui lui permet d'être à la fois fragile et aventurier. Fragile parce qu'il se livre sans beaucoup de retenue et parce qu'il s'y présente avec ses angoisses, ses préoccupations et ses limites d'homme. Aventurier parce qu'il ne peut pas s'empêcher de provoquer le spectateur, de tester les limites de celui-ci et de tester les siennes comme monologuiste en abordant des sujets difficiles.

Mais, surtout, Yvon a besoin de cette petite lueur d'affection venant du public. Dans la vie, il dit «n'attendre rien de rien», mais sur scène, il attend cette petite réaction supplémentaire lui permettant de croire qu'il est, peut-être, un accident de parcours important pour chacune des personnes présentes. Même s'il s'agit seulement de la faire rire un peu par un soir de grande déprime.

Qui est Yvon Deschamps? Avant tout un solitaire, qui a le constant besoin d'être discrètement entouré pour maîtriser les craintes et les peurs pouvant inhiber sa vie personnelle et professionnelle. Mais c'est aussi un solidaire, qui ne peut pas être heureux quand il observe cette société perpétuant les injustices et les bêtises.

Yvon est un solitaire solidaire.

7

Le défi du Manoir Rouville-Campbell

Depuis fort longtemps, Yvon a l'œil sur le Manoir Rouville-Campbell de Saint-Hilaire, sur les bords de la rivière Richelieu. Avec son architecture de style tudor, ce manoir est unique au Québec. Il a appartenu à Jordi Bonet, qui en avait fait son lieu de résidence et son atelier sans vraiment arriver jamais à rénover le bâtiment. Bonet est cet artiste provocateur qui a créé la murale du Grand Théâtre de Québec dans laquelle est incrustée la célèbre et controversée apostrophe de Claude Péloquin : « Vous êtes pas tannés de mourir, bande de caves ? »

À la mort de Jordi des suites d'une leucémie, sa femme Huguette avait mis le manoir en vente. Yvon l'avait visité au milieu des années 80 et il en était tombé amoureux, y voyant son futur lieu de résidence, ses bureaux et un petit centre de création. Les rénovations à effectuer étaient très importantes, mais pour Yvon cela représentait un réel défi. Toutefois, ses enfants étaient jeunes et Judi ne voyait pas d'un bon œil cette vie à l'extérieur de Montréal, alors que la famille était installée à proximité de tous les services. Le projet d'achat n'était pas allé plus loin.

Un entrepreneur en construction l'avait acquis et en avait fait un hôtel de luxe. Il l'avait rénové à grands frais et avec goût. Puis, à cause de difficultés financières, l'immeuble avait changé de mains quelques fois pour finalement devenir la propriété de Jacques Daigle en 1992. Lui et sa conjointe étaient aussi propriétaires du complexe de l'Auberge des Seigneurs de Saint-Hyacinthe. Les Daigle ont acheté le manoir avec l'aide du Fonds de Solidarité de la FTQ, syndicat qui s'est lancé dans le développement économique, dans la préservation et la création d'emplois. En 1992, Yvon était encore sur les rangs, mais l'affaire ne s'était pas concrétisée.

Au printemps 1996, les Daigle veulent prendre leur retraite. Ils viennent de vivre des difficultés financières importantes avec le complexe de Saint-Hyacinthe, mais ils ont mis beaucoup d'énergie à tenter de rentabiliser le manoir, qui n'arrive toujours pas à générer suffisamment de revenus pour payer l'hypothèque. Ils ont tout de même réussi à améliorer la situation financière de l'établissement. Yvon se lance dans l'aventure et il rachète les parts des Daigle dans la compagnie qui gère conjointement le manoir avec le Fonds de Solidarité de la FTQ.

Pour Yvon, c'est un retour aux sources. Il redevient restaurateur et hôtelier. Il a toujours affectionné ce milieu. Il considère ses expériences antérieures dans le Vieux-Montréal et à Saint-Jean-sur-Richelieu comme des années d'apprentissage, expériences qu'il ne regrette pas. L'achat du manoir n'est pas simplement un investissement. Yvon s'engage dans le quotidien de l'établissement. Cela devient une partie importante de son travail, un projet prioritaire.

Yvon sait maintenant qu'il n'est pas un administrateur. Pour ce projet, Robert Vinet est son administrateur et son conseiller financier. Évidemment, Yvon doit aussi tenir compte des avis du conseil d'administration. Il est bien entouré, alors il peut se consacrer à ce qu'il sait le mieux faire : de la création et du développement. Yvon ne manque pas d'idées pour assurer l'avenir du manoir, qui vit deux problèmes particuliers : il y a trop de périodes creuses au cours de l'année et le taux d'occupation des chambres n'est pas assez élevé. Donc le défi majeur consiste à augmenter la clientèle et à la fidéliser tout en développant de nouveaux marchés.

Au cours de sa première année d'engagement dans le manoir, Yvon y organise des dîners-conférence au cours desquels il raconte l'histoire du manoir, il y tient des semaines thématiques, il y présente son spectacle au cours du printemps et il le reprendra pendant l'automne 1997. De plus, au cours de l'été, il coproduit *L'Osstidcho en rappel* avec Gestion Son Image, propriété de Robert Vinet. Grâce à ces nouvelles activités, la clientèle du manoir augmente effectivement. Évidemment, la notoriété d'Yvon contribue à faire connaître l'établissement au grand public. Il suffit de penser à l'importante couverture médiatique qui a suivi l'annonce de l'acquisition du manoir par Yvon durant l'été 1996.

Avec cette acquisition, Yvon croit pouvoir concrétiser un vieux rêve. Depuis 1972, il parle souvent de faire construire ou d'acheter une salle de spectacle. Au début, le projet concernait une salle de deux mille places. Pendant plus de quinze ans, Yvon et Jean-Claude Lespérance ont visité plusieurs salles mises en vente dans la région de Montréal. Entre autres, ils ont songé au cinéma Impérial dans le quadrilatère de la Place des Arts ou au théâtre Félix-Leclerc, rue Sainte-Catherine Est. En 1989, Yvon a été brièvement tenté par le Corona, le cinéma de son adolescence dans le quartier Saint-Henri.

Dès l'hiver 1997, Yvon prépare les plans pour la construction d'une salle de spectacle de trois cents places. Avant tout, il veut en faire un lieu de création pour lui-même, où il présentera un nouveau spectacle au moment de l'ouverture, prévue pour février 1998 si certains problèmes de stationnement sont réglés avec la municipalité. Mais il souhaite aussi offrir la possibilité à d'autres artistes de l'utiliser. De plus, Yvon aimerait être suffisamment bien installé pour y produire ses prochaines émissions de télévision. Évidemment, l'ajout de cette salle aidera à rentabiliser le manoir en attirant une nouvelle clientèle, mais Yvon veut surtout recevoir les gens chez lui, après avoir passé la majeure partie de sa vie professionnelle à parcourir le pays pour aller à leur rencontre.

Yvon s'y voit présentant une centaine de fois par année son spectacle, qu'il annoncera toujours comme étant le dernier, mais qui ne le sera pas parce qu'il succombera de nouveau à sa passion de la création tant et aussi longtemps qu'il le pourra.

Au début, Judi n'était pas très enthousiasmée à l'idée de l'achat du manoir. Maintenant, elle s'aperçoit que c'est un beau et bon projet pour Yvon :

> « C'est un très bel endroit. Yvon aime le beau, les choses bien découpées, bien faites. Il aime l'architecture. Là, il est propriétaire d'une bâtisse qui a une architecture unique. Qu'est-ce qu'il peut demander de mieux ? Pour lui, le manoir, c'est la réalisation d'un vieux rêve.

> « C'est son projet et ça doit rester comme ça. Moi, je suis prête à l'aider quand il me le demande, mais je ne veux pas prendre trop de place. Quand nous sommes là tous les deux, nous nous partageons le travail, nous saluons tout le monde et nous les remercions d'être venus. J'aime faire ça. On sent les gens heureux.

> « Je suis certaine qu'il va l'utiliser pour réaliser plusieurs nouveaux projets. Il n'aime pas être tout seul même s'il est solitaire, mais il n'aime pas être chez les autres. Là, il est chez lui. Il est bien parce qu'il amène le monde chez lui. Il aime la foule, les grands groupes. »

Judi a une image intéressante pour décrire Yvon quand il part pour le manoir :

> « Ici, on a notre maison. Et là, il y a un mur. Il marche vers le mur et il ouvre une porte. Il se retrouve au manoir. Là, il est sur une scène. Il est encore avec un public comme tout au long de sa vie. C'est juste une autre scène. »

En construisant une salle de trois cents places, on peut la rentabiliser plus facilement sans avoir à utiliser une grosse machine pour aller chercher des milliers de spectateurs. Yvon s'explique sur le sujet : « Même avec deux cents personnes par soir, je peux faire mes frais. Donc, c'est intéressant et cela permet de travailler à un rythme acceptable. »

Pour Yvon, la construction de la petite salle est un impératif, non pas pour assurer la survie du manoir mais pour lui-même : « J'aime la restauration et l'hôtellerie. C'est évident. Mais, surtout, j'ai besoin de cette salle pour faire ce que je veux sans contrainte, pour retrouver le plaisir des petites places comme dans les années 60. »

Et qui sait si un jour, l'une ou l'autre de ses trois filles ou même toutes les trois ne seront pas intéressées à prendre la relève ? Yvon ne s'en plaindrait pas.

Il lui reste un autre projet si tout cela ne fonctionne pas. Le manoir pourrait devenir un centre d'accueil privé pour héberger les membres du clan Deschamps, eux qui, à une décennie près, ont tous sensiblement le même âge.

Depuis qu'Yvon a acquis le manoir, c'est la blague qui circule dans le clan. « Et quand ma petite dernière quittera la maison familiale, elle me laissera au centre d'accueil en passant », dit-il en riant.

8

La vie selon Yvon
(I I)

À dix-sept ans, avant d'entrer à Radio-Canada tout à fait par hasard, le jeune Yvon ne voyait aucun intérêt à travailler toute sa vie dans des conditions misérables. Il observait ses amis qui entraient à la *shop* en pensant y terminer leurs jours. Avec sa logique de jeune adulte, il ne comprenait pas comment on pouvait arriver à vivre dans un tel contexte. Plus tard, il affirmera souvent à des journalistes qu'il se destinait carrément à une carrière prolongée comme bénéficiaire de l'aide sociale.

Maintenant, on connaît l'itinéraire de cet homme qui se dit essentiellement paresseux. « Si je ne m'étais pas obligé toute ma vie, je n'aurais rien fait », avoue-t-il. Il affirme n'avoir pas choisi ce qu'est devenue sa vie. Un jour, il s'est engouffré dans un tourbillon duquel il n'est jamais ressorti, malgré son envie fréquente de le faire. Et pourtant, c'est aussi un homme passionné et généreux de son temps, de son argent et de sa personne.

Yvon se dit fataliste. Souvent, en philosophie, on prétend que le fatalisme est « un argument paresseux » permettant d'éviter de répondre aux questions fondamentales de la vie. Le fataliste met son existence entre les mains d'une force extérieure qui lui dicte sa conduite et ses comportements et qui lui trace son destin.

Avec acuité, depuis l'adolescence, Yvon vit une crise des repères, crise qui ne s'est pas atténuée tout au long de sa vie. Il a été élevé et éduqué dans la foi catholique traditionnelle des Québécois. Dans *La religion de mon père*, Benoît Lacroix décrit ainsi cette foi qui assurait «la cohésion des esprits» par sa présence dans la famille, dans l'école et dans les institutions sociales :

> «La foi traditionnelle des Québécois est une théologie sommaire, souvent rigide parce que traditionnaliste, d'inspiration fataliste et remplie de médiations, celles des saints et du clergé, entre autres, à cause de l'image d'un Dieu lointain. Cette foi, portée par des rituels liés aux saisons et à la vie quotidienne plus que par la connaissance de la Bible, risquait de ne pas supporter les défis de la vie urbaine et moderne du Québec contemporain.»
>
> *(Texte de Benoît Lacroix repris par Madeleine Gauthier dans un article sur les croyances religieuses paru dans* La société québécoise en tendances, Iqrc, *1990.)*

Yvon n'a pas échappé à cette forme d'éducation religieuse assez superficielle qui ne donnait pas de repères solides pour faire face aux doutes propres à toute vie. En perdant la foi à l'adolescence, il demeure fataliste, mais il ne trouve rien pour remplacer sa perte de Dieu, sauf de prétendre qu'il n'y a rien après la mort et que la vie terrestre est par conséquent d'une totale absurdité.

Ce nihilisme transforme l'argument paresseux en un argument angoissant. Malgré tout, il faut donc effectuer ce voyage sans destination. Pour cette raison, Yvon revient souvent sur l'idée que c'est le voyage qui compte, mais encore faut-il lui trouver un sens. À soixante-deux ans, il avoue qu'il le cherche toujours, malgré ses efforts pour régler ce vieux problème.

Yvon ne peut pas vivre sans travailler, mais le travail ne donne pas un sens à sa vie :

« Je me suis toujours obligé à travailler pour gagner ma vie. Tout le temps. C'est constant chez moi parce que je sais que si je n'ai pas cette obligation, je ne travaillerais pas. [...] Il faut que j'aie une raison de me lever le matin. Bon, j'ai mes enfants, c'est correct. Il faut que j'aie une raison pour aller travailler. J'aime pas ça. Alors je me crée des obligations. Alors, j'ai un travail, moi-là. Il faut que je fasse marcher mon manoir. J'ai des affaires à faire. Il faut les faire sans penser. Il faut que ça soit fait. [...] Sinon, je vais être chez nous, je vais me rentrer dans un coin, je vais me cacher et je vais me faire un trou puis je ne bougerai plus. C'est terrible ! »

« Il faut que je gagne ma vie », voilà une expression qui revient souvent dans la bouche d'Yvon. Elle provoque le sourire chez plusieurs. Tout de suite, on croit qu'il exagère un peu. Dans les faits, Yvon se place volontairement dans des situations financières difficiles afin de devoir travailler, surtout quand la routine s'installe. Par exemple, au milieu de l'hiver 1997, après plusieurs mois d'angoisse, il a décidé de ne pas renouveler plusieurs lucratifs contrats d'animation. Ainsi, il se plaçait dans une situation plus difficile, parce qu'il n'a pratiquement plus de revenus pour la prochaine année et devra continuer à respecter d'importants engagements financiers. De cette façon, il se crée l'obligation de tenter de nouvelles choses et de pousser plus loin ses propres limites afin de générer de nouveaux revenus pour remplacer ceux qu'il perdra. Certes, il n'est pas à la rue, c'est une évidence, mais il fragilise une situation qui s'améliorerait autrement.

À son étonnement, Yvon admet qu'il est plus serein depuis qu'il a pris la décision de refuser de faire des choses dans lesquelles il se sent mal à l'aise :

« On s'habitue à gagner beaucoup d'argent. Là, je n'ai pratiquement plus de revenus pour une certaine période de temps. Je ne ferai pas ce que je devais faire pour gagner ma vie. Non, je ne le ferai pas parce que ça me rend tout croche, ça me rend mal. Et ça serait effrayant rendu à mon âge, après tant de travail, que je me retrouve dans des situations que j'haïs, juste pour gagner ma vie ou pour protéger mes acquis. Là, tu vois, je suis fier de moi. »

Mais le « il faut que je gagne ma vie » d'Yvon semble avoir aussi un autre sens pour lui, même s'il est moins explicite. On pourrait le formuler de la manière suivante : il faut que je gagne *sur* la vie. Celle-ci n'ayant pas de sens, Yvon prend un avantage sur elle en se plaçant délibérément dans une situation précaire. C'est comme s'il testait jusqu'où il peut jouer avec la vie quand celle-ci devient un long fleuve trop tranquille. Sachant qu'il ne peut pas vivre sans travailler et sachant qu'il ne peut accepter longtemps la routine, Yvon se crée sans cesse de nouvelles obligations :

« Il faut que je me mette dans une situation dans laquelle je n'ai pas le choix. Toute ma vie, ç'a été comme ça : le Quat'Sous, les restaurants, les spectacles, la télévision et même le manoir. Il faut que je me provoque sans cesse. Toujours. Absolument. Toujours, toujours !

« C'est la seule façon que j'ai trouvée pour avoir moins de trous noirs, moins de crises existentielles. En me provoquant, j'évite d'être laissé à moi-même parce que je n'ai pas encore trouvé cette aisance qui fait qu'on aime la vie pour ce qu'elle est. »

Ce non-sens de la vie est pratiquement un problème de famille chez les Deschamps :

« Je regarde mes frères, je suis pareil comme eux autres. On est pareils. Ça n'a pas de bon sens. Mais eux n'ont pas ce réflexe-là que moi j'ai, de m'embarquer dans n'importe quoi. Eux, ils se laissent plus facilement glisser dans le trou noir. Pour moi, il faut s'embarquer dans quelque chose… C'est essentiel. »

Yvon est un peu « l'homme jeté-dans-le-monde » décrit par le philosophe allemand Martin Heidegger. Pour atténuer ses angoisses existentielles, Yvon fait sans cesse le choix de ne pas avoir le choix. En d'autres mots, il se met sans cesse le fusil sur la tempe pour continuer à avancer. Nous retrouvons ici le sens du monologue *La liberté/j'veux être pogné* écrit en 1974. Et nous comprenons le cri de l'enfant qui ne veut pas quitter le ventre de sa mère dans le monologue *Le fœtus*.

Pour l'individu « jeté-dans-le-monde », la liberté n'est pas un problème métaphysique, une valeur ou un besoin, elle est un drame. Elle met l'individu devant son incapacité de trouver un sens à l'existence. Donc, il préfère la mettre en veilleuse et se créer des obligations qui comblent la vie tant et aussi longtemps que l'angoisse ne reprend pas le dessus sur le quotidien.

Quelquefois, Yvon se dit qu'il devrait se laisser glisser dans l'un de ces trous noirs pour voir si cela ne lui permettrait pas d'en ressortir plus fort et avec des réponses sur le sens de la vie. Il s'est toujours refusé à cet exercice, préférant réagir dès qu'il sent venir le phénomène. Car il se connaît suffisamment bien pour déceler ces périodes où rien n'a plus de sens, même le fait de choisir de ne pas avoir le choix.

Y a-t-il quelque chose qui inspire ou qui guide Yvon dans sa vie ? A-t-il une philosophie de vie ? Il croit en la valeur des accidents de parcours. C'est sa clé. Selon lui, un accident de parcours est un événement imprévisible dans lequel la personne s'engage sans vraiment le choisir et qui modifie le cours de sa vie. C'est un déclencheur habituellement lié au hasard. Dans sa propre vie, il considère que les accidents de parcours sont déterminants. Ils sont importants, mais tout ce qui se construit autour d'eux l'est davantage encore.

Pour Yvon, l'accident de parcours est relié au hasard, qu'on ne peut pas dominer. On peut toujours relancer des dés un nombre suffisant de fois pour finir par obtenir le résultat attendu. C'est une façon de « dominer le hasard, sans le vaincre ». Mais un accident de parcours ne se domine pas et ne se vainc pas : il se présente maintenant, il faut le recevoir ou pas et, de toute façon, il changera la vie demain. Le hasard désempare la majorité des gens parce qu'ils craignent de perdre le contrôle. Pour sa part, Yvon ne se sent pas mal à l'aise avec le hasard parce qu'il croit que la vie est ainsi faite.

Yvon pense sincèrement que s'engager dans des causes humanitaires est une façon de susciter le petit événement grâce auquel une personne aura une chance de s'en sortir en améliorant son sort. Comme il le dit, « l'aide que j'apporte est l'une des choses positives de ma vie ».

Chaque mois, Yvon reçoit des lettres ou des appels de personnes inconnues sollicitant son aide financière parce qu'elles savent qu'il est généreux : « Je dis oui à certaines demandes, je dis non à d'autres. Je ne sais pas vraiment ce qui me guide. Je ne sais pas. Probablement que c'est un peu l'émotion du moment. » Yvon reçoit et répond à ce genre de demandes depuis le début des années 70, moment où il a commencé à être plus à l'aise financièrement. Avec les années, il a accepté des requêtes fort variées : cette dame en centre d'accueil qui n'aime que le veau, mais qui n'a pas les moyens de se le payer, Yvon l'aide et va même jusqu'à lui acheter des dentiers pour qu'elle puisse le manger ; cette jeune violoniste talentueuse qui n'a pas les moyens d'aller étudier à l'étranger, Yvon lui paye la majeure partie de ses études ; ce jeune couple d'handicapés intellectuels qui ne peut donner le léger comptant nécessaire pour devenir propriétaire de la petite maison qu'il loue, Yvon l'aide par sa contribution ; cette petite nageuse de compétition qui a besoin d'une commandite, Yvon délie pour elle les cordons de sa bourse, ou encore cette dame qui a la sclérose en plaques et ne peut se payer un traitement refusé par l'assurance-maladie, Yvon cherche un moyen de l'aider par l'intermédiaire de la fondation de l'hôpital où elle est traitée…

Habituellement, Yvon ne rencontre pas les personnes qu'il aide ; il laisse à Pierre Rivard le soin d'établir les contacts nécessaires. Et il donne rarement toute la somme demandée. Il préfère que la personne fasse également sa part ou qu'elle comble la différence en effectuant d'autres démarches. Souvent, Yvon leur indique des ressources pour recevoir d'autres formes d'aide quand il décide de ne pas soutenir les gens qui le sollicitent.

À l'évidence, au cours des prochaines années, Yvon sera moins généreux à l'égard des autres. En renonçant à plusieurs de ses contrats, il aura moins de liquidités. Pour la même raison, sa petite fondation ne sera pas active cette année parce qu'il n'a pas de capital nouveau à y investir.

Y a-t-il un risque de se faire exploiter ? Oui. Yvon en est conscient puisqu'il affirme s'être fait tromper plusieurs fois :

« En principe, ça n'a pas de sens. Je le sais. Ça n'a pas de fin. Il arrive que ce soit une véritable exploitation. Je me rappelle du premier gars que j'ai aidé au début des années 70. Le gars travaillait pour Lapalme. Il s'est fait tirer sur la colline parlementaire lors d'une manifestation. À sa sortie de l'hôpital, il m'a demandé de l'aide parce qu'il avait perdu son emploi. J'ai avancé de fortes sommes à ce gars-là. J'ai marché trois fois et après j'ai compris. Depuis, je me suis trompé plusieurs autres fois.

« Je ne m'en vante pas. Tu peux te faire avoir dix fois, mais tu peux aussi avoir vraiment aidé dix autres fois. Je sais que ce n'est pas très logique, mais je sais aussi que je vais recommencer encore. Ça fait partie de mes besoins de rendre service. »

Pour Yvon, l'aide n'est pas uniquement financière. Il faut se rappeler cette histoire qui a déjà été racontée ailleurs : un jour, une petite fille dit à ses amis qu'elle connaît Yvon Deschamps. Personne ne la croit et elle est l'objet de taquineries. Les autres enfants rapportent l'événement à leur enseignante. Devant toute la classe, celle-ci traite la petite fille de menteuse, ce qui la bouleverse complètement. Yvon apprend l'affaire. Un après-midi, il se rend à l'école juste à la fin des cours. Il se présente dans la classe pour venir chercher la petite fille et pour confirmer qu'elle le connaît. Ici, c'est l'injustice et la bêtise qu'Yvon n'a pas tolérées.

Yvon aide aussi des créateurs à produire leur premier disque ou des individus qui ont une bonne idée, mais que personne ne veut financer. Ainsi, avec d'autres personnes du milieu artistique, il a investi une dizaine de milliers de dollars dans le projet du jeune Daniel Langlois, qui voulait créer un logiciel d'animation en trois dimensions. On connaît la suite : ce jeune a fondé Softimage, qui est devenu une très grande réussite financière. Avec les bénéfices de cet investissement, Yvon a pu acheter le Manoir Rouville-Campbell et il pourra construire sa petite salle de spectacle sans emprunter. Un bel accident de parcours qui produit des effets pour les deux parties.

Peut-on dégager une philosophie de vie qui caractérise Yvon ? Au cours de nos entrevues, nous avons tenté de la définir par rapport aux grandes philosophies ou aux grandes conceptions contemporaines : le déterminisme, le relativisme, l'existentialisme, le constructivisme, le behaviorisme, le nihilisme… Yvon aime discuter de philosophie.

Avec nos limites respectives, nous ne sommes pas arrivés à identifier la philosophie d'Yvon. Pour le moment, c'est une philosophie sans nom, tout comme le premier personnage créé par Deschamps au début de sa carrière de monologuiste. « On ne l'appelle pas », mais elle a ses caractéristiques.

Yvon se crée des obligations pour masquer sa fragilité et pour atténuer ses angoisses existentielles. Il cherche à gagner sur la vie en s'aventurant dans des projets qui le provoquent sans cesse. Il a le désir de réaliser ses projets, notamment ceux qui l'habitent depuis longtemps. Il croit tellement en la valeur de l'accident de parcours qu'il aide les autres pour en susciter chez eux.

Voilà un homme qui navigue entre l'obligation et le désir. Un homme qui ne peut vivre sans aider les autres, même si cela va contre toute logique.

9

Quel avenir?

Le 2 juillet 1997 a été une date importante pour Yvon. C'était la première de *L'Osstidcho en rappel* au Centre culturel de Belœil. Déjà vingt-neuf ans se sont écoulés depuis la première version produite au Quat'Sous, moment où Yvon présentait son tout premier monologue. Au cours de la dernière décennie, on a proposé plusieurs fois aux concepteurs de ce spectacle de le reprendre eux-mêmes. Ils ont décliné l'offre. En juillet, c'est une équipe de jeunes qui l'a repris sous la direction de Mouffe. Les producteurs actuels et les concepteurs initiaux de *L'Osstidcho* craignaient que la magie de ce spectacle-culte ne se reproduise pas compte tenu que l'air du temps a changé depuis cette époque. De l'avis de la plupart des critiques et particulièrement de Jean Beaunoyer, de *La Presse*, Mouffe a réussi à monter «un spectacle particulièrement vivant, absolument pas complaisant...» Il note que les chansons de Robert Charlebois sont pratiquement toutes devenues des classiques et que les premiers monologues de Deschamps, présentés par le jeune François Parenteau, sont tout aussi percutants aujourd'hui.

«Pourquoi arrêter de faire ce que je fais de mieux?» se demande Yvon quand il réfléchit à son avenir. Maintenant il sait qu'il est un grand monologuiste et un grand artiste de la scène. Comme le souligne Gilles Latulipe, «quarante ans de métier, cela donne de la compétence et cela a du mérite». Yvon a un public très large. La génération des jeunes commence à le découvrir. Il admet qu'il rejoint toutes les couches de la population parce qu'il a un humour encore unique, malgré la multiplication des comiques de tout genre.

Le 21 mai 1997, en moins de quatre heures, Yvon a vécu une expérience étonnante, qu'il importe de mentionner. Au début de la soirée, il présentait un monologue à une réception organisée en l'honneur du syndicaliste Michel Chartrand, qui fêtait ses quatre-vingts ans, dans un sous-sol d'église paroissiale; y étaient réunis quelques centaines d'invités proches des milieux syndicaux et communautaires. Au milieu de cette même soirée, Yvon était invité comme monologuiste à la fête organisée au Palais des congrès de Montréal pour souligner le départ de Ghislain Dufour comme président du Conseil du patronat. Près de mille personnes étaient réunies autour du président retraité, dont la lieutenant-gouverneur du Québec, le premier ministre de la province, le chef de l'opposition officielle, des ministres, des sous-ministres, des députés, des maires, des présidents de grandes compagnies locales ou multinationales et des chefs syndicaux. En quelques heures, Yvon intervenait dans deux mondes différents avec le même succès.

Dans les deux cas, Yvon a présenté un monologue récent, *La mondialisation*. Il est arrivé sur place en chaussures de sport, jean, coupe-vent et casquette. Il ressuscitait le premier personnage du début de sa carrière : le gars de la *shop*.

Le thème de la mondialisation est dans l'air du temps. Il n'y a pas une journée où l'on ne se sert du phénomène de la mondialisation pour justifier toutes les décisions prises par les gouvernements et les entreprises. Au nom de celle-ci, on légitime les restrictions budgétaires, les réductions des effectifs dans les entreprises, la rationalisation du travail et la fragilisation de l'emploi. Au nom de celle-ci, on accepte les pires injustices sociales en prétextant que le monde sera meilleur demain tout simplement parce que nous serons plus productifs, plus performants et plus compétitifs. C'est un discours datant de plus de quinze ans, mais qui fait encore recette, même s'il est devenu la caricature de lui-même.

Dans le monologue *La mondialisation*, l'auteur Deschamps dénonce «l'intégrisme économique» qui est la nouvelle morale occidentale. C'est un texte sur l'illusion du changement et sur les injustices sociales permanentes. Entre *Les Unions, qu'ossa donne?* et *La mondialisation*, près de trente années se sont écoulées, et pourtant l'esprit de ces deux monologues est encore d'actualité. Certes, les conditions de vie se sont transformées, mais pour l'essentiel le propos est toujours aussi justifié et pertinent. L'exploitation des travailleurs est toujours aussi présente, mais elle prend de nouvelles formes. Aujourd'hui, les dirigeants d'entreprise menacent les travailleurs de fermer leurs portes s'ils ne plient pas devant les demandes patronales. Ou ils menacent de déménager dans le tiers-monde si les coûts ne diminuent pas et ils nous revendent par la suite les mêmes produits à un coût supérieur.

Que cherchent majoritairement les jeunes d'aujourd'hui? Que cherchent les chômeurs de quarante ans et plus? Que veulent les assistés sociaux qui désirent se faire une place dans le monde du travail? Tout simplement une *job steady* et un bon *boss*. En filigrane de ce monologue, Deschamps questionne les attitudes et les mentalités des travailleurs, des patrons, des dirigeants syndicaux et des dirigeants politiques. Tout le monde y passe parce que chacun doit faire sa part pour améliorer ce monde. Yvon en a la conviction profonde.

Après plus de quatre-vingts monologues, il n'y a pas de doute qu'Yvon veut continuer à en écrire et à les présenter en spectacle. Dans sa production des dernières années, il est possible de remarquer qu'il s'inspire de plus en plus des grandes tendances sociales qui marquent la planète tout en ayant l'œil rivé sur la société québécoise. Pour Robert Charlebois, Yvon est le plus politiquement incorrect de tous les humoristes et de tous les artistes québécois. « Yvon est d'une étonnante lucidité sur les choses de la vie, il est d'une rare intelligence, alors il est une coche au-dessus de tous les autres », ajoute-t-il.

Avant tout, Yvon est un critique social qui utilise le monologue avec art. Il n'aime pas qu'on le qualifie de *stand up comic*, expression à la mode pour désigner les humoristes. Il admet qu'il utilise à l'occasion des techniques propres au *stand up*, mais elles sont accessoires dans son œuvre. Il affirme faire du théâtre à une voix et c'est dans cette direction qu'il veut poursuivre sa recherche artistique. De plus en plus, il réfléchit à un spectacle dans lequel tous les monologues s'emboîteraient les uns dans les autres en une structure dramatique. Chez François Rozet, il a étudié la tragédie plutôt que la comédie. Cela a laissé des empreintes sur toute son œuvre de monologuiste.

Yvon aimerait aussi « écrire pour écrire », mais il avoue qu'il n'a jamais appris.

> « J'ai jamais appris. Un peu comme un gars qui fait des chansons toute sa vie, puis il décide d'écrire une symphonie. Il faut alors apprendre à écrire ça. C'est pas juste une mélodie. Des fois je me dis que j'aimerais écrire, mais par contre, je ne sais pas écrire. J'ai pas de vocabulaire, j'ai pas de style. La langue parlée, c'est

une affaire, la langue écrite c'en est une autre. Il faut que ça coule, il faut qu'il y ait un rythme, il faut que ça soit intéressant. Je ne sais pas faire ça. »

Quelquefois, Yvon écrit des nouvelles pour ses enfants. Il se sent à l'aise dans cette forme parce que c'est court et qu'il lui est facile de boucler une histoire. Mais il sent qu'il a d'autres choses à communiquer, notamment des réflexions sur la vie ou sur la société. Il souhaite trouver le souffle nécessaire à la création d'une telle œuvre.

L'avenir d'Yvon passe-t-il aussi par la télévision ? La réponse est ambiguë. Avec sa collaboratrice Josée Fortier, on sait qu'il réfléchit à deux productions différentes pour la télévision. Quand Yvon parle de ses projets de nouveaux monologues ou de son projet de petite salle de spectacle, on le sent passionné et excité. Par contre, il est plus posé quand il aborde ses deux projets pour la télévision. On perçoit son intérêt pour les deux concepts, mais pas un très grand enthousiasme. Dans son entourage, on est certain qu'il tient deux bonnes idées, mais on n'est pas sûr qu'il ait intérêt à jouer, notamment dans la série sur l'auberge. Pour sa part, Yvon se souvient du succès de *Samedi de rire*, mais il est encore blessé par l'échec de *CTYvon*. Tient-il à refaire une série télévisée parce qu'il en a besoin pour satisfaire ses objectifs de création ? Ou veut-il faire un retour à la télévision pour prendre une revanche sur l'échec de *CTYvon* ? Les réponses à ces deux questions ne sont ni claires ni évidentes, pas plus pour Yvon que pour les membres de son clan.

Par contre, toutes les personnes interrogées dans le cadre de la réalisation de cette biographie sont unanimes sur une chose : Yvon doit consacrer son temps et son énergie à faire ce qui lui ressemble, en évitant de s'engager dans des projets dans lesquels il se sent mal à l'aise.

Avant tout, Yvon se sent à l'aise dans des lieux qui deviennent des refuges. « Pour me rejoindre, c'est facile. Je suis chez moi ou au manoir », m'a-t-il dit lors de notre première conversation téléphonique.

« À chaque fois que j'ai rencontré Yvon au manoir, j'ai eu l'impression qu'il était dans son salon », dit Charlebois. Réussir l'aventure du manoir est le plus grand défi d'Yvon au cours des prochaines années. Comme le mentionne Guy Latraverse, « il est à se construire un univers qui lui ressemble, un univers dans lequel il travaillera jusqu'à sa retraite, s'il décide de la prendre un jour ».

Judi est certaine que l'avenir d'Yvon passe par le manoir :

« J'ai l'impression qu'il se réinvente un monde. C'est ce qui m'a attirée chez lui quand j'étais toute jeune. Tout était spécial. Avec le manoir, c'est ça que je redécouvre chez lui. Je le retrouve passionné.

« Pour moi, son futur c'est l'hôtel. Jusqu'à la fin de ses jours, je le vois là parce que ça lui ressemble. Je lui souhaite parce qu'il le mérite. De tous les hommes sur la terre que moi je connais, lui, il mérite de faire ce qu'il aime et d'avoir des gens complices autour de lui. »

Pour Yvon, le manoir sera une belle réussite si les gens se demandent en planifiant leur soirée : « Allons-nous faire un tour chez Yvon ce soir ? »

Mais il sera encore plus comblé si les personnes qui l'ont marqué tout au long de sa carrière viennent faire un tour chez lui pour échanger des souvenirs en se promenant dans le jardin ou pour produire un nouveau spectacle dans sa boîte.

Alors, il aura le sentiment d'avoir bouclé la boucle. Par le fait même, ses « instants de bonheur » seront multipliés.

UNE LETTRE OUVERTE EN GUISE D'ÉPILOGUE

Cher Yvon,

J'ai pensé à cet épilogue en me promenant dans ma pinède pendant plusieurs heures de ce début de juillet chaud et ensoleillé. Seuls les cris des oiseaux et des écureuils sont venus briser ma quiétude de promeneur solitaire. Le livre est maintenant terminé. Mon seul regret est que la fin de ce projet met un terme à nos rencontres de travail.

Oui, nous avons conversé longuement, oui nous avons beaucoup ri, mais je crois aussi que nous nous sommes apprivoisés progressivement. Avant tout, je dois te dire que tu m'as bouleversé par certains de tes propos. Je m'explique.

Dans plusieurs de mes essais, j'ai développé l'idée que chaque personne a la possibilité de faire des choix dans la vie tout en assumant les conséquences de ceux-ci. Avec conviction, j'ai même déjà écrit que seule la liberté est digne de l'aventure humaine. Je le croyais et je le crois encore. Inutile de te dire que je sursaute quand tu affirmes que finalement nous n'avons que très peu de choix dans la vie. Je ne veux pas ici entreprendre un débat sur le sujet. Et je ne veux surtout pas te convaincre que j'ai raison ou que tu as tort. Le débat pourrait être intéressant, mais il n'est pas à propos dans le contexte de ce livre. Cependant, je t'affirme que tes dires ébranlent mes propres valeurs et me font chanceler dans certaines de mes convictions.

Comme toi, je crois que nous sommes tous engagés dans un voyage sans destination. Un jour, Henri Laborit m'a offert une clé pour comprendre le sens de ce voyage. En effet, nous ne sommes que des êtres de passage laissant des traces, des empreintes qui sont et seront utiles à ceux qui nous côtoient et à ceux qui nous suivront dans ce monde. J'ai fait mienne cette philosophie de vie et elle donne un sens à mes projets.

Tout comme ta grand-mère qui a détruit ses souvenirs avant de mourir, tu ne veux pas laisser de traces de ton passage. Dommage, cela est maintenant impossible. La carrière que tu mènes, l'influence que tu exerces sur notre collectivité et simplement le fait d'avoir mis trois enfants au monde avec Judi font que ton passage laissera des empreintes indélébiles pour les futures générations. Heureusement pour nous tous, car ta vie, sans être exemplaire, est tout de même exceptionnelle. Elle est unique, tout comme la vie de chacun d'entre nous parce que nous sommes tous tiraillés par nos angoisses, poussés par nos rêves et freinés par nos dérives. Je sais que tu me diras que c'est une appréciation subjective, mais il ne peut en être autrement dans la vie.

« Et mes limites arrivent pas mal plus vite que les autres », m'as-tu souvent dit. Plusieurs aimeraient avoir tes limites. Moi, le premier.

En terminant notre dernier entretien le 18 juin, je n'ai pu m'empêcher de te reposer la question formulée lors de notre première conversation téléphonique. Pour mon propre confort et pour confirmer mon habitude de toujours refermer une boucle, il me fallait te poser encore une fois cette question.

« Maintenant que nous avons terminé nos rencontres, qu'est-ce que cela te dit, cette biographie ?

— Je te l'ai dit au point de départ, c'est avant tout ton projet. Donc, cela demeure encore abstrait pour moi.

— Au début, le projet ne te disait rien. Est-ce que cela a changé depuis ?

— Je pense que je vais être fier. Je vais être fier, c'est sûr. Un peu comme ma petite Sara est fière parce que mon nom est dans le *Robert québécois*. Alors, je vais être fier, je vais avoir eu une biographie. Je ne pourrais pas dire plus que cela. C'est ça. »

Yvon, tu crois beaucoup à l'importance des accidents de parcours dans l'existence de chacun. C'est la base de ta philosophie de vie. Pour moi, ce projet de biographie et surtout les rencontres qu'il a permis seront sans aucun doute un accident de parcours fort important dans mon itinéraire personnel et professionnel, et cela, que ce livre reçoive un bon accueil ou non.

Pourquoi et comment ? Je ne le sais pas encore, mais j'ai mes intuitions. Tout comme toi, je suis avant tout un cérébral qui a besoin d'analyser et de revoir les événements pour s'en faire une idée juste et lucide. C'est une excellente stratégie pour nous protéger de l'émotion trop vive et trop rapide.

Un jour, j'espère pouvoir te dire pourquoi notre rencontre aura été un événement important dans ma vie. Et si jamais nos routes se croisent à nouveau, je souhaite que ce soit, cette fois-là, pour un projet commun.

Claude Paquette, le 8 juillet 1997.

BIBLIOGRAPHIE

ARCHIVES DES LETTRES CANADIENNES (1964). *Le roman canadien-français*, Montréal, Fides.

BOISMENU, Gérard et collaborateurs (1986). *Le Québec en textes. Anthologie 1940-1986*, Montréal, Boréal.

COLLECTIF CLIO (1982). *L'histoire des femmes au Québec depuis quatre siècles*, Montréal, Quinze.

DESCHAMPS, Yvon (1973). *Monologues.* Montréal, Léméac.

DESCHAMPS, Yvon (1981). *Six ans d'monologues,* Montréal, Inédi.

DUFRESNE, Jean-V. (1971). *Yvon Deschamps.* Montréal, PUQ.

DUMONT, Fernand et collaborateurs (1981). *Idéologies au Canada-français : 1940-1976*, PUL.

EN COLLABORATION (1968). *Histoire, 1534-1968*, Montréal, Éditions du renouveau pédagogique.

GUÉRARD, Daniel (1996). *La belle époque des boîtes à chansons*, Montréal, Stanké.

LINTEAU, Paul-André et collaborateurs (1989). *Le Québec depuis 1930*, Montréal, Boréal.

PROVENCHER, Jean (1997). *Chronologie du Québec : 1534-1995*, Montréal, Bibliothèque québécoise.

RIOUX, Christian (1988). « 1968, l'année où il fallait avoir 20 ans », dans *L'actualité*, mai.

RIOUX, Marcel (1974). *Les Québécois*. Paris, Éditions du Seuil.

WADE, Mason (1963). *Les Canadiens français, Tome II*, Montréal, Le Cercle du livre de France.

Avila, le père d'Yvon, à l'âge de vingt-cinq ans.
Photo prise en 1927.

Anna, la mère d'Yvon, à l'âge de vingt-sept ans.
Photo prise en 1927.

La première communion d'Yvon en 1941.

Yvon au début de ses études primaires.

En 1945, Yvon avec ses parents.

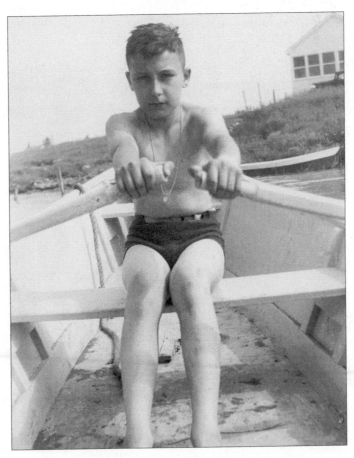

À treize ans, Yvon dans la chaloupe de son père.

Le dimanche, les Deschamps se rendent souvent sur le mont Royal. Photo prise vers 1942. Yvon est au centre. À gauche, c'est Denis, son frère aîné. À droite, Gilles, son frère cadet.

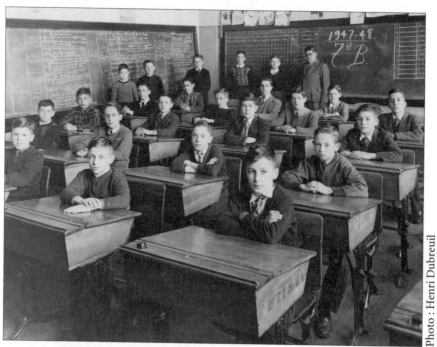

Photo : Henri Dubreuil

La classe d'Yvon en 1947-1948 à l'école supérieure Saint-Henri. Où est Yvon ?

Yvon joue saint Nicolas dans une pièce scolaire.

En 1959, *La bande à Brunet*, Comédie
canadienne avec François Guillier,
Claude Préfontaine et Yvon.
Mise en scène de Paul Buissonneau

Le théâtre mobile La Roulotte de la ville de Montréal, théâtre
dirigé par Paul Buissonneau. Photo prise en 1960.

Claude Léveillée et Yvon à la boîte à chansons Le Saranac, en 1963.

Le Fournil est le premier restaurant exploité par Yvon à partir de 1964.

En 1967, Clémence Desrochers, Gilbert Chénier et Yvon.

En 1968, les quatre créateurs de *L'Osstidcho*: Louise Forestier, Yvon Deschamps, Mouffe et Robert Charlebois.

En 1968, Yvon devient monologuiste avec la création de *L'Osstidcho*.
À l'arrière-plan, Mouffe. « Y'é t'arrivé à ça d'la violence », dit Yvon.

La revue *Attends ta délivrance*, présentée en décembre 1969 à la Comédie canadienne avec Gilbert Chénier, Yvon Deschamps, Louise Forestier, Judi Richards et Sophie Clément.

Le premier spectacle d'Yvon à la Place des Arts en octobre 1970.

Judi et Yvon lors de leur mariage le 6 novembre 1971.

En 1981, Yvon présente le spectacle *C'est tout seul qu'on est l'plus nombreux.*

En 1983, pour ses quinze ans comme mologuiste et ses vingt-cinq ans de vie artistique, Yvon reçoit un trophée un peu spécial parodiant l'ADISQ.

Les trois filles de Judi et Yvon : Annie, Sara et Karine.

Yvon, Sara et Judi

Yvon en Ti-Blanc Lebrun dans l'émission *Samedi de rire*.

Guy Latraverse et Yvon lors du lancement des deux coffrets en octobre 1991.

Judi et Yvon, en juillet 1996.

En 1996, Yvon devient propriétaire du Manoir Rouville-Campbell.

REPÈRES

CHRONOLOGIQUES

1935

Naissance le 31 juillet à Montréal.

1941

Début des études primaires à l'école supérieure de Saint-Henri.

Premières leçons de piano.

1952

Il abandonne ses études secondaires avant d'avoir terminé sa onzième année.

Il occupe différents petits emplois dont celui de commis de banque.

1953

Il est embauché à la Société Radio-Canada comme messager.

Il fait la découverte du théâtre après avoir assisté à une pièce mettant en vedette Denise Pelletier et Georges Groulx.

Il s'inscrit à des cours de théâtre chez François Rozet.

1957

Première apparition dans une pièce de théâtre. Il tient le rôle de Pylade dans *Andromaque*.

1958

Il quitte Radio-Canada pour devenir acteur.

Sous la direction de Paul Buissonneau, il travaille à La Roulotte.

1959

Première apparition à la télévision anglophone dans *The Big Search.*

Il multiplie les rôles au théâtre.

1960

Mariage avec Mirielle Lachance.

Il joue dans plusieurs pièces et il fait une première apparition dans la série télévisée Piccolo.

1961 à 1964

Il devient batteur et accordéoniste pour Claude Léveillée tout en continuant à jouer au théâtre et à la télévision.

Il participe à sa première revue musicale.

1964

Le passage de Claude Léveillée à la Place des Arts met fin à sa collaboration avec celui-ci.

Il devient l'assistant de Paul Buissonneau.

Il obtient un premier rôle au cinéma tout en jouant dans quelques pièces au théâtre.

Avec Paul Buissonneau, Louise Latraverse, Claude Léveillée et Jean-Louis Millette, il fonde le Quat'Sous.

Il ouvre un restautant dans le Vieux-Montréal : Le Fournil.

1965

Il joue dans *Les fantastiks* au TNM.

1966

Il ouvre un deuxième restaurant dans le Vieux-Montréal : Le Saint-Amable.

Avec Clémence Desrochers, il inaugure une boîte à chansons attenante au restaurant Le Fournil.

1967

Il se consacre à la restauration et à la production de spectacles à la Boîte à Clémence.

Il rompt avec Mirielle Lachance.

Il rencontre Judi Richards.

1968

Il fait une faillite personnelle et commerciale (ordonnance de liquidation le 15 février).

Il accepte d'aider Paul Buissonneau au Quat'Sous.

En mai, il conçoit *L'Osstidcho* avec Mouffe, Louise Forestier et Robert Charlebois. Dans le cadre de la première version de ce spectacle produit au Quat'Sous, il présente *Les Unions, qu'ossa donne ?*, son premier monologue.

Il participe à la deuxième version de *L'Osstidcho* donnée à la Comédie canadienne. Il y présente plusieurs nouveaux monologues.

Il enregistre son premier album sous le titre *Les Unions, qu'ossa donne ?*

1969

Il participe à la troisième version de *L'Osstidcho* présentée à la Place des Arts. Une tournée en province suit.

Il multiplie les spectacles et les comédies musicales.

Avec Louise Forestier, il fait la première partie du spectacle de Marie Laforest.

Il présente un premier spectacle solo au Patriote.

Guy Latraverse devient officiellement son gérant et son producteur.

Il enregistre un deuxième album sous le titre *L'argent ou le bonheur*.

1970

Il présente son premier spectacle solo à la Place des Arts.

Il enregistre son troisième album *Le p'tit Jésus, Le fœtus, La honte*.

Il accepte de participer à la campagne de financement d'Oxfam-Canada.

1971

Il fait une grande tournée au Québec et en Ontario.

Il joue dans deux films : *Deux femmes en or* et *Tiens-toi bien après les oreilles à papa*.

Le 6 novembre, il se marie avec Judi Richards.

Il produit un quatrième album : *Cable TV*.

1972

Il prend un premier contact avec le Foyer Notre-Dame-de-la-Protection, qui deviendra plus tard Le Chaînon.

Il poursuit son engagement avec Oxfam-Canada.

1973

Il se sépare de Judi Richards.

À l'automne, il présente un spectacle qualifié de difficile.

Il publie un premier recueil de ses monologues.

Il s'engage dans la création d'Oxfam-Québec.

1974

Il joue dans *L'ouvre-boîte* avec Jean-Louis Roux au TNM.

Il produit son cinquième album qui contient le monologue *La libération de la femme*. Entre 1974 et 1985, dix autres disques suivront.

1975

Il présente un nouveau spectacle qui le consacrera comme l'une des plus grandes vedettes du Québec. Ce spectacle inclut des monologues tels : *La nature, Le positif, La peur* et *La création*.

Il participe au spectacle *Happy Birthday-Bonne Fête* au mont Royal avec Gilles Vigneault. Pour la première fois, ce dernier interprète *Gens du pays*.

Il joue dans le film *Le soleil se lève en retard* d'André Brassard.

1976

Avec Robert Charlebois, Gilles Vigneault, Claude Léveillée et Jean-Pierre Ferland, il participe à Québec et à Montréal à *1 fois 5*.

Il annonce qu'il se retirera progressivement d'Oxfam-Québec.

Il commence à explorer les possibilités d'une carrière aux États-Unis.

1977

Il reprend la vie commune avec Judi Richards.

Au cours de l'automne, il présente un nouveau spectacle qui obtient un succès sans précédent puisqu'il bat des records d'assistance. Au programme, notamment : *La fierté d'être Québécois, Le monologue à répondre, Le temps* et *Les vieux*.

1978

Naissance de sa fille Annie, le 14 janvier.

Avec plusieurs collaborateurs, il met sur pied la Fondation Yvon Deschamps.

Il fait plusieurs apparitions à la télévision anglophone, tant canadienne qu'américaine.

Il signe un album en anglais.

1979

Il met un terme au projet de développement de sa carrière aux États-Unis.

Il prépare un nouveau spectacle pour l'automne. Celui-ci également est qualifié de difficile. il inclut : *La manipulation, La p'tite mentale, J'veux être papa.*

À la fin de décembre, il s'engage dans la campagne référendaire en appuyant le *oui*.

1980

Il est animateur au gala de l'ADISQ. Il le sera jusqu'en 1983.

Naissance de sa fille Karine, le 9 avril.

Sa fondation finance plusieurs projets d'aide aux personnes handicapées.

1981

Sa fondation occupe beaucoup de son temps.

Il prépare un nouveau spectacle pour l'automne : *C'est tout seul qu'on est l'plus nombreux*. C'est un énorme succès.

Il publie un deuxième recueil de ses monologues.

1982

Avec des collaborateurs, il s'engage dans la restauration et dans l'hôtellerie avec l'achat de l'hôtel National à Saint-Jean.

À la Place des Arts, le 25 avril, lors de la dernière représentation de *C'est tout seul qu'on est l'plus nombreux*, on souligne ses vingt-cinq années de carrière et ses records d'assistance depuis 1970.

À la fin de l'automne, il est question d'une série télévisée pour l'année suivante.

1983

En mars, il donne deux semaines de spectacles au Théâtre de la Ville à Paris. Il y fera un autre séjour en juin.

Au printemps, il tient un rôle dans une pièce au TNM.

La série de télévision étant reportée, il entreprend la création d'un nouveau spectacle-bilan qui est présenté à partir du début de novembre : *Un voyage dans le temps*.

1984

À la mi-juin, c'est la fin des représentations du dernier spectacle.

Il songe à ne plus remonter sur scène et à ne plus faire de monologues. Il se met volontairement en congé.

1985

Pendant l'été, il se consacre à la préparation de sa série télévisée.

Samedi de rire débute en octobre et se terminera au printemps 89. Au cours de cette période, il se consacre presque exclusivement à cette série.

Fin de l'engagement dans l'hôtel National.

1986

Décès de sa mère Anna, le 25 octobre.

Naissance de sa fille Sara, le 22 novembre.

1987

Il participe au Super Gala du cinquantième anniversaire de l'Union des artistes, gala diffusé sur les quatre réseaux de télévision.

1988

Animateur du gala de l'ADISQ.

1989

Au printemps, fin de *Samedi de rire*.

Pendant l'été, il prépare la nouvelle émission quotidienne *CTYvon,* qui débute à l'automne.

1990

Radio-Canada met fin prématurément à la quotidienne *CTYvon.*

Il se retire pour au moins deux années.

1991

Du Spectrum, il enregistre pour Radio-Canada deux émissions spéciales qui sont diffusées en novembre : *Les grands monologues.*

Il lance sur disque compact deux compilations de ses meilleurs monologues.

1992

Le 20 mai, il entreprend la tournée de son nouveau spectacle : *U.S. qu'on s'en va ?*

Retour très apprécié par les spectateurs et par les critiques.

Décès de son père Avila, le 30 novembre.

1993

Il poursuit la tournée de *U.S. qu'on s'en va ?*

Il reprend l'animation du gala de l'ADISQ.

1994-1995

Une nouvelle fois, il est animateur du gala de l'ADISQ.

Il commence à animer les galas du Festival Juste pour rire. Il poursuivra l'expérience jusqu'en 1997.

Il anime le gala des Fêtes nationales.

1996

Il achète le Manoir Rouville-Campbell.

Il participe au *Bye Bye* de fin d'année.

1997

Il prépare un nouveau spectacle.

Il prépare la publication de l'intégrale de son œuvre.

Il se consacre au développement des activités du Manoir Rouville-Campbell tout en continuant à œuvrer pour les causes humanitaires qu'il parraine.